JN079972

Mobility and Regional Revitalization

モビリティと地方創生

次世代の交通ネットワーク形成に向けて

切通堅太郎／西藤 真一／野村 実／野村 宗訓

[著]

晃洋書房

は じ め に

　本書のタイトルは『モビリティと地方創生——次世代の交通ネットワーク形成に向けて——』としている.

　1980年代から90年代にかけて政府規制を受けている公益事業の民営化と規制緩和が世界的な政策潮流になった. その背景には, それ以前の官主導によるインフラ整備や国有企業保護が産業発展を阻害しているとの判断があった. 英米ではサッチャリズムとレーガノミクスによる強いリーダーシップのもとで, 交通やエネルギー産業の改革が競争原理に基づく一貫した政策スタンスで推進された. その後, 先進国を中心に民間活力を導入する様々な措置が適用されることになり, PPP/PFIに基づき民間企業の新規参入が促進される政策が展開されてきた.

　伝統的に「市場の失敗」を根拠に需給調整などの制度によって, ネットワーク産業では特定の事業者を保護する方策を通して, 利用者に安定したサービスが提供できると考えられた. 独占を容認された事業者は供給義務を果たす責任はあったが, 法的規制によって参入者が出現しないので, 効率性インセンティブが機能しにくい状況に置かれてきた. 更に総括原価方式による料金規制により, 過剰投資や料金上昇を招く点が批判の対象になった.

　しかし, 現実には技術革新の恩恵で参入に伴う費用が低下するとともに, 機器のリースや中古市場が発達し, 新規参入の容易性は高まってきた. 自然独占を認めてきた制度そのものが, 産業の発展を阻害する要因になる可能性があるため, 多様な事業者を容認して産業融合化を推進する政策の重要性が強調された. 更に欧州統合が好例であるが, 地理的市場を広域化することで経済活動の活性化を狙う制度設計が進められた影響により, 製造業やサービス業のみならず公益事業に関してもグローバルなビジネス展開が可能になった.

　民営化・規制緩和のメリットは, 民間企業の創意・工夫による経営が利用者の選択肢を増やすと同時に, 料金低下をもたらす点である. しかし, 個別事業者の利益を重視する一方で, マクロ的な需給のアンバランスや地域全体での設備投資の非効率性をめぐる問題が表面化してきた. 更に, 密度の経済性に基づき利益を得られる地域では企業間競争が活発になるものの, 人口密度の低い過

疎部や山間地域におけるサービスが危機的な状況に陥るという深刻な事態も起きている.

　少子高齢化が急速に進んでいるわが国では, 地方の衰退が社会問題になっているが, 交通の存続については事業者任せである. 利用者はパブリックコメントなどで形式的には政策決定プロセスに関与できるが, その影響力は小さい. 都市部においても大型台風や地震などの自然災害が多発しているところに, 世界的な規模で新型コロナが蔓延したために, 交通・観光産業は大打撃を被った. 本書は民営化・規制緩和の導入から40年が経過して綻びが表面化してきた交通インフラの実態を把握し, 地方創生につながるような今後の維持策を検討することを主目的としている.

　本書は第Ⅰ部「航空自由化後の地方空港改革」, 第Ⅱ部「鉄道民営化と地方路線の維持方策」, 第Ⅲ部「地方における多様なモビリティの模索」, 第Ⅳ部「物流・観光の変容と次世代技術のインパクト」の4つの部に分けて, 交通ネットワークをめぐる制度設計の課題と地方創生の可能性を考察している. 4つの部の主要な論点は以下の通りである.

　第Ⅰ部・第1章「LCCのもたらしたインパクトと期待」では, LCCのもたらしたインパクトと期待について整理する. 新型コロナが流行する直前の航空市場は国内外ともに活況で, LCCの貢献が大きかった. その背景には, 航空自由化（空の自由化）, 空港民営化（陸の自由化）などの政策的インパクトや, ICT技術の進展などを踏まえての新たな需要創出が起きたことを指摘する. 日本国内に限ってみると, 特に2000年代の推移について, 海外の旅客数は大きく増加している一方, 需要は低迷していた. その理由について「内部の航空産業に原因がある」と厳しい指摘もなされているように, 45・47体制や空港整備法（現空港法）を軸とする航空業界を政府がコントロールしてきた面がそうした事態を招いたとも考えられる.

　規制が漸次的に緩和され, 空港民営化が進むにつれてLCCの旅客も徐々に増えてきた. 近年, 地方創生の掛け声で人口減少対策が求められている中で, 航空交通が果たしうる可能性は大きく, 地方の観光地をはじめとした地域では, LCCやインバウンド旅客へ大きな期待が寄せられていたところである. LCCは, 新型コロナが収束した後に国際線を復活させるための重要なファクターとなり

得る.

　第2章「空港民営化の多様性と実効性」では,空港民営化の多様性と実効性について述べる.およそ100の空港が存在しているわが国の空港は,「ほぼ概成」したと言われ,これからはそれらの空港を効率的に運用していくことが重視されている.しかし日本の空港の特徴として,もともと空港ターミナルビル(上物)と,滑走路等の基本施設(下物)とが別々に運営される「上下分離」の状態が続いてきたところもあり,効率的に運用する第一条件としての「上下一体化」に向けて,様々な法改正や新たな法律の制定が行われてきた.その結果,国管理空港では,仙台空港を皮切りに,関西空港と伊丹空港の一括管理(その後,神戸空港も参画),高松空港,広島空港,熊本空港が,上下一体化した上での民間企業への運営委託という日本流の「空港民営化」が実現した.地方管理空港でも,空港民営化が取り組まれ,静岡空港や南紀白浜空港などで民間企業による上下一体管理の取組みが始まっている.

　なお,この空港民営化の背景には,効率的な空港運営を目指すという意図以外にも,関空の巨大債務の問題や第2滑走路(二期島)に絡む伊丹の港格問題など,2000年代の世界的な航空需要の高まりの一方でのわが国の需要低迷など,これまでの航空政策の失策を補う面があったことも指摘している.

　第3章「『地方空港』の実態と有効活用策」では,「地方空港」の実態について言及し,その有効活用策の論点について提案する.わが国において「地方空港」に関する公式の定義は存在しない.そのことが,地方空港軽視につながり,世界の航空需要から取り残されたとも言えるのではないか.日本の「地方空港」を便宜的に定義付けし,それらに関する施策を概観すると,空港の数としては決して少なくはないが,その多くが航空会社向けに展開されている.また,空港が立地する自治体の空港関連予算を整理すると,2016年度では少なくとも400億円以上となり,比較的新しくできた空港に多額の予算が費やされている.

　しかし,新型コロナウイルスの状況に鑑みると,これらの支援策が継続される見通しは極めて厳しく,たとえ支援を継続したとしても航空会社が運航し続けるかどうかの保証はない.また,第2章で触れたような空港民営化を実現しても地方空港を維持していくことの困難が予想され,公共と民間,具体的には,空港立地の自治体と空港会社と航空会社とで相乗効果が得られる取組みをしていくことが不可欠である.北海道では,13空港のうち7空港が一括民営化を実現し,地域活性化の切り札と期待されているところである.新型コロナウイル

スの影響を強く受ける中ではあるが，地域の持続的な発展に寄与するための地
方空港の運営方法について6つの論点について提案を行っている．

第Ⅱ部・第4章「鉄道のあり方を模索する日英の課題」では，日英の鉄道改
革や鉄道維持の方策について言及する．イギリスでは当初，上下分離とフラン
チャイズ制の導入を断行し，競争を重視した政策を採用したが，結果として線
路保有会社と列車運行会社の連携がとれなかったことから，中央集権的に政府
が管理する方向にシフトしつつある．線路・信号設備等へのインフラ投資は莫
大な資金を必要とするため，事業者にとってはリスクが大きいことから投資を
回避する傾向にある．それを改善するためには，政府が戦略性を発揮しなけれ
ばならなくなっている点を指摘する．

他方，日本の鉄道改革では地域間で組織を分割するという方策をとった．そ
の結果，内部補助を活用することによって収益を上げるビジネスモデルが，あ
る程度奏功し，改革は成功したようにも思われる．しかし，進みつつある少子
高齢化の中で，これまでと同様の事業環境が確保できるわけではない．鉄道を
モビリティの1つとして位置づけ，地域で交通体系を考えるという視点が必要
になっている点を明示する．

第5章「日本の鉄道廃止路線のケーススタディ──JR三江線をめぐるバス
転換──」では，鉄道が廃止された地域住民の交通に対する意識調査の結果を
紹介する．ケーススタディとして取り上げたのは，JR三江線沿線の島根県川
本町である．鉄道が廃止されたという事実は，地域住民にとっては衝撃的な出
来事であり，今後の公共交通の運営について関心が高まるきっかけになった．
本章では「公共交通に対する関心」あるいは「将来の交通政策に対する期待」
なるものが，どのような要因により構成されるのかを分析し，年齢や現在のモ
ビリティの状況が大きな要因となっていることを示す．

実際の鉄道利用は極めて少なかった上に，廃止後にバス転換されたものの，
バス利用はごく少数にとどまっている．地域の公共交通は，いわば「じり貧」
の状態にあり，それを解決するための利用促進策に期待が集まる．利用促進は
誰が・どんなタイプの人に向けて展開すべきなのか？　このような具体的な課
題に対して，政策立案につながるヒントを提供する．

第6章「旅行者にとっての鉄道とモビリティ」では，旅行者にとっての鉄道
の役割について述べる．コロナ禍により旅行需要は急激に縮小しているが，そ
れ以前のわが国では「観光立国」に向けて国を挙げた取組みが推進されてきた．

一部にはオーバーツーリズムというひずみもみられたが，おしなべて地方でも観光は期待される産業であった．観光を推進する際に，観光コンテンツの充実に耳目は集まるが，旅行者の「足」を確保する観点からモビリティの充実が欠かせない．

そうした中，鉄道の役割はどのようなものなのか．ここでは鉄道に限らず，レンタカーやバスなども含めてデータの整理を行い，好まれる交通手段の傾向は地域によって異なっていることを示す．鉄道が不便なところはあまり利用されていないことを把握できるが，鉄道だけの利便性向上に努力するというのでは不十分だということを指摘する．人々がどのような目的地を目指しているのか，様々なモビリティを俯瞰し，適切な交通手段を地域で考えることが求められている点を指摘する．

第Ⅲ部・第7章「中山間地域のモビリティの現状と課題」では，人口減少や高齢化が顕著に進む中山間地域を対象として，地域公共交通の政策課題やモビリティの現状に関する整理を行っている．とりわけ，こうした地域においてはバスやタクシーなどの公共交通を取り巻く課題が深刻かつ複雑化しており，鉄道駅や停留所があったとしても，徒歩で気軽にアクセスできない距離の場合も多い．すなわち，公共交通サービスへの「ラストワンマイル」の輸送が中山間地域のモビリティをめぐる論点の1つとなるが，第7章では京都府内の移動・交通に関連する生活課題の調査からその実態を指摘している．

一方，近畿北部地域のいくつかの自治体では，NPO法人などが運行主体となって自家用有償旅客運送を展開しており，自家用車や地域住民という現存資源を活用しながら，高齢者などの移動手段を持たない人々の送迎を行っている．具体的には，京都府京丹後市「ささえ合い交通」と兵庫県養父市「やぶくる」を取り上げているが，これらのケーススタディからは，スマートフォンアプリなどの新たな技術の活用や，交通事業者の役割の変化，ローカルアクターの協働など，他地域への実践的な示唆を導き出している．

第8章「MaaSの発展によるモビリティの変革」では，MaaS（Mobility as a Service）の発展によるモビリティの変革として，欧米諸国での先進事例を取り上げながら，わが国における導入・検討状況に関する整理を行っている．MaaSは，フィンランドの"Whim"アプリに代表されるように，公共交通と自転車，タクシー，レンタカーなどをマルチモーダルに，かつサブスクリプション方式で利用できることが主な特徴である．わが国でのMaaSの実証実験は，

都市郊外や観光地が主要な対象地域であるが，例えば北欧では地方部でもいくつかのプロジェクトが展開されている．地方部でのMaaSの効率性や実用性に関する実証については，その課題が残されている一方で，互助による輸送が公共交通サービスを補完しうる点や，社会福祉サービスとの連携可能性など，わが国の地方部の政策や実践に積極的な示唆をもたらすものと考えられる．

また第8章の後半では，MaaSにおける官民＋市民連携(PPPP)のフレームワークを提示しており，公共・民間セクターに加えて，市民・住民がプロシューマー(生産消費者)としてパートナーシップに参画する可能性に言及している．一方で，サービス提供を市民・住民に依存する場合の安定的なサービス供給の方策についても指摘しており，こうした点は地方部でのMaaSを展開する上での課題として位置づけられるであろう．

第9章「ユニバーサル社会の実現に向けた多様なモビリティの展開」では，障害の有無や年齢にかかわらず自立した日常生活や社会生活が確保されるための「ユニバーサル社会」の実現に向けた，多様なモビリティの展開に着目している．特にモビリティとバリアフリーの観点から，高齢者や障害者，あるいは社会福祉の制度上で定義されていない移動困難な人々に対する移動手段の確保の必要性に言及している．わが国のバリアフリー関連の法制度では，2020年に開催が予定されていた東京オリンピック・パラリンピックを契機としたハード・ソフト双方のバリアを取り除く，あるいはこれらに関連する課題を緩和しようとする動きがみられる．また第8章で取り上げたMaaSに関しても，介護施設の送迎車両の空き時間の活用などによる「福祉MaaS」の実現により，国土交通省の検討会で議論されている「福祉行政との連携」の具体化につながることが期待される．

さらに第9章では，多様なモビリティサービスの展開の1つとして，自転車活用にも言及している．具体的には岩手県陸前高田市でのコミュニティサイクルの実証実験から，地方部での若年移住者や短期滞在者の移動手段を創出する方策を提示している．アフターコロナにおいて若者などの地方移住や二拠点居住が進んでいくことも予想されるが，若年層や来訪者，あるいは一時的な滞在者にとって，自転車も1つの選択肢となる可能性を示している．

第Ⅳ部・第10章「欧州郵便事業者の物流・バス会社化」では，まず欧州において郵便事業者が物流企業として生き残っている点に焦点をあてる．郵政改革は単なる株式売却収益を期待する民営化と捉えられているわけではなく，現実

における電子商取引の増大によって成長している宅配ビジネスへの移行過程として展開されてきた．郵便事業者が宅配ビジネスに活路を見出し，飛躍的な発展を遂げている点に大きな特徴がある．その代表的な企業としてDP/DHLとTNT/FedExに注目する．新型コロナ以降においても，物流MaaSは一層，成長すると考えられる点では示唆に富む点が多い．

さらに，欧州の一部の国において郵便配達車が過疎地や山間部で，過去に旅客を輸送するバスとしての機能を持っていた点を明らかにする．スイスでは現在でも「ポストバス」が都市部の路線バスのブランドとして残っている例や，ドイツでは都市間輸送のバスに発展している例もある．都市間輸送バスは欧州全体へと広がり，モビリティ向上で大きな社会貢献につながることになった．新型コロナの影響によって打撃を受けているが，近い将来に欧州内のモビリティ再開の最先端で活躍する可能性もある．

第11章「新型コロナ後の観光と地方ネットワーク」では，まず新型コロナにより訪日外国人が激減した実態をデータから把握する．航空業界は過去においても湾岸戦争や米国同時多発テロなど複数のイベントリスクによって打撃を受けてきたが，旅客数に関しては趨勢的に増大傾向を維持してきた．しかし，新型コロナは各国の入国制限によって世界のモビリティに大きな制約を課すことになり，未曽有のダメージとなってしまった．さらに，海外におけるロックダウンとわが国の緊急事態宣言は日常生活を停止させることになった．新型コロナの収束時期が見通せないために，ヒトの移動が2019年以前の水準に戻るには，相当な時間を要すると考えられる．

航空会社と空港関連事業者だけではなく，鉄道・バス・タクシーと観光地の店舗・宿泊施設にも多大な損失が生じている．国内旅客の移動を喚起するためには，国土交通省が主導した広域観光周遊ルートを利用することが求められる．これはインバウンド増大を想定して提案された政策であるが，認定を受けた11地域において関係者が緊密な協力を深めれば，内需喚起でも有効活用できる．これまでに中国・韓国・台湾を中心とした訪日外国人に依存しすぎていた地方は苦境に立たされているが，観光やワーケーションを促進する観点から，小規模な航空会社によるネットワークを維持できるような具体策を講じる必要がある点を明らかにした．空港経営に関しては，新型コロナ以前に採用されたコンセッション（運営権譲渡）が定着しつつあったが，不確実性が大きくなっているために今後は見直しを図る必要が出てきた点を指摘している．

　第12章「次世代技術導入で激変するモビリティ」では，脱炭素化を実現するために鉄道車両やフェリーのほか，航空機やドローンが新たな技術を搭載する実証実験を繰り返し，モビリティが大きな変革期に入っている点を明らかにする．無人ドローンは道路のない地域への荷物の配達や災害時の救援物資の輸送に効力を発揮する．わが国においても，特定の地域において実証実験を終えて法的な整備を待つ段階に入っている．さらに，ドローンは小型有人電動航空機に発展し，航続距離が飛躍的に伸びる可能性も高まってきた．ドイツで進められているプロジェクトでは，世界主要都市を対象に複数地点を結ぶ計画が具体化されていることを紹介する．

　都市間輸送が伝統的な飛行機だけではなく，「空飛ぶタクシー」でも可能になる時代が近くなっている．さらに，宇宙旅行にまでは至らないが，大気圏を一時的に離れて運航する「サブオービタル飛行」によって，アジア・欧州・北米をそれぞれ2～3時間で移動できる技術も開発されている．これまでの常識では航空機と宇宙船は二分されてきたが，近年，その中間的な「スペースプレーン」の開発が急速に進んでいる点に焦点をあてる．このような移動時間を短縮できるハイブリッド型輸送機が現実に普及すると，物流の世界は一変することになる．「スペースプレーン」の利用には「スペースポート」が必須となるが，その立地点は都市部ではなく地方部になる可能性が高い．その点では地方創生に寄与することが期待されていると言っても過言ではない．

　このような4部構成をとる本書の各部の執筆者は末尾に明記している通りであり，それぞれの部に関連する専門的研究を続けている．4人はこれまでに国内外での現地調査を協力して行う機会もあり，本書作成過程においては意見交換を重ねてきた．さらに，事前に相互にドラフトに目を通して，内容や表記の改善にも努めた．最終段階では，新型コロナの影響によってフィールドワークや関係者へのインタビューができなかったために，現状や将来計画に関して十分な把握が難しく，審議会や関連資料に基づき執筆した部分もあることを断っておきたい．

目　　次

第Ⅳ部　物流・観光の変容と次世代技術のインパクト

第 I 部

航空自由化後の地方空港改革

第 章

第 **1** 章

LCCのもたらしたインパクトと期待

1　LCCによる航空需要の伸長

（1）　過去の航空需要の動向

　1904年にライト兄弟が人類史上初めて空を飛んでからわずか100年余り．その間，航空交通は人類にとって無くてはならない交通手段となった．1970年代以降の世界の航空旅客数をみると，一時的な世界同時多発テロなどの影響はあるものの伸び続けてきた（図1-1）．旅客キロベースでの2019年の輸送実績は，1970年と比較すると実に19倍以上となっている．2000年と2019年を比較しても3倍近く増加しており，地域別にみると，アジア・パシフィックやヨーロッパで急激な伸びがみられ，中東や南アメリカといったもともと需要が少なかった地域でも急速に伸びてきていた．

　航空需要の拡大においては，野村・切通（2010）で明らかにしたように，経

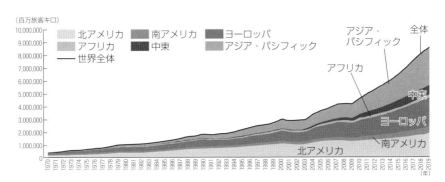

図1-1　世界の航空需要

（出典）2020年航空統計要覧に基づき筆者作成．原典はICAO, Annual Report of the Council及びIATA, World Air Transport Statistics.

表 1 - 1　航空需要予測 （国際・国内合計）

(10億人キロ)

	2018年	2037年予測	年平均伸び率
中東	736	2,371	+6.0%
アジア・パシフィック	2,474	6,996	+5.3%
中南米	408	1,051	+4.8%
アフリカ	171	361	+3.8%
北アメリカ	1,782	3,325	+3.2%
ヨーロッパ	1,940	4,004	+3.8%

（出典）国土交通省第9回　交通政策審議会航空分科会資料に基づき筆者作成．原典は日本航空機開発協会「民間航空機関連データ」．

済成長と密接に関係し，GDPの増加と航空旅客運航実績との間には相関関係がみられる．航空機による移動が，一部の富裕層の乗り物から，多くの庶民が気軽に乗ることができるものに変容してきており，世界的にみると航空需要の拡大の余地もまだまだ大きいと考えられていた（表1-1）．しかし，現実には2019年末から表面化した新型コロナウイルス感染症の蔓延により航空業界は大打撃を受けている．その問題については最後の第12章で取り上げる[1]．

（2）　LCCが支える需要

　1990年代以降，世界の航空需要創出の大きな要因の1つに「LCC」の誕生・成長を指摘することができる．LCCとは「ロー・コスト・キャリア」の頭文字であり，費用を削減して格安な航空運賃を提供する航空会社のことを指す．その前提として，過剰なサービスは行わずシンプルかつ課金性のあるサービスを行うこと，単一機材でサービスを提供することで各種整備・運航コストを下げること，大都市では比較的コスト安で空いているセカンダリー空港を活用しているなどといった特徴を有する．

　表1-2は，航空会社の定期輸送実績ランキングである．もはやLCCは世界の航空需要にはなくてはならない存在であり，その勢いはわが国にも及びつつある（後述）．

　さらに，図1-2は，2001年と2012年のLCCのシェア率を比較したものである．これをみると，アジアでの圧倒的なシェア拡大をはじめ，EU・中南米でのシェア率の増加に加え，中東などLCCがまったく存在していなかった地域でも

LCCがシェアを伸ばしていることがわかる.

表1-2　2019年定期輸送実績上位の航空会社（旅客数）

順位	国際・国内線合計	千人	国際線	千人	国内線	千人
1	サウスウエスト航空*	162,681	ライアンエア*	146,299	サウスウエスト航空*	158,419
2	デルタ航空	162,595	イージージェット*	85,017	デルタ航空	135,208
3	アメリカン航空	155,785	エミレーツ航空	58,668	アメリカン航空	127,113
4	ライアンエア*	146,299	ルフトハンザ航空	52,579	中国南方航空	90,527
5	ユナイテッド航空	116,271	トルコ航空	42,428	中国東方航空	88,869
6	中国南方航空	107,312	英国航空	41,433	ユナイテッド航空	87,488
7	中国東方航空	104,772	ウィズエア	37,707	インディゴ航空	67,173
8	イージージェット*	93,358	エールフランス	35,374	中国国際航空	59,576
9	インディゴ航空	74,338	KLM	35,092	LATAM航空	57,366
10	中国国際航空	73,465	ノルウェー・エアシャトル	33,335	スカイウェスト航空	42,170

（注）＊：Non-IATA.
（出典）2020年航空統計要覧に基づき筆者作成. 原典はIATA, World Air Transport Statistics.

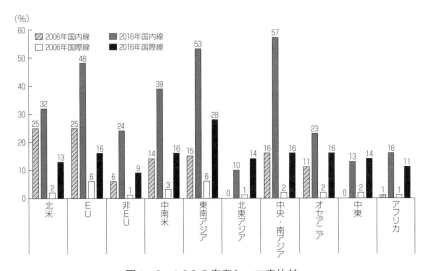

図1-2　LCCの座席シェア率比較

（出典）国土交通省交通平成28年度政策レビュー結果「LCCの事業展開の促進」pp. 16-17に基づき筆者作成.
　　　　原典はOAG Data.

（3）　LCC成長の要因

　石森（2005）は，これまでに世界では4回の観光革命があったと指摘している[2]．スエズ運河やアメリカ横断鉄道の開通があった1880年代の第一次観光革命，第一次世界大戦を経ての人の交流や大型旅客船の就航などがみられた1910年代の第二次観光革命，ジャンボジェット機が就航した1960年代第三次観光革命，そして2010年代におけるアジアをはじめとする新興地域での第四次観光革命である．2010年以降のアジア圏における観光需要の活発化は，わが国の地方部においてもインバウンド需要として現れたところであり，これらにはLCCが大きな影響を及ぼしているとも考えることができる．

　それではLCCは，何故このように世界中で成長することができたのであろうか．以下にその理由として考えられる事項を4点に整理する．

①　航空規制緩和による空の自由化（オープンスカイ）

　航空産業は投資が大きく重厚長大な事業であることから，航空事業の黎明期には，国策として航空会社が設立され，政府が航空市場も含めコントロールしてきた．そのため，航空産業は「規制産業」とも言われ，わが国で言えば「45・47体制」（後述）のように航空会社の役割分担までも行われていたのである．

　それが各地域・国において徐々に規制緩和の政策が追求されるようになった．例えば，アメリカでは1978年の航空規制緩和法が契機となった各種航空規制緩和施策により新規航空会社が多数出現した．欧州では1980年代後半からEU政策の一環で加速された航空自由化の流れで「同一市場」として多国籍な航空会社がEU内を自由に運航できるようになっていった．そしてASEANを中心とするアジア太平洋地域における2004年の市場統合に関する協定などは，アジアのオープンスカイ（空の自由化）を推し進め，LCCの進出のみならず，巨大なハブ空港の建設にもつながっている．

　このように航空施策の規制緩和は，それまで国主導で行われた航空事業の民営化を推し進め，異分野からも新規航空会社も参画しやすくさせることで，新たな流動を生み，LCCの誕生・拡大に大きく寄与した．

②　陸の自由化（空港民営化）

　この航空規制緩和は，オープンスカイに加えて，陸，つまり空港の自由化とも密接に関係する．特に，1979年のサッチャー政権誕生以降に本格化したイギ

リスの空港民営化は，世界の空港運営に大きな影響を与えた．それまであまり使われず行政及び軍が強くコミットしてきた空港（地方空港を含む）に関して，外資を含めて資金を求め，自由な裁量を持たせて空港運営を促した結果，先に触れた LCC の特徴であるセカンダリー空港の活用をはじめ，LCC が就航しやすい環境が整備されていった．具体的には，空港運営の自由度が増してきていることで，LCC に低廉かつ柔軟な空港施設使用料を提示することを可能にした．例えば，建設費用を抑制して簡易なターミナルビルとするほか，高額な PBB（パッセンジャーボーディングブリッジ）をタラップに変更するなど，空港の初期投資はもちろん運営コストも安価に抑える戦略が重視されている．

　加えて，LCC が安定的に就航できる土壌として，空港とエアライアンが長期契約を結んでいる事例があることも指摘したい．空港運営者は航空会社に対して着陸料や空港施設使用料を使用頻度に応じて課金することが一般的である．しかしイギリスでは空港運営者と航空会社の間で長期的契約，場合によっては10年を超える契約締結もあり，良質のサービス提供と旅客数増加について相互にインセンティブを持たせている．こうした取り組みは，空港側にとって撤退リスクを低減することができるというメリットもある[3]．

③ ICT 技術の発展

　LCC の伸長を支えていることとして ICT 技術の発展など事業環境の変化も大きい．従来，航空機に乗る場合は，旅行代理店などを通じて手配をする機会が多かった．航空市場のグローバル化に伴い，座席の予約からチケットの販売に至る一連の作業は，コンピューターによる CRS（Computer Reservation System）が担ってきた．CRS を活用すると，航空チケットのみならず，ホテルやレンタカーの手配なども付加することができ，旅行代理店に端末は旅行代理地点に設置すれば，客の多様なニーズにも対応可能となり，旅行業界にとっても重要なインフラ基盤となっていた．航空会社は，旅行代理店へ販売手数料を支払ってきたり，旅行代理店が航空会社にキックバック料金を支払うこともあった．実際の原価との価格差があることで，「格安航空運賃」が生まれたのである．

　しかし，規制緩和により航空会社の淘汰が始まると，人件費をはじめとした各種コストの見直しが広がり，多くの航空会社が旅行代理店へ支払う販売手数料のコストも削減する傾向になっていった．それに合わせて，ICT 機器の発展，インターネットの普及は，航空会社が自ら直販する余地を大きく広げ，より一

層旅行代理店を通さないルートにつながった．航空規制緩和により，柔軟で大胆な運賃設定も可能となり，格安運賃を，WEB・SNSなどを通じてインタラクティブに顧客へ訴えかける手法は，それまで航空機を使っていなかった層にも訴求することなり，新たな需要獲得につながっている．

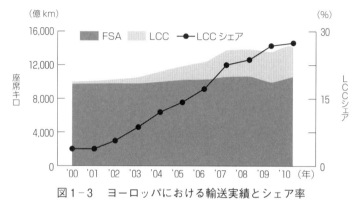

図1-3　ヨーロッパにおける輸送実績とシェア率

（出典）国土交通省交通政策審議会航空分科会基本政策部会第15回配布資料3に基づき筆者作成．

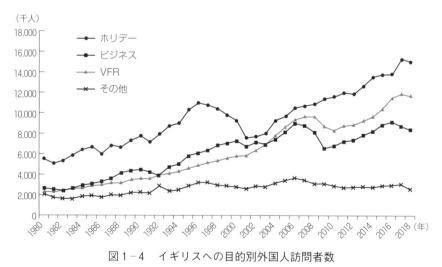

図1-4　イギリスへの目的別外国人訪問者数

（出典）Office for National Statistics（2019）の公表資料に基づき筆者作成．[https://www.ons.gov.uk/peoplepopulationandcommunity/leisureandtourism] 最終閲覧2021年4月3日．

④ 新たな需要の創出

　LCCの就航は，これまで運航してきた航空旅客を奪っただけではなく，新たな需要を創出している．図1-3では，欧州における航空需要の拡大と，LCCの増加を示している．これをみると，LCCが新規需要を創出していることがわかる．

　それでは，この新たな需要はどのようなものと推測されるだろうか．もちろん，観光需要が新たに伸びたということもあるが，VFRという視点があることにも注目すべきである．VFRとは，Visiting Friends and Relativesの略語であり，友人・家族・親戚を訪問する需要層を指す．図1-4は，LCCの影響が非常に大きいイギリスへの外国人訪問者数の旅行目的別の推移をみたものである．別の統計で，イギリスへの交通機関別の外国人訪問者数がほぼ一定で推移している事実と照らし合わせると，航空分野でのVFR需要が伸長していると指摘できる．

2　わが国におけるLCCのインパクト

（1）　航空規制緩和の潮流

　世界的に航空需要が伸びる中，わが国では航空需要が停滞していた．図1-5をみると，1990年から2016年にかけて，世界の需要が倍増している一方，わが国では特に2001年から減少傾向が続き，2011年の震災で大きく落ち込んだ後，2012年以降は徐々に回復して，2015年はかろうじて2000年の実績にまで戻った．

　このように2000年代初頭にわが国の航空需要が伸びてこなかった理由については，様々な要因が考えられる．元国土交通審議官であった羽生次郎は，マクロ経済データを分析した結果，外的な環境要因ではなく，わが国の「内部の航空産業に原因がある」と厳しく指摘している[4]．このことは，航空のグローバル化が進む中で，わが国の航空政策が，その潮流に乗り遅れたということを指摘できるのではないだろうか．

　表1-3は，わが国における主な航空政策の変遷を整理したものである．わが国では，航空憲法とも言われている「45・47体制」という運輸大臣通達が15年以上続いてきた[5]．この体制では，政府が各キャリアの事業分野を割り当てたほか，運賃は認可制，新規キャリアの参入を規制するなど，産業の保護政策としての色彩が強く，自由な経済活動を規制していたため，航空会社の安定的な

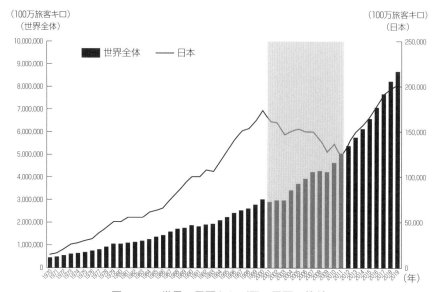

図1-5　世界の需要とわが国の需要の比較

（出典）2020年航空統計要覧. 原典はICAO, Annual Report of the Council, IATA, World Air Transport Statistics.

成長を可能にしたと解釈できる一方，自立的な発展を妨げてしまったことも否定できない.

　1986年に45・47体制が終焉を迎えた後も，航空会社の参入はすぐには進まなかったが，1997年の高需要路線のダブル・トリプルトラック化（複数社化）の旅客数制限が撤廃され，羽田空港滑走路の発着枠が優先的に新規航空会社へ割り当てられることで，スカイマークとエア・ドゥの2社が新規航空会社として参入した. その後，2000年の航空法の改正により運賃の自由化など規制緩和施策も徐々に進んだが，硬直化した航空市場では新規参入により新たな需要を発掘することは容易ではなく，その後，エア・ドゥ，スカイマークも経営が低迷するなど，新規の航空会社にとっては厳しいものであった. そして，既存の航空会社も経営は困難を極め，新型インフルエンザやリーマンショックなどによる需要低迷が直接的なトリガーになり，2010年には日本航空が会社更生法適用の申請に至った.

　他方，世界をみると，アメリカでは1980年代初頭には運賃規制が撤廃されて

表1-3　わが国と海外における航空規制緩和政策の主な動向

わが国の主な出来事	海外の主な動向
1972年　45・47体制の確立	1978年　航空規制緩和法（アメリカ）
	1981年　路線参入撤退・運賃規制撤廃（アメリカ）
1986年　複数社運航化の基準を明示，日本航空民営化，45／47体制の終焉	
	1987年　イギリス航空民営化（イギリス）
	1988年　EU航空自由化開始（パッケージⅠ）～
1995年　幅運賃制度導入	1995年　ASEAN首脳会議にてオープンスカイ政策提案
1996年　複数社運航化の基準を緩和	
1997年　複数社運航化の基準を撤廃，羽田空港発着枠	1997年　EU航空完全自由化
1998年　新規航空会社参入	1998年　ASEAN交通アクションプラン1994-2004にて域内航空自由化が提案
2000年　航空法の改正（普通運賃の上限下限を撤廃等）	
2007年　オープンスカイ化（首都圏空港を除く空港において，二国間輸送を自由化.）	2004年　ASEAN交通アクションプラン2005-2010及び戦略交通プラン2011-2015にて航空自由化のロードマップ作成
2008年　空港の整備及び運営に関する法制度の見直しについて	
2010年　首都圏空港を含むオープンスカイ	2011年　ASEAN単一航空市場の実施に向けた枠組みが採択
2012年　「日本再生戦略」にLCCの参入促進が明記	
2013年　「民間能力を活用した国管理空港等の運営等に関する法律」公布	

（出典）野村・切通（2010）等に基づき筆者作成.

おり，EUではEU内の国際路線が原則自由化され，その後カボタージュも実[6]現した．ASEAN諸国の航空自由化は，1990年代半ばからオープンスカイを軸に提唱され，多数のLCCを2000年代初頭には多数輩出してきている．これらの地域においても既存の国を代表するような大手航空会社が経営破綻することもあったが，新規の航空会社も数多く出現した．そうした状況からは大きくかけ離れているのがわが国の状況であった．

　その後，わが国は世界に遅ればせながら，2007年のオープンスカイ化に取り組み[7]，首都圏空港以外においては国による供給量の規制がほとんどなくなり，航空会社の裁量による運航が可能となった[8]．大島（2015）は，わが国がオープンスカイに舵をきったことが海外LCCのわが国市場への参入を促し，わが国のLCC就航に結びついていると指摘している．

（2）　わが国のLCCの特徴

2012年3月にピーチアビエーションが就航したのを皮切りに，わが国におい

表1-4　わが国のLCC企業概要（2020年2月時点）

会社名	拠点空港	使用機材	初就航日
ピーチアビエーション（株）	新千歳空港 仙台空港 成田空港 関西国際空港 那覇空港	エアバス A320-200型機	2012年3月1日
ジェットスター・ジャパン（株）	成田国際空港	エアバス A320-200型機	2012年7月1日
春秋航空日本（株）	成田国際空港	ボーイング 737-800型機	2014年8月1日
エアアジアジャパン	成田国際空港	エアバス A320-216型機	2017年10月1日

（出典）国土交通省第9回　交通政策審議会航空分科会（2020年2月）資料，各社の公表資料に基づき筆者作成．

ても国内の航空会社としてLCCが稼働することになった．

① LCCの企業概要

　表1-4は，わが国に就航しているLCC4社の会社の概要を整理したものである．2017年9月時点で国内には4社のLCCが存在している．

　海外のLCCの特徴と同様に単一機材を用いているという特徴はあるが，セカンダリー空港を活用している事例はほとんどない．また，いわゆるローカルtoローカルといったような「地方空港」同士を結ぶ路線はほとんどなく，高需要路線に参入しているという状況である[9]．その他，発着枠が活用しやすいことや，LCCターミナルビルが整備されていることなども要因として，成田空港・関西空港を軸とした路線が就航しているのも特徴である．

② LCCの利用者の属性

　わが国におけるLCCの利用者とFSA（フルサービスエアライン）の利用者の属性を比較したのが図1-6である．これをみると，LCCの利用者は20歳代以下が3割を占め若い人の利用がFSAに比べ割合が高いと言える．また，利用目的では，最も割合が高いのが観光であり（44%），仕事は17%にとどまる一方，FSAでは仕事を目的としている人の割合は44%と最も高い．

　このように，LCCでは若い人の利用が多いことや，観光・レジャーの利用が圧倒的に多いという傾向があり，わが国のLCCにおいても，FSAとはまた

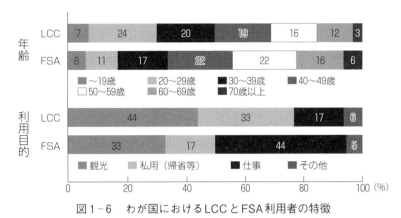

図1-6　わが国におけるLCCとFSA利用者の特徴

（注）各数値は四捨五入しているため，合計値が100%にならない場合がある．
（出典）航空振興財団（2016）に基づき筆者作成．

違った客層が乗っていることがと推測される．

3　人口減少社会に期待されるLCC

（1）　進展する人口減少社会

　わが国全体の人口は，右肩上がりで増加し，2008年をピークに人口減少が始まったとされる（住民基本台帳ベース）．国勢調査でみると，1960年代に9,400万人だったわが国の人口は，2010年には約1億2,800万人となった．しかし，2017年の国立社会保障・人口問題研究所の推計では，2060年には約9,300万人になるとの推計がある．つまり，わが国全体として50年かけて約3,000万人増え，50年かけて約3,000万人減るということになる（図1-7）．

　「人口減少」に対する対策は急務であり，わが国にとって最大の政策テーマになったと言っても過言ではない．ただし，国の政策として大きく取り上げられ始めたのは，ごく最近である．「消滅可能性都市896」[10]や「極点社会論文」[11]（いわゆる増田論文）に端を発した，「まち・ひと・しごと創生本部」設置，及び，「地方創生」の取り組みは，国をあげての人口減少対策への取り組みの第一歩である．地方自治体においては「地方人口ビジョン」及び「地方版総合戦略」の策定をほぼすべての自治体で2015年度中に策定され，現在第Ⅱ期に入っているところである．

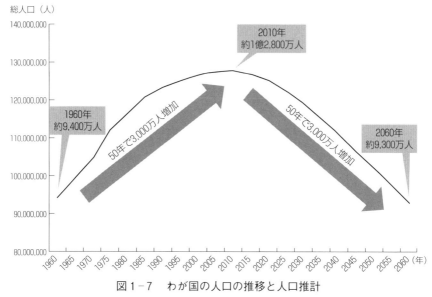

図1-7　わが国の人口の推移と人口推計

(出典) 国勢調査, 国立社会保障・人口問題研究所「平成29年度人口推計（死亡・出生中位推計）」に基づき筆者作成.

（2）LCC を活用した地域創生

　先に触れた「極点社会論文」では，人口減少対策の戦略の考え方として，主に人口の社会移動に注目した「調整戦略」と「積極戦略」という考え方を紹介している．「調整戦略」とは人口が減少していく地域社会に即した効率的なまちづくりを推進する際に使われる，いわゆる「守り」の戦略と位置づけることができる．一方，「積極戦略」とは，定住人口・交流人口を積極的に増加させていく視点での戦略であり，いわゆる「攻め」の戦略と位置づけられる．例えば，新たな働き口や産業創出を目指す施策や，住宅開発による定住人口の増加を目指す施策などは，この積極戦略であると考えられる．

　こうした双方の戦略に有効と考えられるのが「交通政策」であり，特に航空政策については，直接的に地方創生に貢献できる数少ない施策であると言える．医師の派遣，多地域居住の促進，インバウンド旅客の呼び込み施策などは，人口集中地域と人口低密度地域の距離の差を埋める航空交通に大きく期待が寄せられている．そのため，全国の空港がある自治体をはじめ，LCC の就航に期

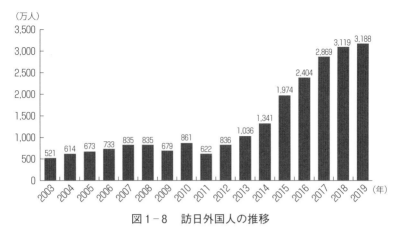

図1-8　訪日外国人の推移

（出典）日本政府観光局（JNTO）の公表資料に基づき筆者作成.

待が高まっている.[12]

① インバウンドの増加傾向

　わが国における外国人観光客は急増してきていた．図1-8をみると，2011年と2019年の訪日外国人を比較すると5倍以上になっている．この旅客増については，アジア諸国の経済成長や円安，ビザの緩和を追い風とし，関空や成田に就航するLCCをはじめとした安価な運賃を提供できる航空会社が増加したことによる．それに伴い大手航空会社も競争上，低廉な運賃でチケットを提供するような戦略を展開した点も軽視できない．これらの要因が多頻度で利用する需要層を増大させたと考えられる．

② 政策目標となったLCCの活用

　人口減少に悩む地方自治体において，訪日外国人の増加の波を受けて交流人口を拡大しようとする動きが，新型コロナ以前には数多く出され，訪日客の豊富なエネルギーを地方へも波及させるための施策も各種取り組まれてきた．

　政府・地方自治体が設立を推進している日本版DMO（Destination Management Organization：地域観光推進組織）などはその象徴的な動きでもあり，また，国土交通省航空局としても，図1-9の通り，地方空港へのLCC促進として「国際線就航加速パッケージ」を2017年度に展開し，「訪日客支援空港」に認定され

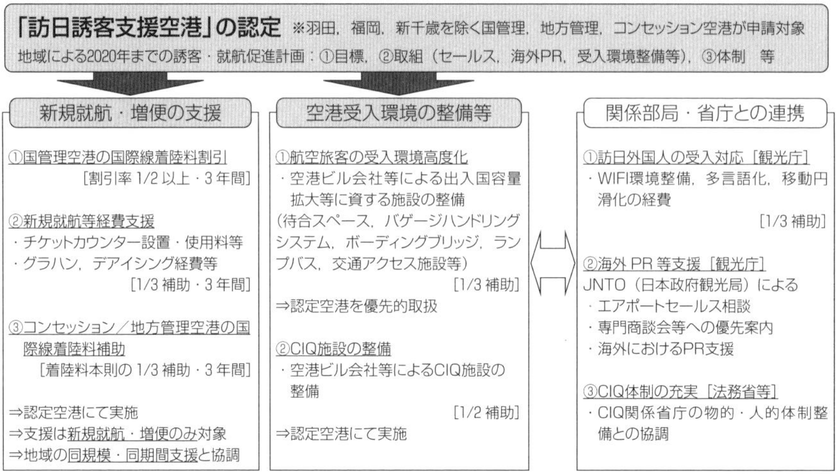

図 1-9 地方空港における LCC 等の国際線就航加速パッケージ

(出典) 第 1 回 訪日誘客支援空港の認定等に関する懇談会 (2017年 2 月27日) 参考資料に基づき筆者作成.

れば, 国際線の着陸料の低減や地方空港の CIQ (Customs, Immigration and Quarantine : 税関・出入国管理・検疫) 整備などを進めてきていた. このように LCC が政策マターとなったことは, 地方においてもこうした動きを踏まえた 政策立案が求められる. 新型コロナが収束した後に, 国際線を復活させるため にも重要な視点だと言える. なお, 新型コロナ以降の観光のあり方については, 第11章において考察している.

注
1) 本章では基本的に新型コロナによる影響が生じる前の期間を対象として分析を進め ている.
2) 石森 (2005) 参照.
3) 実際にイギリスの地方空港は航空会社と 5 年〜10年と長期間の契約を行っている事 例が多数ある. 野村・切通 (2010) を参照.
4) 日刊航空 (2011年12月 8 日) を参照.
5) 具体的には, 国際線は日本航空 (JAL) の 1 社とし, その日本航空は国内線では幹 線のみ就航させる. 次に全日空 (ANA) は国内幹線及びローカル線と近距離国際チャー ターを行うこととし, 東亜国内航空 (TDA) は一部幹線とローカル線を運営するとい う事業方針を定めたものであった. この閣議決定・通達は, キャリア 3 社の事業分野・ 役割を調整するものであり, 国の航空会社保護という当時の姿勢の象徴であった.

6）　外国航空会社が国内の2地区間を運航すること。シカゴ条約（国際民間航空条約）第7条で，外国の航空会社に対し自国の領域内で運送許可を与えない権利（カボタージュを規制する権利）を有することが決められている。資本力のある外国会社に国内市場が奪われることを避けるため，ほとんどの国で外国の航空会社に自国内の運送許可を与えないように規制がかけられている。

7）　これにより，路線は自国内地点，中間地点，相手国内地点及び以遠地点のいずれについても制限なく選択が可能であり，自由にルートを設定することができるとされた。便数，参入企業，コードシェアも基本的に制限は行わない。

8）　ただし，航空企業は，通常の手続きにより希望する空港の発着枠を確保することが必要であり，航空会社が運航を求める時間帯は空港の発着枠が満杯であるなど，文字通りの自由にはならない。

9）　ただし，ピーチアビエーションは2018年度中に新千歳空港を拠点空港にし，新千歳空港からの道内路線や，新千歳空港以外の道内空港から本州への路線なども展開する予定と発表した（日刊航空2016年10月20日）。

10）　日本創成会議・人口減少問題検討分科会が2015年5月に発表した「ストップ少子化・地方元気戦略」の提言にて発表された独自推計結果で，20歳代〜30歳代の女性の数が2040年に半減する自治体を「消滅可能性都市」と名付けて地図化して発表した。

11）　増田・人口減少問題研究会（2013）参照。

12）　ピーチアビエーションは，北海道の地方空港である釧路空港に2018年5月，女満別空港2021年2月に就航するなどコロナ禍であっても地方空港にLCCが就航するケースは出てきている。

参考文献・資料

石森秀三（2005），「観光立国時代の国家デザイン」『航空政策研究会レポート』No. 455，pp. 1 -20.

大島愼子（2015），「日本型LCCの課題と考察」『筑波学院大学紀要』第10集，pp. 31-45.

航空振興財団（2016），『数字でみる航空2016』。

野村宗訓・切通堅太郎（2010），『航空グローバル化と空港ビジネス──LCC時代の政策と戦略──』同文舘出版。

増田寛也・人口減少問題研究会（2013），「戦慄のシミュレーション2040年，地方消滅.『極点社会』が到来する」『中央公論』12月号，pp. 18-31.

2

空港民営化の多様性と実効性

1　空港制度の変遷

（1）　空港整備の経緯と旅客数の推移

　わが国には97空港が存在し，立地点を示すと**図2-1**のようになる．過去の空港整備計画の変遷と空港整備の状況，国内線の旅客数の推移は**図2-2**の通りである．これをみると，1980年代初頭にはすでに80近い空港が整備されており，第四・第五次空港整備計画ともあいまって多くの空港においてジェット化が進められた．このようなインフラ整備も航空需要を支えてきており，羽田を中心に右肩上がりで航空旅客が増加傾向にあった．

　しかし，1990年代後半からは国内航空旅客数の推移は低迷している．わが国の航空需要の多くが大都市空港に集中しており，特に羽田空港への一極集中が顕著となってきた．大都市以外の空港を整備・拡充しても，わが国全体の国内線の新たな航空需要の創出にはつながらなかったのが実情である．

（2）　わが国における空港整備の特徴
①「上下分離」の運営

　わが国では，戦前から主に国の事業（軍事拠点）として空港が建設されてきたが，第二次世界大戦敗戦後に航空主権が剥奪された．その後，航空主権がわが国に戻ると，まずは老朽化していた羽田空港の旅客ターミナルを新たに建設する必要があった．当初，国が建設する計画だったが，財源不足により他の社会資本整備が優先され，国による建設ができなくなった．そこで，民間主体による株式会社が設立され，ターミナルビルの建設・運営が行われたのである．このような経過がわが国の空港運営に影響を与え，いわゆる「上下分離」（上：旅客ターミナルビル，下：滑走路などの基本施設）が一般的な空港運営形態となった．

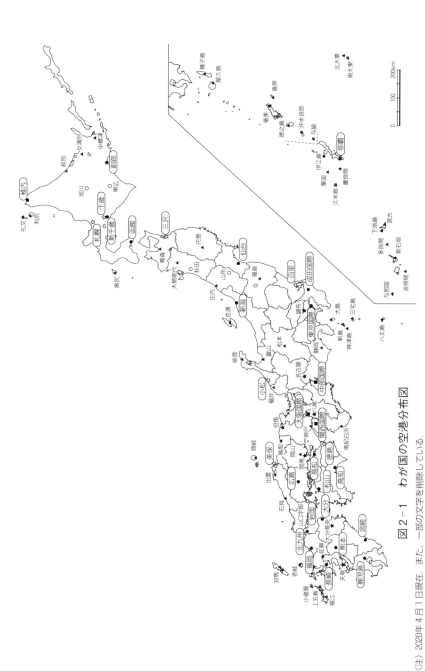

図 2-1 わが国の空港分布図

（注）2020年 4 月 1 日現在．また，一部の文字を削除している．

（出典）国土交通省航空局．[https://www.mlit.go.jp/common/00134827.pdf] 最終閲覧2021年 3 月10日．

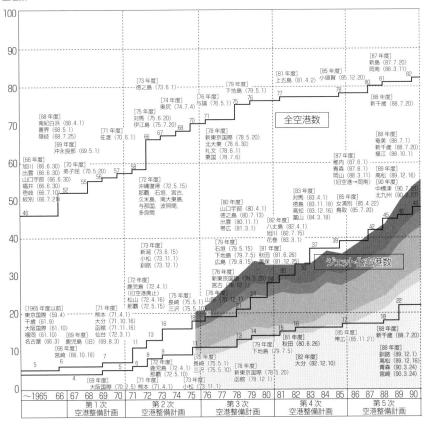

図2-2　空港整備と航空旅客需要の推移

（注1）「全空港数」とは，航空法第46条告示に基づき供用中の公共用飛行場，民間定期便が就航している自衛隊または米軍管理の飛行場及び調布場外離着陸場の総計．

（注2）「ジェット化空港数」とは，民間定期路線としてジェット機が就航している飛行場の総数．ただし，下地島は供用開始時点をもって民航ジェット機就航空港とする．

（注3）「大型化空港数」とは，2,500m級以上の滑走路など大型機が就航可能な施設を有する飛行場の総数．

（出典）関西空港調査会（2007），航空振興財団（2016），国土交通省の公表資料［http://www.mlit.go.jp/common/001116063.pdf］（最終閲覧2021年3月10日）などに基づき筆者作成．

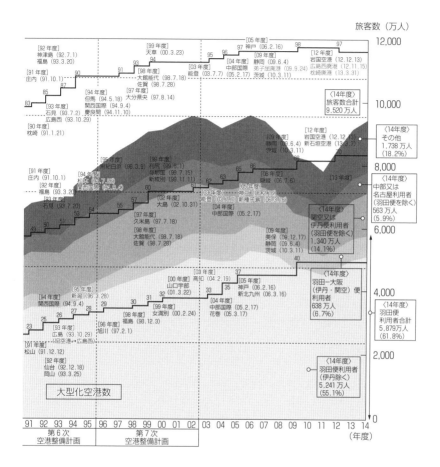

　この上下分離の運営形態は，財政的な面から見ると非効率となる．航空機が離着陸で管理主体に支払う「航空系収入」と，旅客が土産品などを購入してターミナルビル会社の収入となる「非航空収入」とが，同じ空港でありながら，一体的な運用をしていないので，別々の収入という状態になる．さらに言えば，A自治体の空港のビル会社は経営黒字であっても，滑走路などを運用しているA自治体としては赤字の状態に陥り，実際にわが国のほとんどの地方の空港がそうしたいわゆる「赤字空港」の状況にある．

②「空整特会」に支えられた空港整備

　上下分離された空港の中で，特に滑走路などの基本施設部分については，国・自治体が整備することとなり，その財政的な支えは，「空港整備特別勘定」(旧「空港整備特別会計」：以下，「空整特会」と略記) であった．空整特会は，「45・47体制」が閣議決定された1970年に施行された「空港整備特別会計法」が根拠法であり，空港を整備するための特別会計を設置，それにより複数年にかかる巨額な空港整備費用を安定的かつ計画的に確保しようとするものであった．なお，この空整特会は，2008年度に社会資本整備事業特別会計の中の「空港整備勘定」となり，2014年度からは経過勘定として自動車安全特別会計に統合された．

　空整特会の収入は航空機燃料税や着陸料などを主な原資とし，一般会計からは19%程度にとどまっている．なお，そのうち約12%が航空会社の支払う航空機燃油税で，残りの約7%が純粋な一般財源となる(2020年度予算概算要求)．また，歳入の空港使用料収入や雑収入については，原則国管理空港においてのものであり，地方管理空港からの歳入はここには入らず，管理している自治体での歳入となる．

　これまで多くの場面で指摘されてきた空整特会の問題点として，利用する予定のない空港の整備費まで，資金が流れていたということである．前述したように，空整特会の歳入では，地方管理空港からの空港使用料などは入っていないが，地方管理空港の整備費については，2分の1は国が負担することとなる．つまり，国管理空港の着陸料やビル使用料，利用者の負担によって，あまり使われる見込みのない地方の空港の整備に資金が投入されてきたと批判されてきた．

　また，空整特会のもう1つの問題としては，「全国一律のプール性」，いわゆる「どんぶり勘定」がある．1つの空港でどの程度収入があり，そしてそれが

どの程度使われているのかという空港別収支は空港改革が話題になる2009年まででわからなかった[1]. そのため, 空港ごとに事業採算性をチェックすることよりも, 地元からの空港が欲しいという熱意, 場合によっては政治家の声を優先し, 過大な需要予測を作り出し, 空港整備が進められてきた面もある[2].

③「空港整備法」から「空港法」への変遷

約100の空港が整備された1990年代後半以降になると, 空港整備は鈍化し, 運営・経営重視の施策が模索された. 第七次空港整備計画が当初五箇年計画 (1996〜2000年) とされたが, 1997年に事業規模を変えずに七箇年計画に延長されたことなどは単年度で実質約30％の予算縮減を示しており, 空港整備の重要度が下がったとも言える. また, 2002年の交通政策審議会航空分科会答申では「一般空港の整備は, 事業実施中の空港を加えると, 配置的側面からの整備は概成」と記載され, また, 2003年10月の社会資本整備重点計画においても「一般空港については離島を除き新設を抑制する」とされ, 空港の飽和感が公の文書で垣間見えてきた.

空港整備法に基づいて, 地方空港をはじめとして多くの空港が作られてきたが, 空港ネットワークが概成したことを踏まえ, 政府は, 空港政策をこれまでの整備重視から運営重視へと政策転換を行った. それが空港整備法の改正としての「空港法」の誕生につながる.

空港法は「空港の設置及び管理に関する基本方針」を掲げることとなっており[3], これは, わが国においてはじめて法律に基づいた航空政策のグランドデザインとも言うべきものであった. 全国の空港を俯瞰した法定基本方針が策定され[4], これらの空港について運営重視がうたわれた. 空港整備の重要性に加えて環境への配慮, 利便性の向上, 地域活性化など多様な側面から空港を適切にマネジメントすることとされた. ただし, 空港法制定の背景には, 関西空港の財政負担に伴う伊丹空港格下げ問題など様々な問題点が頻出してきたことへの対処療法的な面もあり, 結果として, 空港整備法前と比べての大きな変化はなく, むしろ空港への国の関与を強めたものでもあった[5].

2000年代は世界の旅客需要が大幅に増えた時期でもあったが, わが国においては既に空港が概成したのにもかかわらず, そうした空港の活用が未熟なまま世界の航空需要の増加の波に乗れなかったという事実は受け止めるべきである.

（3）　改正PFI法と民活空港運営法の成立

① 改正PFI法の成立

　空港法が成立しても，「上下分離」の形態はすぐには変わらなかったが，この形態を変えて空港を上下一体化し，地域，国の活力に活用しようという動きが，空港法制定後の民主党政権において出てきた[6]．この空港運営の改革に向けては，様々な民営化の形がある中で「コンセッション」の形態を取ることが方針付けられた．コンセッションとは，国や自治体が施設の所有権を持ち続けたまま，その運営権を民間事業者に付与し，経営を委託することを言う（図2-3）．

　ただし，当時のわが国には，コンセッション方式に関する法律上の規定がなかった．そこでコンセッション方式をわが国でも導入するための手段として，PFI法の改正が軸とされた．PFI法とは，1999年9月に施行された「民間資金等の活用による公共施設等の整備等の促進に関する法律」のことであり，その法律改正全面施行の2011年11月おいて，「公共施設等運営権」という権利，つまりコッセッションが新たに追加された．

② 民活空港運営法

　空港事業の場合，空港法第4，5条の中で空港の管理者は，国，地方公共団体，空港会社に限定されて位置づけられており，それ以外の民間事業者が空港の基本施設までを管理することを定めていなかったため，改正PFI法が制定さ

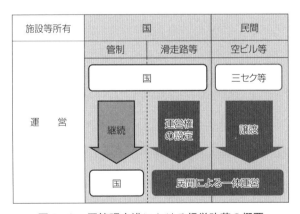

図2-3　国管理空港における経営改革の概要

（出典）国土交通省の公表資料．[http://www.mlit.go.jp/koku/koku_
　　　tk5_000008.html] 最終閲覧2021年3月10日．

れてもコンセッション方式を活用した民営化ができなかった.

　2012年12月に自民党へと政権が移行した後も，コンセッション方式の活用に向けての制度設計の流れは引き継がれ，2013年には「民間の能力を活用した国管理空港等の運営等に関する法律（以下，「民活空港運営法」）が制定された. この法律では，地域の交通基盤としての空港を活用して，交流人口の拡大による地域活性化と同時に，民間の知恵と資金の活用による空港経営の健全化も目指した. さらにここでは，公的主体が施設所有権を留保することが前提とした上で，改正PFI法の「公共施設等運営権」制度を活用しての国管理空港や地方管理空港の運営等の民間委託を可能とするため，PFI法，航空法，空港法等の関係法律の特例措置を定めた.

　こうして，コンセッション方式を活用した空港事業の民営化の法制度が整えられることとなった. 具体的には，空港の土地などの所有権は公的主体が保持したまま，民間事業者へ空港の運営権を売却，事業契約を結び，民間事業者に空港経営を委託することができるようになった.

　なお，運営権の売却対象となる空港の選定に際して，関係する自治体や事業者などで構成する協議会が組織されている場合には，その協議会の意見を聴取することが義務付けられており，空港のある地元自治体への配慮も考慮されている.

2　わが国におけるコンセッションの進展

（1）　仙台空港の動向

① コンセッション導入のプロセス

　仙台空港は1,200mと3,000m滑走路 2 本，駐機スポット14となっている. 同空港は東北地方の玄関口として最も多くの旅客数を取扱ってきた空港であるが，2011年 3 月11日の東日本大震災では甚大な被害を受けた. 同年12月に宮城県は東日本大震災からの完全復旧と空港の収益向上への打開策として，仙台空港を民営化する方針を国土交通大臣へ伝えた. 構想では滑走路などの下物施設の運営と，県が出資する第三セクターによる旅客・貨物ターミナル運営やアクセス鉄道の業務とをすべて一元化した上で，民間の運営権者に国有財産を貸付することで効率性を高めるとしたものである.

　2013年 6 月に民活空港運営法が成立，それを受けて2013年11月に国は，民活

空港運営法に基づく仙台空港の運営委託について，入札参加の意思を示した応募予定者などから幅広く提案を募集するマーケットサウンディングを開始した[7]．2014年4月「仙台空港特定運営事業等実施方針」を発表し実施方針が決まったことで，空港経営改革のモデルケースとして仙台空港の運営委託事業選定プロセスが正式にスタートした．

コンセッションに至る経緯については**表2-1**の通りである．第一次審査に4つの企業グループが応募し，第二次審査には3つの企業グループが通過，最終的に2015年9月に東京急行電鉄を代表企業とする「東急前田豊通グループ」が優先交渉権者として選定され，同年12月に公共施設等運営権実施契約を締結し，2016年2月より公共施設等運営権者によるビル事業の運営を開始した．

ここでの運営権者に航空会社が入っていないことは注目に値する．わが国の空港ビル会社は大手航空会社からの出資を受け，役員として迎えることが一般的であった．このことにより空港ビルと航空会社とが密接に連携し，効率的にビルを運営できる効果はあったものの，特定の航空会社を優遇することが新規参入者の就航を阻害する面があった可能性は否定できない．今回の運営権者の提案で記載されている目標にはLCCの割合を5割にするという野心的な目標があげられ，それが仙台のみならず東北地域の交流人口拡大を牽引するとしている．こうした目標が示されていたので，既存の大手航空会社が提案すること

表2-1　仙台空港のコンセッションに至る経緯

2014年4月25日	実施方針の公表
2014年6月27日	特定事業の選定および公開 募集要項の公表
2014年12月5日	第一次審査書類の提出期限
2015年1月26日	第一次審査結果の通知
2015年7月27日	第二次審査書類の提出期限
2015年9月11日	優先交渉権者の選定および公表
2015年9月30日	基本協定の締結
2015年12月	運営権設定 実施契約の締結 滑走路等の維持管理・着陸料の収受等事業の引継ぎ開始
2016年2月	ビル施設等事業開始
2016年7月	滑走路等の維持管理・着陸料の収受等事業開始（空港運営事業完全移管）

（出典）公表資料に基づき筆者作成．

は困難であったと考えられる.

② 仙台空港の新たな運営主体

　仙台空港の運営主体はコンセッションの実施前後で**図 2 - 4**のように変化した. 仙台空港の運営権者は仙台国際空港株式会社に決まった. 同社は2015年11月 2 日に設立され, 翌16年 2 月からビル事業, 7 月から空港運営事業を開始した. 出資者と議決権比率は東急株式会社42%, 前田建設工業株式会社30%, 豊田通商株式会社16%, 東急不動産株式会社 9 %, 株式会社東急エージェンシー・東急建設株式会社・株式会社東急コミュニティー各 1 %である[8].

　運営期間は30年間＋最大30年間の延長オプションとなっている. 運営権者の義務については, 実施契約・要求水準に規定され, 基本的に独立採算で経営することになっている. 運営権者の権限として認められているのは, 着陸料の設定, 空港管理規程の制定, 増改築に及ぶ. このような自由裁量権を持って仙台国際空港株式会社は, わが国のコンセッション実施のパイオニアとしてスタートしたが, 新型コロナによって不確実性が増大し, 先行きが不透明になっている.

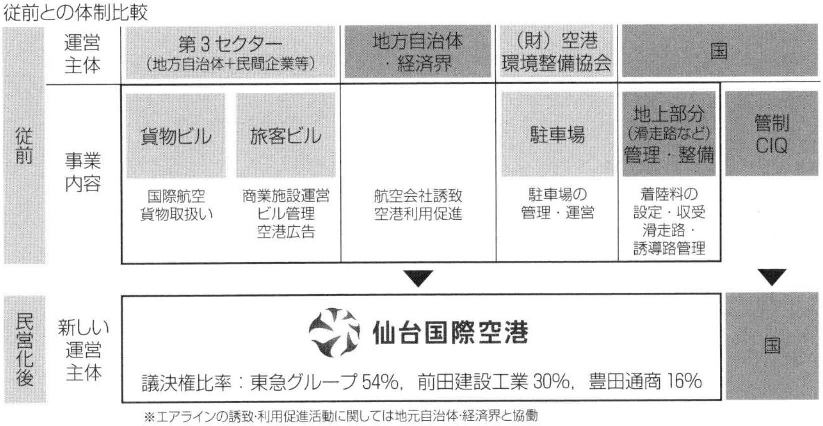

従前との体制比較

	運営主体	第 3 セクター (地方自治体＋民間企業等)		地方自治体・経済界	(財) 空港環境整備協会	国		
従前	事業内容	貨物ビル 国際航空貨物取扱い	旅客ビル 商業施設運営ビル管理空港広告	航空会社誘致空港利用促進	駐車場 駐車場の管理・運営	地上部分 (滑走路など) 管理・整備 着陸料の設定・収受滑走路・誘導路管理	管制CIQ	
民営化後	新しい運営主体	🔷 仙台国際空港 議決権比率：東急グループ54%, 前田建設工業30%, 豊田通商16%					国	

※エアラインの誘致・利用促進活動に関しては地元自治体・経済界と協働

図 2 - 4　仙台空港の新たな運営主体

(出典) 仙台国際空港株式会社 (2020：7).

③ コンセッション導入の影響

仙台空港の民営化の影響として，2017年8月時点で整理できる事実しては，もともと国管理の滑走路などの基本施設において約1.7億円の経常赤字が出ていたものが，その負担がなくなったこと，さらに，運営権者から国に22億円の運営権対価を一括納付されたことを第1にあげることができる．

2017年4月1日より，着陸料などの空港使用料金について新料金の体系が導入され[9]，搭乗率によって着陸料が変動する割合を拡大させ，旅客需要の減少リスクを航空会社と空港会社で共有する形を取ることにした．大型機ほど機材重量1トンあたりの単価を安くし，停留料は夜間駐機や拠点化の促進に向けて，停留開始24時間以内は無料化した（それまでは3時間以降課金）．航空会社が支払う着陸料・停留料・保安料の空港使用料は，以前の体系では固料金69%・旅客数連動料金が31%となっているが，新料金では固定料金39%・旅客数連動料金61%になった．このような柔軟な着陸料の設定についても，当初国が想定していたような動きが出始めていると言える．

また，1階到着エリアのリニューアル，搭乗口の増設，2次交通拡充の一環として東北各地とを結ぶ高速バスの運行開始したほか，ピーチが，2017年9月より新規路線（仙台〜札幌線，仙台〜台北（桃園））を開設するとともに仙台空港を拠点化することも発表するなど[10]，2014年度で324万人の乗降客数を2020年度に410万人，2044年度には550万人とする目標に向けての取り組みを進めてきた．

2019年末に表面化した新型コロナの影響は2020年に入ってから航空・空港業界全体に大きなダメージとして現れてきた．仙台国際空港が被った被害を数値で捉えると**図2−5**と**表2−2**のようになる．空港の旅客数激減とそれに伴う収益低下については国内のみならず世界のすべての空港にあてはまる．政府が早急に救済策をとるべき点については第11章で考察する．

（2） 関西国際空港（関空）と大阪国際空港（伊丹）の動向

① コンセッション導入の背景

伊丹空港の正式名称は「大阪国際空港」であり，その名の通り過去に国際線が就航していた．国内外の豊富な需要で多頻度な運航により，周辺住民との間で騒音などの環境問題が深刻化した．そのため1974年の航空審議会での答申では「関西国際空港は，大阪国際空港の廃止を前提として，その位置・規模を定める」とされ，伊丹の存在意義については一度否定された経緯がある[11]．その後，

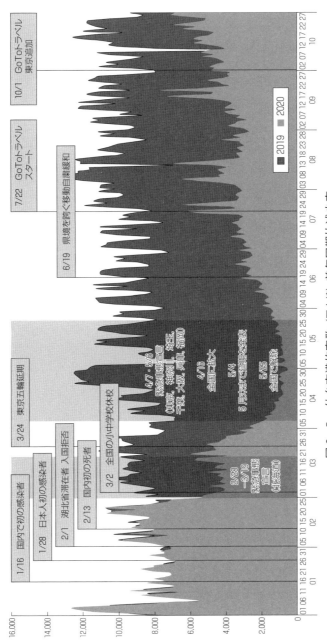

図 2 − 5　仙台空港旅客数（国内線）前年同期比減少率

（出典）仙台国際空港株式会社（2020：19）.

表 2-2　仙台国際空港株式会社の業績悪化

(百万円)

	2020年度（計画）	2020年度（中間）
営業収益	6,339	833
営業費用	6,277	1,715
営業利益	61	△ 882
営業外収益	0	4
営業外費用	1	1
経常利益	60	△ 879
特別利益	0	37
特別損失	0	35
税引前当期純利益	60	△ 878
法人税等及び法人税等調整額	△ 22	△ 29
当期純利益	83	△ 849

（注）千円の桁で四捨五入.
（出典）仙台国際空港株式会社（2020：20）.

関空が開港されるのに合わせて，国内線のみの運航となり，関空と統合した後も国内線のみの運航となっている.

　一方，1994年開港の関空は，4,000mと3,000mの滑走路2本を持つ海上空港であり，わが国で最初の本格的な24時間運用ができる空港となった. 同空港は西日本を中心とする国際拠点空港であるとともに，関西圏における国内線の基幹空港という位置づけになっている. もともとは，伊丹で満たしきれない需要の受け皿として新空港の計画が検討され，その後，伊丹の騒音問題も関わり，泉州沖に人工の空港島が造成されることになった. 当初は3,000m滑走路の1本だったが，第二期滑走路建設により新たに埋め立てが行われ二期島が作られた. その時に，財務省と国土交通省の覚書が締結され，伊丹を国管理空港であった第一種空港から格下げをすることが条件とされた. このことは，空港整備法から空港法への変遷とつながる.

　関空は空港島の建設に多額の建設費がかかり，関西国際空港株式会社が多額の有利子負債（1兆3,000億円）を抱えることとなり，また，当初の想定以上の地盤沈下により政府からの補給金がなければより経営が厳しい状態となっていた. そのような状況の中，2009年度の行政刷新会議「事業仕分け」において，「関西国際空港株式会社補給金」が対象となり，結果として「伊丹を含めた抜本的

解決策が得られるまでは政府補給金を凍結」と判断された[12]．当初は成田の上場益で関空の借金を返済するというアイディアも出されたが，その後，伊丹の運用益で関空を救済するという措置につながることになった[13]．

　具体的には国土交通省成長戦略会議が取りまとめた「国土交通省成長戦略」(2010年5月17日)において，「(関空の)バランスシート改善にあたっては，関空のキャッシュフローから生み出される事業価値のみならず，伊丹のキャッシュフローから生み出される事業価値や不動産価値も含めてフル活用することも検討する」ことや，「関空・伊丹の事業価値の最大化とキャッシュ化の手法としては，(中略)『民間の知恵と資金』を活用することが望ましく，両空港の事業運営権を一体で民間にアウトソース(いわゆるコンセッション契約)する手法を基本に，その可能性を追求する」とされ，その約1年後に「関西国際空港及び大阪国際空港の一体的かつ効率的な設置及び管理に関する法律」(関空伊丹統合法)が成立した．

② 関空・伊丹の統合とコンセッション

　関空伊丹統合法が成立した後，2012年7月1日には「新関西国際空港株式会社」のもとに，関空と伊丹の経営が統合された．もともと，関空を運営していた関西国際空港株式会社が抱える約1兆3,000億円に及ぶ債務を軽減する目的の中で実行され，伊丹と統合した「新関西国際空港株式会社」と，また，それまでの関西国際空港株式会社は関西国際空港土地保有株式会社と名前を変え，新関西国際空港株式会社へ当空港の土地を貸与し，その賃貸料で負債を返済することとされた(図2-6)．

　2012年10月には，新関西国際空港株式会社はわが国初となるコンセッションの実施などを盛り込んだ中期経営計画を策定，2014年7月には，「関西国際空港及び大阪国際空港特定空港運営事業等実施方針」が公表された．これは公募で民間事業者を募集し，関空と伊丹の運営を45年間一体的に行う事業の実施方針を示したものであり，翌年2015年6月には応募のあった3者の中からオリックスとヴァンシ・エアポートのコンソーシアムのみが第一次審査を通過した．関空・伊丹のコンセッション至る経緯について整理すると**表2-3**のようになる．

　オリックス，ヴァンシ・エアポートコンソーシアムは第二次審査も通過し，2015年11月10日に優先交渉権者に選定された．12月1日には，オリックスとヴァ

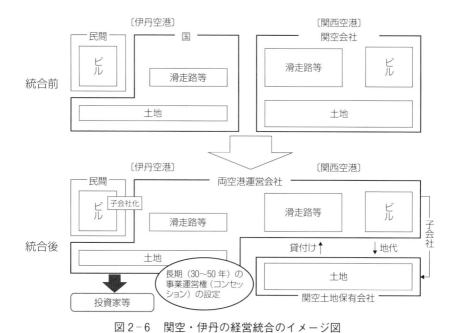

図2-6　関空・伊丹の経営統合のイメージ図

（出典）国土交通省及び新関西国際空港株式会社の公表資料に基づき筆者作成.

表2-3　関空・伊丹のコンセッションに至る経緯

2014年 7 月25日	実施方針の公表
2014年 9 月26日	特定事業の選定および公開
2014年11月12日	募集要項の公表
2014年12月22日	参加資格審査書類の提出期限
2014年12月26日	参加資格審査結果の公表
2015年 5 月22日	第一次審査書類の提出期限
2015年 6 月12日	第一次審査結果の公表
2015年 9 月18日	第二次審査書類の提出期限
2015年11月10日	優先交渉権者の選定および公表
2015年11月20日	基本協定の締結
2015年12月15日	運営権設定 実施契約の締結
2016年 4 月 1 日	事業開始

（出典）公表資料に基づき筆者作成.

表 2 - 4　　関西エアポートの20％を保有する30社

アシックス	積水ハウス	紀陽銀行
岩谷産業	ダイキン工業	京都銀行
大阪瓦斯	大和ハウス工業	滋賀銀行
大林組	竹中工務店	南都銀行
オムロン	南海電気鉄道	日本生命保険
関西電力	西日本電信電話	みずほ銀行
近鉄グループホールディングス	パナソニック	三井住友信託銀行
京阪ホールディングス	阪急阪神ホールディングス	三菱ＵＦＪ銀行
サントリーホールディングス	レンゴー	りそな銀行
JTB	池田泉州銀行	民間資金等活用事業推進機構

（出典）関西エアポートの公表資料に基づき筆者作成.

ンシ・エアポートが折半で出資して関西エアポート株式会社を設立し，その後，第三者割当増資を行い，阪急阪神ホールディングスや南海電気鉄道，パナソニック，りそな銀行など地元関西の企業30社が出資した（**表 2 - 4**）．同社は，2016年 4 月 1 日に新関西国際空港株式会社から空港運営を引き継ぎ，2060年 3 月31日までの44年間，関空と伊丹の一体的な運営が開始された.

③ コンセッション導入の影響

　仙台の改革が 1 つの空港だけのコンセッションであったのに対して，関空・伊丹のケースでは複数空港を一体的にコンセッションとして契約締結した点に大きな違いがある．その背景には関空が抱える巨大な債務について，国の負担をできるだけ減らしていくという意図があったと考えられる．結果的に，1.3兆円に及ぶ債務と毎年，国からの数十億円から年によっては100億円近い補給金があったものが，今回のコンセッション契約により債務を運営権者が返済することとなり，国からの負担を軽減できる効果があった[14].

　関西エアポートの初年度2016年度の営業収益は1,802億円，営業利益が378億円，経常利益262億円，当期純利益は169億円と好調で，両空港あわせた発着回数や旅客数などが過去最高となった．2015年度まで運営を行っていた新関西国際空港会社との単純比較はできないが，同社がコンセッションに関する影響などを加味して試算したところ，営業収益は前年比3.2％の増加，運営権対価や収益連動金などコンセッション会計処理を調整しても，経常利益は3.6％の増

益になった．なお，こうした増益には需要の拡大が重なったことも１つの要因であると言える．[15]

　運営権者として名乗りを上げたオリックスとヴァンシ・エアポートとのコンソーシアムは提案の中で，世界各国で空港を運営するヴァンシ・エアポートの経験とノウハウを活かして航空会社誘致を行うことを掲げており，その成果の１つとして，エアアジアＸによる関空―ホノルル便が2017年６月より就航した．更なるLCCの拡大と中長距離路線の拡大をめざして，中長距離LCCの誘致にも力を注いでいくという意向を持っていた．[16]

　2018年９月４日に関西を襲った台風21号の影響で，関西エアポートは滑走路とターミナルビルの浸水に加えて，タンカー走錨による橋脚破損事故によって多大な被害を受けた．その復旧が完了したものの，2019年末に発生した新型コロナの影響によって，さらにダメージが重なり未曾有の損失を受けることになってしまった．図２－７と図２－８は現実の旅客便と旅客数の前年同期比での減少率を示している．両図とも関空の国際線データは最も下に位置しているラインであるが，打撃がいかに大きいかが理解できる．コンセッションの今後の見直しについては第11章で触れることにする．

（3）　その他の空港の動向

① 国管理空港

　民活空港運営法に基づき，仙台，伊丹・関西に続く新たなコンセッション契

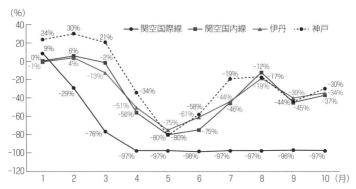

図２－７　関西エアポートの旅客便　前年同月比増減率（2020年１月～10月）

(出典) 関西エアポート（2020a：9）．

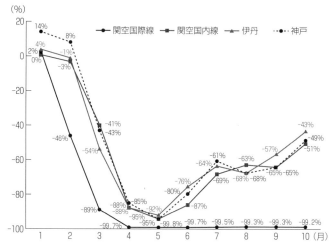

図 2-8　関西エアポートの旅客数　前年同月比増減率（2020年 1 月～10月）

（出典）関西エアポート（2020a：10）.

約としては，高松，福岡において2016年 7 月に実施方針が示され，高松は2018
年度から，福岡では2019年度からの運営委託を開始した．特に福岡では，運営
権取得を目指す企業連合が提示する入札価格が配点の 3 割を占め，仙台など先
行する他空港より比重が重くなった．また，運営する企業連合が北九州の運営
権取得を目指すことも認め，将来的な一体運営の余地も残された[17]．

　他にも，広島空港，熊本空港の運営権の民間委託が進められ，特に，熊本空
港の場合は運営権を売却するコンセッション方式による民営化と現行の国内
線・国際線ターミナルを建て替えて新たに内際一体となった新旅客ターミナル
の建設を目指し，2016年に発生した熊本地震からの「創造的復興のシンボルに
したい」（蒲島郁夫熊本県知事）としていた[18]．

② 地方管理空港

　国管理空港だけではなく地方管理空港についてもコンセッション契約に向け
ての動きがみられる．例えば，但馬は2015年 1 月よりターミナルビルを運営し
てきた但馬空港ターミナル株式会社に運営権を設定し空港一体の運営を行って
いる[19]．また，静岡空港は，国の「地方管理空港民営化モデル事業」のモデルケー

スに選ばれ，地方管理空港の民営化における国と空港との関係のあり方の検討が進められた結果，2019年度より三菱地所，東京急行電鉄による運営権事業が開始された．南紀白浜空港も，2019年度より経営共創基盤を代表とするコンソーシアムが運営権事業を開始し，2019年度の対前年比の旅客数の伸びは全国２位という成果を見せた[20]．

　神戸空港に関しては2018年度からの運営委託に向けて，2016年10月より公募選定手続きを開始された．神戸市としては，当初から神戸・関西・伊丹の３空港一体運営が実現を目指していたが[21]，実際に関空・伊丹を運営する「オリックス・ヴァンシエアポーツ・関西エアポート」コンソーシアムの１陣営のみが選定過程に残り同社のみが応札，191億4,000万円の運営権の売却により，関西３空港が同一の運営主体となることとなった[22]．

　さらに，北海道では，国管理空港，道管理空港を含めた７つの空港の一括運営が2020年１月から開始された．その経緯については第３章で説明する．

3　わが国における空港民営化の評価

　空港の民営化の先進事例であるイギリスから遅れること30年以上経過し，ようやくわが国においても本格的に空港民営化が進められた．わが国の場合は海外と異なり，上下分離（滑走路などの基本施設と旅客ターミナルビルとの運営主体が分離）されているという特殊な事情もあったために，民営化手法の検討に時間を要し，結果的に「コンセッション契約」が選択されることになった．

　このコンセッションが取り組まれた経緯としては，これまで述べてきた通り，空港整備が一段落し，整備から運営へ重視されてきたという文脈で整理できるが，その背景には，関空の巨大債務の問題や第２滑走路（二期島）に絡む伊丹の港格問題など，2000年代の世界的な航空需要の高まりの一方でのわが国の需要低迷など，これまでの航空政策の失策を補う面があったことは否定できない．さらに，仙台の民営化は，東日本大震災からの復興という大義名分がなければ推し進められなかったとも言える．それだけ，わが国における空港民営化は難産であった．

　しかし，いったん民営化に舵が切られると，地方管理空港も含めてコンセッションの方向性が探られ，これまで大手航空会社が空港経営に関わることが一般的だった地方空港の運営が，大手航空会社との関係を見直してLCCとの連

携も重視した空港経営の姿勢を打ち出した仙台の事例もある．さらに，インバウンド需要や「地方創生」の掛け声のもとで地域の「稼ぐ力」の醸成など，交流人口を担う重要なインフラである地方空港の活躍が強く期待されてきた．ところが，新型コロナの影響で政策変更を迫られることになった．わが国の観光と空港の将来については第11章で言及する．

注

1）　2009年 6 月に国土交通省は国管理空港における空港別収支の試算を公開した．国土交通省 WEB サイト［http://www.mlit.go.jp/policy/shingikai/s303_betsushushi01.html］（最終閲覧2021年 4 月 3 日）でも公開している．

2）　需要が少ない空港が整備された背景に政治家の影響があると各種新聞報道では指摘している．例：南紀白浜空港（『朝日新聞』2010年 1 月21日），紋別空港（『北海道新聞』2009年11月 4 日）．

3）　空港法第 3 条.

4）　屋井（2009：37）.

5）　ただし，実際の運用については空港整備法から大きく変わるものではなく，むしろ問題点も指摘できる．野村・切通（2010）は，空港法についての問題として，次の 5 点をあげている．
　①検討のスタートが非常に遅かったこと
　②国の空港管理・運営に関与を強めたこと
　③非透明性の中で拙速に制定したこと
　④空港のある地域・地元が主体的に運営するという視点が弱いこと
　⑤運用上現状維持となっている点が多いこと

6）　「国土交通省成長戦略」（2010年 5 月策定）では，「空港においても，効率的経営を通じ，サービス提供コストを下げるためのガバナンスの仕組みが欠如，さらに多くの場合，非航空系収入も空港運営主体に流入しない構造である．このため，相当数の空港が高コストかつ赤字体質にあるものと思われる.」との基本認識を掲げ，「民間の知恵と資金」の徹底的活用を提言している．また，それを踏まえて同省に設置された有識者会議「空港運営のあり方に関する検討会」の報告書「空港経営改革の実現に向けて」（2011年 7 月29日）でも，特に国管理空港の課題として，航空系事業が全国一律のルールの下で運営されていること，また，非航空系事業と呼ばれる空港ターミナルビルなどは，国とは異なる民間会社，第三セクターなどが施設を設置し事業活動を行っていることが指摘されている．

7）　提案募集のたたき台として，事業の概要や考え方を示した素案「仙台空港特定運営事業基本スキーム」（案）も公表し，素案では，運営委託の事業期間を30年間と定めたうえで，空港ターミナルの大規模改修とその後の投資回収を考慮して，最大30年の延長が可能な「延長オプション」の設定を提案した．また，運営権者の特別目的会社（SPC）が，航空会社の子会社や関連会社になることを禁止する要件を設定する案などを盛り

込んだ．（日刊航空2013年11月19日）その後，マーケットサウンディングに10企業群71
社が名乗りを上げた（日刊航空2014年2月7日）．

8) 仙台国際空港株式会社（2020：4）．
9) 日刊航空2017年3月17日を参照．
10) 日刊航空2017年5月18日を参照．
11) ただし，この意味は，「大阪国際空港の廃止を決定したものではなく，『仮に同空港
が廃止されても，その機能を十分に果たしうる新空港の建設を推進すること』と答申
直後から解している」（交通政策審議会航空分科会第14回空港整備分科会資料1伊丹の
在り方について論点（2002.10.25））ことや，各種需要予測，調査結果を踏まえて「第
6次空港整備五箇年計画の中間とりまとめ」において，「大阪国際空港については，大
阪圏における国内航空需要の増大，周辺環境対策の進捗等に鑑み，利用者の利便の確
保と周辺地域との調和を図りつつ，同空港を存続することとする．」と記述されたこと，
または1990年に平成2年存続協定上の取り扱い（11市協・調停団）として，「本空港に
ついては，関西国際空港開港後も運輸大臣が直轄で管理・運営する国内線の基幹空港
とし，関西国際空港との適切な機能分担を図ることとする」とあることなどに起因し
て伊丹空港が存続されている．
12) とりまとめのコメントとしては以下の通り．「議論の内容は，関西国際空港の廃止，
関西国際空港の政府支援の廃止ということではなく，補給金を見直すということであ
る．現在，伊丹空港を含めた抜本的解決策について，国土交通省や関西国際空港のか
たがたを含めて検討しているということであり，当ワーキングとしてはその結論が出
るまでは補給金の凍結ということにしたい」．
13) 日刊航空2010年2月8日を参照．
14) 公募時の最低提案価格（年額）として約370億円が示されており，44年間の総額で約
1兆6,400億円となり，このように高額の対価は，民営化の主な目的が債務の返済にあ
ることの証左と言える．
15) 日刊航空2017年6月1日を参照．
16) 日刊航空2017年2月13日を参照．
17) KANSAI空港レビュー 2017年6月号を参照．
18) 日刊航空2016年12月12日を参照．
19) しかし，但馬空港の場合は，空港を運営する但馬空港ターミナル株式会社の資本の
3分の2を県や地元市町が保有し，県は人材を出向させているほか，毎年補助金によ
り経営を支援しており，完全に民営化された空港とは言えない
20) 岡田（2020：23）を参照．
21) 日刊航空2016年6月23日を参照．
22) 日刊航空2017年2月15日，7月26日を参照．

参考文献・資料
岡田信一郎（2020），「難局下の空港民営化」『ていくおふ』No. 161，pp. 22-31.
関西エアポート（2020a），「2020年度中間連結決算」．

――――（2020b），「2020年度中間連結決算　新型コロナウイルスの影響により，大幅な減収・減益」．

関西空港調査会（2007），『エアポートハンドブック2007』月刊同友社．

航空振興財団（2016），『数字でみる航空』．

佐藤正謙・岡谷茂樹（2014），「コンセッションを活用した空港経営改革」『資本市場』No. 343，pp. 33-43.

仙台国際空港株式会社（2020），「コンセッション事業推進セミナー　仙台空港の取組み」．

野村宗訓・切通堅太郎（2010），『航空グローバル化と空港ビジネス―― LCC時代の政策と戦略――』同文舘出版．

屋井鉄雄（2009），「地域航空の可能性――わが国の空港と航空サービスの今後のあり方を考える――」『「地域航空フォーラム／09」実施報告書』，pp. 7 -35.

3

「地方空港」の実態と有効活用策

1　わが国における「地方空港」の位置づけ

（1）「地方空港」とは

　地方空港の実態を捉えるにあたって，地方空港の定義を整理し，対象を明確化する必要がある．しかし，わが国では「地方空港」という言葉は公式に定義されていない．もともと1956年に制定された「空港整備法」で，空港の分類が第1種〜第3種と大きく3つに分けられ，2008年に制定された「空港法」では，拠点空港（会社管理空港・国管理空港・特定地方管理空港），地方管理空港，及び共用空港に区分された．空港がどこに立地しているかという点よりも，誰が管理運営しているのかという視点により分類されている．

　国以外の地方自治体が管理している空港を「地方空港」と定義すると，稚内空港や鹿児島空港は地方空港ではなくなってしまう．一方，1980年代に空港の民営化を実現し，先進的な空港運営を実践しているイギリスでは，「ロンドン地域の空港」（London Airports または London Area Airports）と，「それ以外の地方空港」（Regional Airports または Other UK Airports）に分類されている．しかし，このカテゴリーをそのままわが国に適用した場合だと，関西国際空港（以下，関空と略記）や福岡空港も「地方空港」に含まれるため，こうした分類も適切とは言い難い．

　そこで，わが国の年間乗降客数（2019年），上位20位に注目すると（表3-1），8位の中部国際空港と9位の鹿児島空港の間に大きなギャップがあり，1,000万人を1つの分岐点と考えることができる．1,000万人を超える空港は幹線空港にあたるが，中部国際空港は幹線空港に位置づけられてはいない．ただし，旅客数が多く成田や関空と同じく会社設置管理空港である点から，幹線空港に類する空港として位置づけた方が適切であろう．

表3-1 年間旅客数ランキング（2019年）

順位	空港	旅客数（人）	順位	空港	旅客数（人）
1	東京国際	86,920,293	11	熊本	3,492,188
2	成田国際	42,413,928	12	宮崎	3,410,361
3	関西国際	31,807,820	13	神戸	3,362,720
4	福岡	24,679,617	14	長崎	3,360,170
5	新千歳	24,599,263	15	広島	3,166,572
6	那覇	21,761,828	16	松山	3,152,419
7	大阪国際	16,504,209	17	新石垣	2,614,822
8	中部国際	13,460,149	18	高松	2,152,430
9	鹿児島	6,075,210	19	大分	1,982,377
10	仙台	3,855,387	20	小松	1,887,535

（出典）国土交通省航空局，空港管理状況調書に基づき筆者作成.

表3-2 地方空港を明確化する分類

従来の区分	空港	新たな区分
① 幹線空港	新千歳・成田・羽田・関西・伊丹・福岡・那覇	非地方空港 （都市型空港）
② 会社設置管理	成田・関西：（上記①の再掲）・中部	
③ 関西3空港	関西・伊丹：（上記①の再掲）・神戸	
④ 特になし	上記以外の88空港	地方空港

（注）「都市型空港」という呼称は，必ずしも立地点の人口だけで区分しているわけではない.

13位の神戸空港は地方管理の空港として位置づけられてきたが，その立地場所や関空・伊丹と隣接すること，さらには既に関空・伊丹を一体で運営する関西エアポートが神戸も含めて運用することになった点を踏まえると，これも「地方空港」とは言い難く，関空・伊丹と同じカテゴリーに入れた方が適切である[1]。以上のことを踏まえて，本章においては，非地方空港（都市型空港）と地方空港を表3-2のように整理し，地方空港について論じることにする[2]。

（2） 地方空港の活用が航空需要を牽引する可能性

前述したイギリスとわが国の空港分類のカテゴリーを踏まえて，イギリスとわが国の旅客数の1995年を「1」とした場合の推移を図示すると図3-1のようになる．これをみるとイギリスの地方空港は1995年と比べ2倍以上増加して

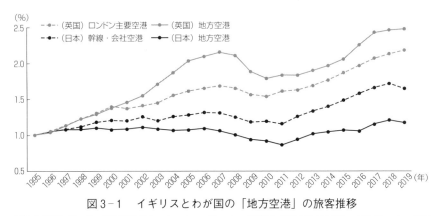

図 3-1　イギリスとわが国の「地方空港」の旅客推移

(注)「(英国)ロンドン主要空港」はLondon Area Airports,「(英国)地方空港」はOther UK Airports,「(日本)幹線・会社空港」は成田・中部・関空・伊丹・羽田・新千歳・名古屋(2004年以前)・福岡・那覇・神戸(2005年以降),「(日本)地方空港」は, 全体より前記空港群の旅客数を差し引いたものとした.

(出典)イギリスはCivil Aviation Authorityの公表資料, わが国は国土交通省, 空港管理状況調書に基づき筆者作成.

いるのに対して, わが国の地方空港ではほぼ横ばいである.

　世界の航空旅客の動向が2000年以降も成長を続ける一方, わが国の成長が鈍化した要因として, 第1章で日本国内の航空産業に原因があるという指摘に触れたが, 詳しく分析すると, 航空需要の特徴が東京路線に集中する反面, 成田・羽田で発着枠が不足しているという首都圏の空港整備の遅れと, 地方空港の伸び悩みがある点を指摘することができる. つまり, わが国の航空需要が世界の動向に遅れを取っているのは, 地方空港を効果的に活用できていないこともその要因の1つではないかと推測できる.

　イギリスの地方空港でこのように旅客数が増えた要因として, 友人・家族・親戚を訪問するVFR (Visiting Friends and Relatives) の需要が増加した点を第1章で触れた. それに加えて, 遠藤 (2016) が指摘するように, EUにおける航空規制緩和が契機となり新たな事業機会を創出し, LCCがロンドン周辺だけではなく地方空港へ多数参入したことや, 空港民営化に伴い空港が利用者ニーズに伴ったサービスを展開したことで, 利用者が増加に影響を及ぼしたとも考えることができる. これらのことを踏まえると, 地方空港の活用を意識した航空政策が, これからのわが国の航空需要を牽引する可能性を示している.

2　「地方空港」の活性化施策の概要と意義

（1）　国による地方路線活性化に向けての取り組み

　国は地方路線維持について「その安定的な確保のため，総合的な支援を実施」するという見解を明示している．表3-3はその内容について，主に2017年度

表3-3　「地方空港」に関わる主な施策

施策	内容
国際航空路線に係る着陸料軽減	・羽田以外の空港について，国際定期便の着陸料を7／10，国際旅客チャーター便の着陸料を1／2に軽減． ・上記に加え，羽田・福岡・新千歳以外の空港において，新規就航等に際し着陸料を1／2に軽減（通称：インバウンド割）．
地方空港におけるLCC等の国際線就航加速パッケージ	・「訪日誘客支援空港（仮称）」の認定（※羽田，福岡，新千歳を除く国管理，地方管理，コンセッション空港が申請対象）されれば，「インバウンド割」を拡充し，新規就航等に係る着陸料を最長3年間，最大10／10引き下げやグランドハンドリング経費等を補助．
国内航空路線に係る着陸料軽減	・出発空港・着地空港により国内線に係る着陸料の軽減措置の拡充（特に，羽田・福岡，新千歳以外の空港で軽減措置） ・最大離陸重量50t以下の小型機材に係る着陸料については，更に9／10に軽減
航空機燃料税に係る軽減措置	・地方航空ネットワークの維持・強化を図るため，航空機燃料税に係る軽減措置（26,000円／kl→18,000円／kl，一定の離島路線の場合は13,500円／kl，沖縄路線については9,000円／kl）を3年間延長する．
離島航空路維持対策	・運航費補助 ・機体購入費補助 ・衛星航法補強システム（MSAS）受信機購入費補助 ・航行援助施設利用料，固定資産税の軽減 ・着陸料や航空機燃料税の軽減（再掲）
地方航空路線活性化プラットフォーム事業	・地域における航空路線の維持・拡充のための，地域と地域をつなぐ場（プラットフォーム）を設置，他地域の優良な取組事例に係るノウハウの情報提供や官民・地域間の連携強化を支援． ・発地着地両側の地域連携（ペアリング）による路線の維持・拡充のための取組の実証調査を実施．
（発着枠政策コンテスト） ※2013年度に実施し，2017年度も継続して発着枠の配分	・地方航空ネットワークの維持・充実のため，地域と航空会社とのパートナーシップで需要喚起策等の取組を促進するため，羽田の政策枠3枠を活用して「羽田発着枠政策コンテスト」を実施． ・増便を希望する地域とパートナーたる航空会社の今後の取組について，有識者懇談会（2013年11月6日）による評価を実施し，優秀と考えられた3路線（羽田＝山形，鳥取，石見）に1枠ずつ配分． ・各種取り組みについて懇談会により評価を経て2016年3月から更に2年延長されている．

（出典）「平成29年度航空局関係予算決定概要」及びヒアリングに基づき筆者作成．

予算の中から，地方空港に関連する部分を抜き出したものである．これをみると，地方空港の支援策のほとんどが着陸料等公租公課の軽減にかかるものであり，航空会社の負担を抑えるという観点からの施策展開と言える．「地方航空路線活性化プラットフォーム事業」は，公租公課の軽減ではないが，発地と着地のプロモーションを支援したり，ペアリングの情報発信を行うものであり，あくまでも航空会社の就航支援と言える．

　国は2014年度から２カ年にわたり，「着陸料の提案割引制度」を予算化し，空港経営改革に前向きな地域から，路線充実に向けた提案を募集し，創意工夫に優れた提案の路線について，着陸料の時限的な軽減措置を講ずることを目指した[4]．しかし，実際には２カ年とも実績はゼロという状況であり，結果的に国の思惑が想定通りに動いていない状況も垣間見える[5]．

（2）　地方自治体の取り組み

　空港の立地する自治体が中心となり，様々な形で路線の維持・発展のための措置も講じられている．表3-4は，国土交通省航空局の資料などを参考に，

表3-4　地方自治体での取り組み事例

項目	具体的な施策例	主な地方空港	主な対象
関係者と連携する体制構築	ポートセールス体制の構築	仙台，山形	空港の立地する自治体
	自治体の長自らによるトップセールス	稚内，青森	
	観光・航空部局以外も含めた推進体制の構築	女満別，松山	
運航コスト削減施策	着陸料・停留料に関する減免・補助	多数の地方空港	航空会社
	保安検査費・Ｘ線検査機器等の購入費に関する補助		空港ビル会社
	空港ビル施設使用料に関する減免・補助	釧路，熊本	航空会社
	ナイトステイに関する経費の補助	新潟	航空会社
	搭乗率保証制度の導入	能登	航空会社
航空需要増進施策	空港利用者（個人・団体等）の航空運賃等に関する補助	多数の地方空港	個人，旅行会社
	観光ツアー等の企画・商品造成・商品広告に関する補助		旅行会社
	新規定期便の誘致　新規チャーター便の導入に関する補助	函館，高知	航空会社

（出典）東京航空局資料，大阪航空局資料，羽田発着枠政策コンテストの評価等に関する懇談会（2013年７月29日）資料２．[http://www.mlit.go.jp/koku/koku_fr4_000008.html]（最終閲覧2021年３月10日）などに基づき筆者作成．

各種政策を整理したものである．これをみると国の施策と同様に，主な対象として多くの施策が航空会社向けとなっている．

（3） 自治体の空港関連予算の整理

空港が立地する自治体においての2016年度予算のうち，空港・航空・訪日外客（インバウンド）関係において計上された各自治体の予算を整理したのが**表3-5**である．各自治体において様々な施策が幅広く展開されており，多くの地方空港に対する予算が地元自治体から計上されている．ここにあげたものを合計すると単年度で400億円以上になる．訪日外客誘致関連，いわゆるインバウンド促進に向けての予算も多額に計上されており，沖縄県が突出しているのも確認できる．このように各空港とも地域の実情に応じた空港振興施策が独自に展開されていると言える一方で，これだけの予算が地方空港の振興のために毎年費やされているのはあまり知られていない．

静岡県では合計すると40億円を超えており，他の空港よりも多くの事業化がされているのが確認できる．この中には空港・観光振興以外に，空港の維持管理に関する費用やハード系の費用も計上されているが，2013年度予算でも20億円と他空港よりも突出しており，多くの予算が投入されている[6]．また搭乗率保障制度で有名な能登に関しては，主に首都圏の需要開拓のための費用として「安定需要の確保に向けた利用促進活動の展開」が約1.5億円の予算が計上されており，それ以外も含めると少なくとも1.7億円以上が見込まれている[7]．民間共用空港として2010年に開港した茨城においては約7億円の予算が計上され，佐賀では施設の狭隘化対策として2016年度予算では約1億円計上されている．羽田発着枠の政策コンテストの対象空港だった石見には少なくとも1,800万円以上の予算が計上されている．

上の5空港に共通しているのは，比較的新しい空港で，かつ需要が予測より大幅に下回った空港である．これらの空港や路線の維持に対しての自治体の多額な予算が投入されている点は，今後の航空・空港政策を検討していく中で留意すべき点であろう．本節では航空関係の情報に焦点をあてたが，これら以外にも空港アクセス道路の整備やその維持費用など，様々な費用がかけられている．つまり，ここに掲げた予算以上に各空港には多額の費用が投じられており，依然としてそれらの多くは空港毎には把握されていない．そのため，空港の存在意義を経済効果としてみる場合には，可能な限り幅広い範囲で空港に関する

表 3－5　地方空港における事業の予算額（2016年度）

（北海道・札幌市・旭川市・青森県・岩手県）

自治体	事業名	予算額（千円）	訪日外客誘致関連	主な対象空港
北海道	航空ネットワーク形成推進費（女満別空港活性化対策推進事業費補助）	60,000		女満別空港
	新千歳空港機能強化推進費（住宅防音対策推進事業補助金）	680,000		新千歳空港
	総合体育センター・スポーツゾーン交流促進事業費	254,000		新千歳空港
	国際航空ネットワーク形成促進事業費	10,218		道内の空港
	国際航空利用促進対策事業補助金	44,250		道内の空港
	国際航空路線誘致維持対策事業	37,581		道内の空港
	道内空港国際線利活用促進調査事業	10,000		道内の空港
	北海道DMOを核としたインバウンド受入環境づくり	78,778	○	新千歳空港
	北海道観光地魅力発信・地域連携促進事業	4,303	○	新千歳空港
	国際観光需要拡大促進事業	44,376	○	新千歳空港
	北海道国際観光戦略推進事業費	75,967	○	新千歳空港
	国際観光推進費	96,600	○	新千歳空港
札幌市	MICE施設整備促進費	12,000		丘珠空港
	海外シティプロモート推進事業費	39,000	○	丘珠空港
	観光統合促進事業費	11,800	○	丘珠空港
	MICE推進事業費	132,300		丘珠空港
	空港機能整備調整費	8,000		丘珠空港
旭川市	航空交通網整備促進費	65,526		旭川空港
	観光プロモーション推進費	69,737	○	旭川空港
	ストレスフリーツーリズム推進費	12,500	○	旭川空港
	中心市街地Wi-Fi環境整備費	1,000		旭川空港
	中国国際定期便誘致推進費	1,500	○	旭川空港
	旭川空港ターミナル機能拡充支援	503,240		旭川空港
	3市連携による国際チャーター便誘致	6,000	○	旭川空港
		17,567	○	県内の空港
青森県	青森・名古屋便就航5周年記念事業費	7,117		青森空港
	中国定期路線就航対策事業費	12,301	○	青森空港
	青森空港国際化対策事業費	133,354	○	県内の空港
	国際航空路線利用促進対策事業費	17,009	○	県内の空港
	東アジア・ソウル線利用促進事業費	21,160	○	県内の空港
	インバウンド誘客加速化事業費	30,000	○	青森県内の空港
	東南アジア誘客促進事業費	4,338	○	青森県内の空港
	航空路線拡充・国際線就航促進対策等事業費	55,967	○	青森県内の空港
	あおもりMICE誘致拡大事業費	4,066	○	青森県内の空港
	青森MICE誘致促進事業費	213,840	○	県内の空港
	海外MICE誘致促進事業費	3,700	○	青森県内の空港
岩手県	台湾を主としたインバウンド促進事業費	5,100	○	花巻空港
	東アジア・東南アジア間国際線誘致促進事業費	75,381	○	花巻空港
	海外誘客促進事業費	7,000	○	花巻空港
	インバウンド受入環境向上加速化事業費	6,129	○	花巻空港
	国際MICE誘致促進事業費	2,546	○	花巻空港
	あおもり・いわて広域連携促進事業費	18,130	○	花巻空港
	日韓MICE誘致世界遺産をいかした誘客プロモーション事業費	24,017	○	花巻空港
	いわて花巻空港利用促進事業費	124,017		花巻空港
	国際観光戦略推進事業費	111,300	○	花巻空港
	いわて花巻空港国際線就航促進事業費	78,200	○	花巻空港
	航空会社と連携した観光キャンペーン推進費	2,200	○	花巻空港
	空港機能を活用した交流促進事業	80,000		仙台空港

（富山県・石川県・長野県）

自治体	事業名	予算額（千円）	訪日外客誘致関連	主な対象空港
富山県	LCDソウル便利用促進事業	5,500		富山空港
	富山きときと空港利用環境整備事業費	100,000		富山空港
	東アジア空港インバウンド誘客強化事業	73,000	○	富山空港
	富山空港の利用促進	30,900		富山空港
	富山きときと空港サポーターズクラブ組織強化事業	3,900		富山空港
	富山便国際路線維持利用促進事業	4,900	○	富山空港
	東アジア国際航空網レジリエンス受入環境強化事業	10,820	○	富山空港
	海外富山県人会・在外県人関係者招聘事業	30,000	○	富山空港
	修学旅行利用促進事業	1,300		富山空港
	東南アジア誘客事業	15,000	○	富山空港
	富山・上海便地域連携促進事業	5,500	○	富山空港
	国際観光の拡大・充実として2次交通の充実	15,000	○	富山空港
	台北便でのSNS活用開催・県誘客推進事業	2,000	○	富山空港
	富山きときと空港発のタウンビーング実証運行支援事業	21,390	○	富山空港
	富山きときと空港バス実証運行事業	2,630	○	富山空港
	くれたけ空港国内線の充実	2,100		富山空港
	富山きときと空港駐車場有効活用検討事業	1,800		富山空港
	とやま空港国内線就航促進事業	19,260		富山空港
石川県	○小松空港			小松空港
	・安定運航の確保に向けた利用促進活動の展開	17,550		小松空港
	・安定運航の維持	13,000		小松空港
	・利用者の利便性の向上	7,000		小松空港
	・国際チャーター便の利用促進	11,000	○	能登空港
	○能登空港	9,000		能登空港
	・能登空港の利用促進	47,000		能登空港
	○小松空港	23,000		小松空港
	・安定運航の確保に向けた利用促進	53,394		小松空港
	・利用者の利便性の向上	20,000		小松空港
	・台北・上海便の維持	17,380	○	小松空港
	・国際線路線の拡充	146,100	○	小松空港
	○能登空港	2,710		能登空港
	・能登空港の利用促進	10,000		能登空港
	○小松空港	12,000		小松空港
	・安定運航の確保に向けた利用促進活動の展開	10,700		小松空港
	・利用者の利便性の向上	9,000		小松空港
	・国際チャーター便の誘致	11,500	○	県内の空港
長野県	ターゲットを絞った誘客事業	2,170	○	県内の空港
	外国人誘客の促進	6,200	○	県内の空港
	海外観光客向けWi-Fi環境発信	10,000	○	県内の空港
	小松空港を活用した誘客対策事業	19,427	○	県内の空港
	外国人向け新ブランドによる誘客促進	37,441	○	県内の空港
	信州ブランド形成事業	18,704	○	県内の空港
	海外に向けた福岡観光力発信	991	○	▲県外（県外の空港）
	信州まるごと観光の推進	52,087	○	松本空港
	信州まるごと誘客推進事業費	20,400	○	松本空港
	外国人観光客向け（向けた）誘客施策	1,792	○	松本空港
		62,800		松本空港

（広島県・山口県・徳島県・香川県・愛媛県・高知県・福岡県・佐賀県）

自治体	事業名	予算額（千円）	訪日外客誘致関連	主な対象空港
広島県	新規国際定期路線の誘致	16,000		広島空港
	外国人観光客の誘客促進	9,000	○	広島空港
	新規国際路線開設誘致事業	14,000	○	広島空港
	広島空港ハブ機能活用促進事業	11,000		広島空港
	観光地づくり推進事業	468,000		広島空港
	国際定期便維持・就航支援事業	32,000	○	広島空港
山口県	岩国錦帯橋空港利用促進機能強化事業	37,897		岩国空港
	観光プロモーション強化事業	104,625	○	県内の空港
	やまぐちインバウンドグレードアップ事業	2,314,250	○	県内の空港
	山口空港発着・観光力強化インバウンド（公共事業）	11,000		県内の空港
徳島県	外国人宿泊観光客数拡大推進事業	8,765	○	徳島空港
	とくしま国際ネットワーク拡大推進事業	748,000	○	徳島空港
	徳島阿波おどり空港機能強化事業	6,300		徳島空港
	外国人観光客受入環境利用促進キャンペーン事業	21,800	○	徳島空港
	レジャー向け国内誘客促進事業	35,775		徳島空港
香川県	航空ネットワーク振興事業（高松空港国際線活性化補助金）	52,790		高松空港
	空港経営改革推進事業	29,454		高松空港
	高松空港SGU推進支援事業	279,934		高松空港
	外国人誘客誘致促進のための広告事業	66,750	○	高松空港
	外国人観光客受入環境整備事業	396,983	○	高松空港
	公衆無線LAN環境整備促進事業	23,588	○	高松空港
	観光施設等情報発信機能強化	8,000	○	高松空港
	MICE推進体制強化費	1,734		高松空港
愛媛県		3,187		松山空港
	松山空港国際旅客化推進事業費	7,460	○	松山空港
	空港周辺地域第2種騒音防止対策補助金	24,150		松山空港
	国際観光誘致促進費	8,090	○	松山空港
	台湾便利用客受入環境整備促進費	37,590	○	松山空港
	松山空港海外情報発信機能整備補助分	12,050	○	松山空港
高知県	首都圏等観光誘客・環境整備事業補助金	32,486	○	松山空港
	国際観光誘客環境整備事業等補助金	795	○	高知空港
	広域観光拡大プロモーション運営費負担金	169,455	○	高知空港
	国際コールセンター運営委託料	3,024	○	高知空港
	四国ツーリズム広域観光推進負担金	964,044	○	高知空港
福岡県	福岡・北九州空港機能強化促進	10,199		福岡空港
	海外に向けた福岡観光力発信	33,000	○	福岡空港
	第9回国際ライオンズクラブ国際大会合同会議大会の開催力支援	6,647	○	福岡空港
佐賀県	佐賀空港路線維持対策事業費	2,394		佐賀空港
	佐賀空港利用促進機能力発信事業費	35,000	○	佐賀空港
	九州交通ネットワークIC力導入促進事業費	2,963,669		佐賀空港
	公共交通利用促進（向けた）力活性化	273,007		佐賀空港
		38,113		佐賀空港
		15,000		佐賀空港
		1,111		佐賀空港
		95,450		佐賀空港
		22,264		佐賀空港
		30,000	○	佐賀空港

宮城県	仙台空港地域連携・活性化推進費	30,000		仙台空港
	仙台空港おもてなし促進費	13,672		仙台空港
	仙台空港周辺地域土地利用方針策定費	20,000		仙台空港
	仙台空港利用促進費	9,452		仙台空港
	仙台空港600万人・5万トン実現推進費	22,000		仙台空港
	仙台空港整備費（公共事業）	249,334		仙台空港
	仙台空港活用誘客特別対策費	3,694		仙台空港
	インバウンド誘客拡大受入環境整備支援費	91,750	○	仙台空港
	ハラール対応食普及促進費	50,000	○	仙台空港
	外国人観光客災害復興緊急誘致促進費	21,000	○	仙台空港
	外国人観光客誘致促進費	24,560	○	仙台空港
	観光集客施設無線LAN設置支援費	6,800	○	仙台空港
	留学生協働費	3,000	○	仙台空港
	サイン多言語化促進費	20,000	○	仙台空港
秋田県	海外誘客推進事業	55,321		県内の空港
	広域交通ネットワーク維持・誘客促進事業	15,563		県内の空港
	コンベンションによる観光振興促進事業	10,375	○	県内の空港
山形県	航空ネットワーク拡充事業費	30,000		県内の空港
	航空ネットワーク拡充事業費	70,637		県内の空港
	観光誘客総合推進事業費（海外誘客関係）	34,979	○	県内の空港
	免税店開設支援事業費	5,177	○	県内の空港
	雪を活用した観光誘客支援事業費	35,305	○	県内の空港
	東アジア重点ターゲット誘客推進事業費	21,667	○	県内の空港
	東南アジア誘客推進事業費	4,725	○	県内の空港
	中国誘客推進事業費	3,100	○	県内の空港
	オーストラリア誘客推進事業費	2,051	○	県内の空港
	海外教育旅行推進事業費	1,330	○	県内の空港
	学会・大会等誘致推進事業費	5,559	○	県内の空港
福島県	福島空港復興加速化推進事業	94,434		福島空港
	海外風評対策事業	135,000	○	福島空港
	ビジットふくしま外国人誘客復興事業	58,455	○	福島空港
茨城県	空港就航対策利用促進事業	650,000		茨城空港
	外国人観光客誘客促進事業	46,000	○	茨城空港
東京都	航空機購入費補助事業	720,000		調布飛行場
	空港整備	1,515,000		大島空港 等
	大島の復旧・復興対策	3,700,000		大島空港
	（公財）東京都島しょ振興公社助成	555,000		都内の空港
新潟県	新規路線開設支援事業 新規路線開設活動費	20,009		新潟空港
	新潟空港路線利便性向上活動費 国際線利用促進事業	10,400		新潟空港
	新潟空港路線利便性向上事業	19,000		新潟空港
	友好関係にある就航地との交流拡大	14,000		新潟空港
	新潟空港の利用促進	64,000		新潟空港
	新潟空港からの海外旅立ち推進事業	28,000		新潟空港
	ハブ空港接続強化事業	6,000		新潟空港
	新潟空港へのアクセス向上	5,400		新潟空港
	新潟空港中長期アクセスの検討	2,000		新潟空港
	新規路線試行チャーター便運航検討調査事業	1,000		新潟空港
	新潟～佐渡航空路の維持活性化	38,000		新潟空港
	外国人観光客誘致に向けた取組	181,000	○	新潟空港
佐渡市	新潟空港-万代島アクセス改善事業（空港対策事業）	1,497		新潟空港
	公共交通の多言語化等（生活交通確保対策事業）	1,716	○	新潟空港
	受入環境整備事業（ソフト）	13,197	○	新潟空港
	受入環境整備事業（ハード）	6,853	○	新潟空港
	戦略的な外国人旅行者の誘致推進	37,715	○	松本空港
静岡県	空港定期便拡充促進事業費	6,000		静岡空港
	地域外交推進強化事業費	10,000		静岡空港
	空港運営・周辺地域振興関連事業費	2,321,600		静岡空港
	空港新運営体制構築事業費	72,400		静岡空港
	空港利用促進関連事業費	827,300		静岡空港
	富士山静岡空港新幹線新駅関係費［県単独事業予備費］	1,000,000		静岡空港
	海外誘客特別強化事業費	28,000	○	静岡空港
	魅力ある観光地域づくり関連事業費	88,000	○	静岡空港
	観光誘客関連事業費	228,460	○	静岡空港
豊岡市	但馬空港利用促進事業	11,250		但馬空港
	インバウンド受入体制整備計画の策定	2,000	○	但馬空港
	外国人観光客動向分析・PR事業	6,500	○	但馬空港
	外国人観光客プロモーション事業	10,437	○	但馬空港
	海外戦略の推進	14,296	○	但馬空港
和歌山県	関西国際空港整備促進費	1,710		関西空港
	南紀白浜空港利用促進事業	4,000		南紀白浜
	国際観光推進事業	63,475	○	南紀白浜
	外国人観光客受入環境整備事業	459	○	南紀白浜
	FIT（外国人個人観光客）誘客促進事業	11,000	○	南紀白浜
	インバウンド受入サービス高度化事業	2,000	○	南紀白浜
	インバウンド体験型観光・教育旅行推進事業	25,000	○	南紀白浜
鳥取県	チャーター便就航促進支援「グリーンツーリズムJET委託事業」	3,000		県内の空港
	"ようこそ鳥取県" 国際チャーター便促進支援補助金の制度	12,547		県内の空港
	新規チャーター便協議に係るアドバイザーの招聘	400		県内の空港
	外国人観光客受入推進事業	19,405		県内の空港
	鳥取砂丘コナン空港交流創出整備事業	20,740		鳥取空港
	国際定期便誘致事業	70,000		県内の空港
	空の駅推進事業	41,830		県内の空港
	国内航空旅客創出事業	40,300		県内の空港
	関空発鳥取行き広域観光誘導（インバウンド対策）事業	8,820		県内の空港
	まんが王国・鳥取にコナンかい事業	31,104		鳥取空港
	公共交通施設多言語化事業	25,900	○	県内の空港
	山陰DMO "山陰観光推進機構（仮称）" 設立・運営事業	84,500	○	県内の空港
	国際リゾート鳥取加速化環境整備事業	15,000	○	県内の空港
	海外新規重点市場メディアプロモーション事業	24,780	○	県内の空港
	首都圏発！外国プレス・キーパーソン活用情報発信事業	11,500	○	県内の空港
	外国人個人旅行者（FIT）対応鳥取モデル創造事業	24,438	○	県内の空港
	外国人観光客誘致推進事業	23,000	○	県内の空港
	国際交流員等活用事業	76,646	○	県内の空港
島根県	県内航空路線の維持（充実事業）	147,272		県内の空港
	国際チャーター便支援事業	8,185		県内の空港
	萩・石見空港東京線２便化支援事業	18,550		石見空港
	県内航空路線利用促進（観光振興）事業	32,000		石見空港
	外国人観光客誘致対策事業	107,324	○	県内の空港
岡山県	岡山空港運営費	2,683		岡山空港
	空港整備促進関連費	1,026		岡山空港
	岡山空港エプロン整備事業	7,200		岡山空港
	国際定期路線開設事業	21,250		岡山空港
	インバウンド（外国人誘客）の拡大	53,230	○	岡山空港
	訪日外国人を対象とした地理教示等地域警察活動円滑化事業	1,092	○	岡山空港
長崎県	長崎空港24時間化推進事業費	58,784		長崎空港
	国際定期航空路線維持・拡大事業費	208,203		県内の空港
	中国観光市場開拓戦略推進事業費	32,173	○	県内の空港
	観光ステップアップ推進事業費	117,825	○	県内の空港
熊本県	阿蘇くまもと空港復旧・復興検討事業	13,000		熊本空港
	阿蘇くまもと空港防災駐機場災害復旧事業	3,000		熊本空港
大分県	［おおいた地方創生推進枠事業］国際チャーター便誘致促進事業	18,499		大分空港
	国内誘客総合対策事業	124,660		大分空港
	九州の東の玄関口拠点づくり促進事業（交通政策課）	56,346		大分空港
	九州の東の玄関口拠点づくり促進事業（建設政策課）	25,000		大分空港
	インバウンド推進事業	80,713	○	大分空港
	海外戦略推進事業	20,530	○	大分空港
宮崎県	国際定期路線維持に向けた緊急対策事業	35,700	○	宮崎空港
	"みやざきの空" 航空ネットワーク活性化事業	88,210		宮崎空港
	"世界とともに成長するみやざき" 双方向交流拡大推進事業	37,000	○	宮崎空港
	東アジア等インバウンド推進事業	28,832	○	宮崎空港
	魅力ある観光地づくり総合支援事業	23,747	○	宮崎空港
	"みやざき MICE" 推進事業	58,217	○	宮崎空港
	宮崎県の強みを生かしたMICE開催支援推進事業	10,000	○	宮崎空港
鹿児島県	鹿児島空港国際化促進事業	141,927		鹿児島空港
	鹿児島空港冷蔵冷凍施設運営支援事業	13,572		鹿児島空港
	奄美空港旅客施設拡張支援事業	260,449		奄美空港
	屋久島空港滑走路延伸可能性調査（県単公共）	7,600		屋久島空港
	離島空港の整備（公共）	259,350		奄美空港等
	奄美群島航空運賃軽減事業	852,672		奄美空港等
	奄美群島交流需要喚起対策特別事業	255,554		奄美空港等
	奄美・沖縄連携交流促進事業	63,966		奄美空港等
	鹿児島・宮崎連携外国人観光客誘致促進事業	8,500	○	県内の空港
	鹿児島・宮崎連携香港誘客促進プロモーション事業	10,000	○	県内の空港
	観光Webサイトを用いた誘客促進事業	7,035	○	県内の空港
	YOKOSO! KAGOSHIMA（海外誘客強化）事業	75,091	○	県内の空港
	中国誘客特別事業	10,077	○	県内の空港
	国際クルーズ船誘致促進事業	14,238	○	県内の空港
沖縄県	公共離島空港整備事業	36,000		新石垣空港
	新石垣空港国際線旅客施設整備事業	1,377,288		新石垣空港
	離島空路確保対策事業費	2,036,540		県内の空港
	沖縄・奄美連携交流促進事業	88,837		県内の空港
	沖縄観光国際化ビッグバン事業	1,949,598	○	県内の空港
	国内需要安定化事業	604,949	○	県内の空港
	離島観光活性化促進事業	320,375	○	県内の空港
	沖縄国際物流ハブ活用推進事業	416,917	○	県内の空港
	戦略的課題解決型観光商品等支援事業	224,692	○	県内の空港
	外国人観光客受入体制強化事業	256,242	○	県内の空港
	戦略的MICE誘致促進事業	314,446	○	県内の空港
	大型MICE受入環境整備事業	8,044,290	○	県内の空港
	ラグジュアリートラベル・ビジネス調査構築事業	19,016	○	県内の空港
	博物館・美術館魅力アップ事業	93,772	○	県内の空港
	沖縄観光推進ロードマップ実施事業	11,020	○	県内の空港
	観光人材育成プラットフォーム構築事業	123,882	○	県内の空港
	沖縄特例通訳案内士育成事業	45,499	○	県内の空港

（出典）日刊航空2016年１月20日～９月26日．空港関連事業予算及び訪日外客誘致関連予算を抽出し筆者作成．

投資額（インプット）を調査する必要がある.

（4）　地方空港の活性化に向けた取り組みの意義

　これまでわが国の地方空港の位置づけを行った上で，国・地方自治体の側面から地方空港と航空ネットワークを維持するための施策について概観してきた.

　近年の国の施策としては，着陸料補助に関しては，地方空港の国際線誘致を支援し，地方と羽田の着陸料を軽減させるだけでなく，地方と地方を結ぶ路線の着陸料も大幅に軽減する取り組みを行ってきた（通称：「インバウンド割」）. 地方自治体としても，路線の維持，もしくは新規の路線就航に対してプロモーションを行う体制を構築しつつ，補助金を拠出し，海外の市場調査や外国人誘客に向けたインバウンド事業を行ってきた. これらの施策は航空路線を新規に就航させ，維持してもらうためにも「航空会社向け」のものが中心となっている.

　ただし，2021年第1四半期時点において収まる気配を見せない新型コロナウイルスの状況を踏まえると，また，国や地方自治体の財政状況の厳しさや人口減少社会を踏まえても，これらの支援策が継続される見通しは極めて厳しく，たとえ支援を継続したとしても航空会社が運航し続けるかどうかの保証はまったくない. そのため，国・地方自治体が懸命に航空会社向けの施策を展開しても，航空会社の撤退のリスクに怯えながら空港を運営していかなければない.

　重要なのは航空会社の撤退を避けるために，いかにリスクを減らすか，または分散させるかという点である. 地方空港の活性化を狙う空港民活化法に注目が集まり，民間のノウハウを利用して地域活性化につなげる取り組むことも期待されている. 南紀白浜空港をはじめとして，地方空港を拠点とし，地方創生をけん引しようとする動きもみられはじめている[8]. これらの動きから見えるのは，民営化しただけでは地方空港を維持していくのは難しい時代に入ってきており，公共と民間とが一緒に事業に取り組まなければ，地方空港自体が成り立たなくなってきている. 空港立地の自治体と，空港会社と，航空会社とで相乗効果が得られる取り組みをしていくことが不可欠である.

　過去を振り返ると，世界の需要が急増していた一方で，わが国の航空需要は低迷していた時期があり，特に地方空港は伸び悩んだ. 航空のグローバル化と空港ビジネスが成熟してきていた世界の潮流に順応できてなかったことを踏まえつつ，これからの地方空港の政策ベクトルを転換していくことが重要である.

それでは，世界的な潮流を踏まえた新たな地方空港の政策とはどのようなものが考えられるか．次節以降で北海道の複数空港一括民営化等を材料に考察する．

3 複数空港一括民営化を実現する北海道

（1） 北海道の複数空港一括民営化の概要

国と地方自治体における「地方空港」の活性化施策に決定打が見出されていない中で，大きな注目を集めたのが「北海道7空港一括民営化」である．

イギリスなど空港民営化先進地では，複数空港を一括化した運営を行っているところは少なくなく，また，その中にはいわゆる低需要の地方空港を含む場合もある．わが国の場合，まずは長年の空港運営スキームであった上下分離を上下一体化するパラダイムシフトへのチャレンジが全国的になされているところであるが，北海道ではそれに加えて，複数空港を一括化しての運営を実現したところである．

図3-2 に示される通り，北海道には13空港が存在するが，それらの空港における滑走路，旅客ビル，駐車場の整備・運営主体は，それぞれの空港で異なっていた．これらのうち点線部分の運営主体を統合する措置が7空港一体化として実現することになった．関空・伊丹・神戸の前例はあるが，地方空港での複数一括民営化はスコットランドの11空港民営化に続く画期的な実験でもある．2015年から20年までのスケジュールは**図3-3**のように想定されていた．

「北海道内7空港特定運営事業等」の事業者は，2019年8月に北海道エアポート（HAP）に決まった．[9] 同年10月31日に実施契約締結，運営権設定・運営指定が進められ，翌20年1月15日に道内7空港のビル事業の一体運営が開始されるに至った．それに続いて，6月に新千歳の運営，10月に旭川の運営が開始された．21年3月から稚内・釧路・函館・帯広・女満別の運営は，新型コロナの影響で遅延が危惧されたが，計画通り開始されることになった．運営権は30年間で設定されているが，新型コロナウイルスの影響で1年間の延長される可能性もある．[10] 北海道エアポートの出資者（株主）は**表3-6**の通りである．

事業開始の2020年1月までに新千歳空港ターミナルビルディング，稚内空港ビル，釧路空港ビル，函館空港ビルデング，旭川空港ビル，帯広空港ターミナルビル，女満別空港ビル株式会社，及び札幌国際エアカーゴターミナルの発行済株式の取得を通して完全子会社化した上で，ビル施設等事業が開始された．

図3-2　多様な主体が関与する空港の運営実態（一括運営される前の2018年度時点）

（出典）各空港の公表資料などに基づき筆者作成。

国管理／市管理

		国管理				市管理		共用
		新千歳	稚内	釧路	函館	旭川	帯広	丘珠
空港基本施設	滑走路	3,000m×2	2,200m×1	2,500m×1	3,000m×1	2,500m×1	2,500m×1	1,500m×1
	CIQ体制	税関出入国管理検疫(常駐)	対応可能(常駐なし)	対応可能(常駐なし)	対応可能(一部常駐なし)	対応可能(一部常駐なし)	対応可能(常駐なし)	対応可能(常駐なし)
空港ビル	管理運営	北海道空港(株)	稚内空港ビル(株)	釧路空港ビル(株)	函館空港ビルディング(株)	旭川空港ビル(株)	帯広空港ターミナルビル(株)	札幌丘珠空港ビル(株)
駐車場	管理運営	A:(一社)千歳観光連盟　B:(一財)空港環境整備協会　C:(一社)千歳観光連盟	無料	(一財)空港環境整備協会	(一財)空港環境整備協会	旭川空港ビル(株)	無料	タイムズ24(株)

道管理（礼文は礼文町へ管理委託、利尻は利尻富士町へ管理委託、奥尻は奥尻町へ管理委託（奥尻中（休港中）））

		女満別	中標津	紋別	利尻	礼文	奥尻
空港基本施設	滑走路	2,500m×2	2,000m×1	2,000m×1	1,800m×1	800m×1	1,500m×1
	CIQ体制	対応可能(常駐なし)	対応可能(常駐なし)	対応可能(常駐なし)	未対応	未対応	未対応
空港ビル	管理運営	女満別空港ビル(株)	根室中標津空港ビル(株)	オホーツク紋別空港ビル(株)	利尻富士町管理	礼文町管理	奥尻町管理
駐車場	管理運営	(一財)めまんべつ産業開発公社	無料	無料	無料	無料	無料

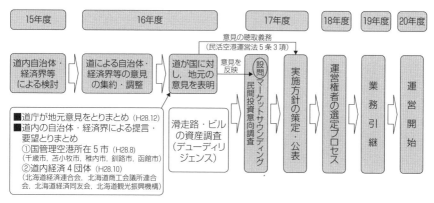

図 3-3　北海道 7 空港民営化のスケジュール

(出典)「平成29年度第 1 回航空ネットワーク検討会議」参考資料 2 に基づき筆者作成.

表 3-6　北海道エアポートの出資者 (株主)

北海道空港	ANA ホールディングス
三菱地所	三井不動産
東急	三菱商事
日本政策投資銀行	岩田地崎建設
北洋銀行	道新サービスセンター
北海道銀行	電通
北海道電力	大成コンセッション
サンケイビル	損害保険ジャパン
日本航空	

(出典) 北海道エアポートの公表資料に基づき筆者作成.

　みずほ銀行と三井住友銀行がプロジェクトファイナンスのマンデーテッドリードアレンジャー兼ブックランナー (主幹事行) となり, 北洋銀行と北海道銀行がリードアレンジャーを務め, 北海道エアポートに対する総額3,651億円の協調融資 (シンジケートローン) が組成された. 協調融資には主幹事行 2 行のほか, 計46金融機関が参加している[11].

　道内 7 空港は, 海外からのインバウンドのゲートウェイとしてのポテンシャルを有している点から, 北海道におけるモビリティの根幹となる重要な空港とみなされ, 7 空港の一体的な経営により, 北海道全体の地域活性化に貢献する

と期待されていた．本事業は国と地方自治体が管理する7空港の初めてのバンドリング（複数空港の一体運営）案件となり，国内空港の民間運営委託案件における最大規模のプロジェクトファイナンスとして注目を集めた．しかし，2019年末からの新型コロナによる大打撃で先行きは不透明であることは否定できない．[12]

（2）　地域に貢献する地方空港運営に向けて
——北海道の7空港一括民営化を踏まえて

　道内をはじめわが国の地方空港は，社会的要請で作られて「地域を支える」はずが，いつの間にか，「地域に支えられる」存在になっている現状があるのではないか．需要が低迷して，いわゆる「赤字空港」をどのように維持するかが議論され，官民から多くのエフォートが，利用販促，トップセールスといった方策として主に航空業界に向けて捧げられていたところに，新型コロナウイルスが襲い，地方空港は都市型空港よりもさらに壊滅的な状態となっている．

　地域活性化の切り札と期待された北海道の7空港一括運営のチャレンジについても，民営化スタートに冷や水を浴びせられた格好となったが，それでも上下一体化を軌道に乗せるためのノウハウの移譲・蓄積を地道に重ね，アフターコロナを見据えての戦略を練っている段階にある．一方，北海道にはHAPに属さない空港が他にも6空港存在している．それらの空港も含めて，地方空港は今後どのように地域に貢献し得るのか，模索が続いている状態でもある．こうした民営化空港と民営化されていない空港の双方を持つ北海道での実践は，全国の地方空港の政策に対して大きな影響を与えるであろう．

　そこで本節では，道内空港の民営化及びそれに該当しない空港も含め，地域の持続的な発展に寄与するための地方空港運営のための論点として6点提案する．

① 空港運営の行政の責任の明確化

　民営化されていない道内6空港においては，もともと旅客数が少なく，HAPが運営する空港以上にコロナ禍の影響で旅客数が減少すると推測される．北海道航空局によると，道が管理する道内6空港（女満別，中標津，紋別，奥尻，利尻，礼文）の空港本体と空港ビル，有料駐車場をあわせた2019年度の収支試算では20億円超の赤字であり，[13]　2020年度の赤字額は大幅に上昇すると思われる．[14]

　2008年空港整備法から空港法へと法律が改正したその当時，「空港濫造」というフレーズで，需要予測に満たない地方空港の廃止論議が起きたことがあった．今回のコロナ禍による旅客減少によって，今後，そうした議論がまた出てくる可能性もある．ただし，当時と様相が異なるのは，公共交通に関する国民の意識である．もともと日本では，交通はビジネスとの意識が強く，航空会社の不採算路線の撤退，地方のバス会社の路線撤退など，事業性が成り立たず路線が撤退するのは近年当然視されてきた．しかし，コロナ禍では，たとえ移動制限が敷かれたとしても運行継続が求められ，交通事業の公共性・必要性を地域住民に再認識させるに至った．

　わが国においてはこれまで，人々の移動を国や自治体が総合的・財政的に保障するといった法律は存在せず，機運としても，移動に関して国をはじめとした「行政が支える」という意識は欧米と比べると低かった．ただし，コロナ禍が契機となってその機運が変わる可能性が出てきた．特に空港は，災害時の防災拠点インフラとしても有効に機能することは，東日本大震災や胆振東部地震を経て自明の理である．

　これらのことから，道内の空港運営は，第一義的には行政が担うものと位置づけ，ひいては，他交通機関も含め移動の足を守るための取組を期待したい．まずは北海道が，道内の運輸・交通に責任を持つということ，そしてそれらについての財源の確保することを条例・基金等により位置づけ，空港運営並びにその2次交通，3次交通に至る移動の足について，総合的に確保していくことを目指していくことが，「地域を支える空港運営」とも言えるのではないか．

② 独自の財源の確保

　民営化された7空港だけではなくそれ以外の道内6空港も含めて，空港は「地域を支えるインフラ」である一方，行政が責任をもって支えるべきインフラであることが近年の災害，コロナ禍で確認された．地域の持続的な営みが展開されていくためにも，民営化の有無に関わらず北海道全体の空港を広域的に，より戦略的に活用していく必要がある．そのためにも，適切な財源の確保が必要不可欠であるが，一般財源に依存することは現実的ではなく，観光税の導入・活用についても，コロナ禍のある中で当面は議論の遡上に挙げることは困難である．

　イギリスでは，Airport Development Feeという形で，地方空港が利用者に

支払いを求めて，空港の施設拡充のための費用だけでなく，航空ネットワークに活かす仕組みがあり，こうした料金制度の導入が考えられる．空港法で定められている空港施設使用料（PSFC）は，空港内の施設整備に投資するために旅客から徴収するもので，2008年の空港法制定以降，国の認可が必要となるほか「能率的な経営の下における適正な原価に適正な利潤を加えたものを超えないものであるかどうかを審査」する必要があるなど（空港第16条），柔軟性に欠ける面がある．そこで，この範囲を広げ，空港，観光分野，ひいては2次交通，3次交通と地域全体への結果的に空港の存在価値を高めることにつながる可能性がある．

③ 空港と地域との連携を促す取り組み──触媒機能の発揮

　イギリスで空港マネジメントが専門のアン・グラハムは，空港ビジネスは地域経済に大きな影響を与えることから，空港が地域の「触媒」機能を果たすべきと主張する[15]．スコットランド地方において11空港を管轄する空港会社HIALも，空港がその後背地域と連携して経済的効果を創出していることをレポートするなど地域と連携した取り組みを行っている[16]．当然，HAPとしても積極的に空港周辺地域と連携していくものと予想される[17]．

　以上のことを踏まえ，空港と地域との連携促す取り組みとして2点提案したい．1点目は，民営化された7空港のみならず，民営化されていない6空港の周辺地域も含めての空港の「触媒」機能の発揮である．今回の7空港の運営権者の選定プロセスでは，対象となる7空港のみならず他6空港の基本情報や周辺自治体に関する情報についても開示され，13空港との航空ネットワーク及びその後背地の広域観光の視点が審査ポイントの1つとなった．オール北海道としての魅力を発信していくためにも，7空港以外の6空港周辺との触媒機能も期待したい．

　2点目としては，道内企業と道外企業とのマッチング・橋渡し機能の充実である．鈴木知事の肝いりのプロジェクト「北海道応援団会議」においても，北海道にゆかりや想いのある個人・企業・団体の力を借りて課題解決を目指すとされているが，数多くの自治体・企業・団体が存在する北海道と，道外の企業・団体という多対多のマッチングは効率性に限界がある．道内外に豊富な株主がいるHAPが，空港のフェンス外の地域資源や地元企業のビジネス動向を丁寧な分析した上で，それらに見合う企業と橋渡しすることも，質の高い流動に繋

がると期待できる.

④ 低廉な運航コストの航空機就航——旅客流動の多様化に向けて

コロナ禍により,大量輸送に依存する航空のビジネスモデルが大きく揺らいでいる.限られた航空会社・路線に依存すると,空港として大きなリスクであることも明白となった.しかし,旅客が少ない路線は,事業性という大きな課題が存在する.コロナ禍により道内航空ネットワークが深刻な事態に直面している.

打開策としては,運航コストをできるだけ低廉に抑えた航空ネットワークの構築が期待される.その一例として,ニュージーランドで運航している単発機での運航がヒントになる.ニュージーランドのサウンズエアは,日本では旅客運航が認められていない単発のプロペラ機(Pilatus PC12)も活用し,パイロット1名での定期運航を行っている[18].単発機の場合だとメンテナンス費用が格段に安く,パイロット1名なので人件費が低く抑えられる.ニュージーランド以外でも,欧州,カナダ,アメリカなどでも運航しており,アメリカのブティックエアでは,サウンズエアと同じPC12の内部を改造し,高品質な輸送を提供している.

わが国では単発機の定期運送事業は認められていないが,不定期運送であれば認められている.不定期運送の一環であるプログラムチャーター[19]の半分の座席については現時点においても個札販売が認められる規制緩和が行われたところでもある[20].PC12では,海上や芝生にも着陸することができ,極論だが現在道内の空港がない地域においても,アスファルト舗装と比べて格段に安価なコストで滑走路を整地して,着陸できるようにすることもできる(空港法等の手続きは必要).

既存の航空運送事業者が,新たに小ロットの輸送ビジネスに参入してくるとは考えにくいため,新しい航空会社の設立も視野にいれる必要がある.幸い道内には,多くの空港が立地しており,そうした空港の後背地の自治体が連携して複数機体の共同保有などを行うことも可能性もあるだろう.行政が所有して,プログラムチャーターを展開,医師や首長,ビジネス関係者,地域住民,ひいては特産品の輸送などを展開し,市町村間で運営ノウハウを培い,将来的に定期便化を担うことで,道内航空ネットワークの多様化を実現することができないだろうか.

　航空会社，空港会社の運営が非常に厳しい状況の中で，新たなエアラインの設立・就航を期待するのは荒唐無稽かもしれない．しかし，広大な北海道を効率的に移動する手段として，航空機の活用の余地は依然として大きく，第12章で触れられているような次世代技術による新しい交通モードの導入・展開を視野に入れると，新しい航空流動のスキームを積極的に取り入れていくことが期待される．

⑤ 海外資本も活かした戦略の策定──カボタージュなどの検討

　欧米でのLCC伸長のインパクトは大きく，格安運賃により多くの地域間流動を生み出した．わが国においても，都市型空港をLCCが拠点化し，コロナ禍であっても地方空港にも就航されてきているが，そのボリュームは依然として小さい．首都圏の混雑状況は将来的にも解消が期待できないわが国において，LCCのシェアが欧米並みになるという時は，地方空港が今よりもかなり積極的に活用されていることになる．

　特にヨーロッパでは，多国間輸送（航空の第7の自由），他国の国内輸送（カボタージュ），外資規制の撤廃のインパクトが非常に大きく，それらのことがLCCによる需要を押し上げている．わが国においても，例えば，北海道独自の制度改革を行った上で，国内航空会社だけでなく海外の航空会社も含めた路線展開を促すことも重要な方策ではないだろうか．

⑥ ユニバーサルデザインを踏まえた使いやすい施設

　複数空港一括化によるメリットとして，資材調達や一般管理費などのコスト削減が期待されることに加え，同一の運営体として一律のサービス・運用基準を設定し，利用者の利便性を高めていくことも可能となる．例えば，空港ターミナルビルのユニバーサルデザインの基準の統一，車いす使用者への対応方法など，障害のある人や移動制約者に対してのサービス基準を設定することは，健常者にとっても利用しやすい空港につながる．

　もちろん既に空港ターミナルビルの設計については，「高齢者，障害者等の移動等の円滑化の促進に関する法律（バリアフリー新法）」の施行規則や「みんなが使いやすい空港旅客施設計画資料」など全国一律での基準は定められている．また，旅客対応については空港会社や航空会社においてそれぞれ独自の運用基準を定め各種研修を行い，他交通機関とは比較にならないほど手厚いサポート

が実現されている.

　しかし，それでも利用者目線から使いにくさは残っており，障害当事者からすれば万全とは言い難い．例えば，異性の介助者が入りにくい多機能トイレ，視覚障害者用誘導ブロック上のスタンションの設置，ロービジョン者が識別しにくいサイン・トイレ内便器などがあげられる．現実には，奄美空港で起きた事態も社会問題として注目された[21]．そのため，全空港に統一的な北海道らしい施設基準や運用基準とそれが困難な場合の代替案の提示など，当事者を踏まえたPDCAサイクルの実施などを検討していくべきである.

　北海道，日本，そしてアジアにおいては今後より一層高齢化が進展することが予想されている．そうした時流を踏まえ，北海道の空港のサービスレベルの基準を持つことが，世界的にも優位性を持つ可能性がある.

（3）　地方創生に欠かせない地方空港の政策転換

　わが国の地方空港は航空政策の本流から取り残されてきた．1980年代以降，世界では航空自由化による競争促進と需要増加の好循環に対応できる政策と戦略が継続的に展開されてきた．わが国はその潮流から取り残され，多くの地方空港が「赤字空港」になり，改善策を打ち出せない状況が続いていた．結果的に地方自治体が航空会社に頼み込んで路線と空港を維持するしかないという事態に陥ったところが多い.

　しかし，近年の「上下一体」，「空港民営化」，「地方創生」というテーマを軸に，地方空港に注目が集まっている．特に，上下一体や空港民営化は，約100の空港が完成した後，「空港整備」から「空港運営」へという政策転換の動きがみられた．しかしその背景には，関空の債務問題，伊丹の格下げ問題，震災の影響などがあることに注意を払う必要である．コンセッションを軸とした民営化の動きは，外的要因の影響も大きく，国が明確なビジョンを持ってレールを敷いたものではない.

　地方自治体及び空港がより独自性を持って，大胆な施策に取り組まなければ，わが国の航空業界は世界の航空需要からより一層取り残されてしまうだろう．民営化を担う事業者だけで，地域を牽引する空港を作り上げていくことは不可能であり，空港を活かしながら既存の政策にとらわれない大胆な施策展開をしていくことが求められる．空港を支える地域政策から，地域を支える空港政策へ，地方からわが国の航空政策をリードしてかなければならない．北海道をは

じめとして地方での空港政策議論が，わが国の空港の政策をリードする時期に
来ている．

注

1） 国際線を運航する航空会社，旅行代理店，その他の関連事業者のための業界団体の
分類によると，関西の3空港はマルチエアポート（同一都市，あるいは同一地域で1
つの仮想的な空港とみなす）と位置づけられている．

2） 2005年11月に航空局は「関西3空港の在り方について」という文書を公表し，その
中で「3空港をトータルとして最適運用を図る」という見解を示した．

3） 国土交通省「地方航空ネットワークの確保に向けた施策」．［https://www.mlit.go.jp/
common/001244891.pdf］最終閲覧2021年3月10日．

4） 着陸料の軽減措置としては，新規就航・増便分の着陸料について，1年目80%，2
年目50%，3年目30%の軽減を想定した．

5） 数件応募も適当路線該当せず．日刊航空2014年9月22日．

6） 切通（2015）．

7） 目標の搭乗率に達しなければ地元自治体がその座席分を航空会社へ支払う制度．能
登空港においてはこれまでに東日本大震災の時を除いて目標はすべて達成してきてい
る．

8） 南紀白浜空港は，「空港型地方創生」としょうし，コロナ禍であっても様々なステー
クホルダーと連携しながら空港運営，誘客に取り組んでいる．（参照：岡田（2020））

9） 北海道エアポート株式会社（HAP）は2019年8月に設立され，同年10月31日に国土
交通省と北海道内国管理4空港特定運営事業等公共施設等運営権実施契約，北海道と
女満別空港特定運営事業等公共施設等運営権実施契約，旭川市と旭川空港運営事業等
実施契約，帯広市と帯広空港運営事業等実施契約を，それぞれ締結した．

10） 国土交通省は，コンセッションによって民営化された空港を運営する空港会社に対
する支援として，空港運営事業期間の1年延長を認めることを決めた．日刊航空2020
年12月23日．

11） 詳細については，みずほ銀行・三井住友銀行・北洋銀行・北海道銀行（2019）を参照．

12） 新型コロナによる打撃と今後の展望については，『しゃりばり』No. 429「特集 ウィ
ズコロナ時代の北海道の航空・空港戦略を考察する」を参照．

13） 企業会計ベース．（参考：「道管理空港の空港別収支の試算結果」北海道WEBサイト
［http://www.pref.hokkaido.lg.jp/ss/kkk/kus/dounaikuukoushuushii.htm］．最終閲覧
2021年4月3日）．

14） なお，女満別空港はHAP所管の管理空港となるため，道から発表される2020年度の
収支試算は，それ以前と同じ形では発表されないと予想される．

15） グラハム（2010）第8章参照．

16） 筆者らはHIALへの訪問調査を行った．詳細については，佐々木（2019c）参照．

17） HAP担当者の発言として「自治体などと連携したプロモーション活動の準備をした

い」との記事（『日経産業新聞』，2020年 4 月28日）や，HAP蒲生社長インタビューでの「テレワークを北海道の地方部でもやれるよう呼び込みたい」（『日本経済新聞』，5月16日）といった発言があるほか，実際に，HAP職員が空港立地自治体と観光戦略を練っている事例がある.

18)　詳細については，横田（2019）参照.

19)　通常チャーター便は，往復運航の片道が回送での運航になるが，プログラムチャーターは数便を連続して運航することにより回送運航を極力減らす運航.

20)　日刊航空2018年 4 月13日参照.

21)　2017年 6 月奄美空港において，関西空港行きのバニラエアに搭乗しようとした車いす使用者の旅客が，搭乗を航空会社より拒否され，タラップを自ら登らせるという事態が発生した. 本件については，野村（2018）を参照. 航空会社は謝罪し，当時の石井国交省大臣も 6 月30日の記者会見にて，「利用者目線での検証」を指示した.

参考文献・資料

グラハム，アン（中条潮・塩谷さやか訳）(2010)，『空港経営』中央経済社.

引頭雄一・野村宗訓・福田晴仁・切通堅太郎（2013），「座談会：『これからの地方空港』政策の視点と地域の役割」『しゃりばり』No. 371，pp. 13-32.

遠藤伸明（2016），「航空規制緩和後における英国地方空港の成長から学ぶこと」『運輸と経済』第76巻 第 1 号，運輸調査局，pp. 51-59.

切通堅太郎（2015），「これからの『地方空港』政策のあり方」長峰純一編『公共インフラと地域振興』中央経済社.

————（2019a），「特集：スウェーデンの地方空港の実態から見る北海道の地方空港の行方」『しゃりばり』No. 421，pp. 2 - 5 .

————（2019b），「レポート 3 ：スウェーデン調査から捉える北海道の空港運営の課題と提言」『しゃりばり』No. 421，pp. 17-21.

————（2020），「レポート 3 ：ウィズコロナ時代の北海道の航空・空港戦略②〜旅客の視点から〜」『しゃりばり』No. 429，pp. 13-18.

佐々木葉子（2019a），「レポート 1 ：スウェーデンの空港運営」『しゃりばり』No. 421，pp. 6 -10.

————（2019b），「レポート 2 ：スウェーデンの地方 3 空港の現状と課題」『しゃりばり』No. 421，pp. 10-16.

————（2019c），「スコットランド空港会社HIAL訪問レポート」『しゃりばり』No. 423，pp. 18-22.

————（2020），「レポート 2 ：ウィズコロナ時代の北海道の航空・空港戦略①〜貨物の視点から〜」『しゃりばり』No. 429，pp. 8 -12.

長峯純一編（2015），『公共インフラと地域振興』中央経済社.

中村幸（2020），「レポート 1 ：航空業界におけるコロナショックの影響〜現状と今後の見通し〜」『しゃりばり』No. 429，pp. 3 - 8 .

野村宗訓（2015），「空港民営化と地域振興政策」長峰純一編『公共インフラと地域振興』

中央経済社.

─────（2018），「再考・空港内モビリティ──求められるユニバーサルな利用環境──」『KANSAI空港レビュー』No. 478，pp. 23-25.

─────（2020），「エアロトロポリス構想と都市圏の発展」，五石敬路編『大都市制度をめぐる論点と政策検証』日本評論社，第4章.

北海道エアポート株式会社（2020），「第1期報告書」.

みずほ銀行・三井住友銀行・北洋銀行・北海道銀行（2019），「『北海道内7空港特定運営事業等』に対するプロジェクトファイナンスの組成について」.

横田麦穂（2019），「地域航空ネットワークを支える小型機の可能性〜ニュージーランドsounds AIR（サウンズエア）搭乗記録〜」『しゃりばり』No. 420，pp. 26-31.

第 **II** 部

鉄道民営化と地方路線の維持方策

第4章

鉄道のあり方を模索する日英の課題

1　イギリスにおける鉄道改革

（1）　上下分離による組織改革

　1990年代，イギリスでは新自由主義的な経済政策運営のもとで，多くの国有企業が民営化された．鉄道や電力のように，従来は自然独占とみなされた産業も，企業構造を分割して競争導入すると同時に株式会社化が推進された．イギリスの鉄道民営化は，上下分離とフランチャイズの導入を伴うものであった．

　日本の国鉄はイギリスに先立つ1987年に民営化されたが，イギリスの民営化とは対照的に上下分離は行われなかった．日本の国鉄民営化は基本的には垂直統合を維持したまま，地域ごとに組織を分割したのである．国鉄改革により，旅客鉄道部門は6社に分割されたが，唯一，貨物部門（JR貨物）は線路をほとんど所有せず，大半を旅客鉄道会社の線路を利用する形で列車を運行し，全国規模のネットワークを運営している．他方，貨物を除く旅客部門のJR各社は列車の運行と線路を所有する上下一体の組織である．この点で，イギリスの上下分離を伴う民営化とは一線を画している．このように，日英で鉄道改革の特徴は大きく異なるが，両国とも近年は新たな課題にも直面するようになった．本章では鉄道産業における両国の中心的な課題についてまとめる．

　まず，イギリスの「上下分離」と「フランチャイズ（列車運行権）」による民営化の概要について述べる．イギリスの鉄道民営化は同国独自の政策として実施されたものであるが，上下分離そのものはEUの政策に従って導入された．当時，イギリスに限らず欧州諸国ではモータリゼーションの影響を受け，鉄道は凋落傾向にあった．それに対応して欧州委員会が1989年に打ち出したのが上下分離であった．従来は列車運行部門とインフラ所有も垂直統合の同一組織が運営していたが，それを組織的に分離するという措置である．

　こうした措置を講じた背景には，次のような論理があった．鉄道は自動車と比べるとコストがかかる．そのため，鉄道は競争力の面では自動車に劣るようになったと考えられた．しかし，鉄道のコストが自動車に比べて高いのは，鉄道がインフラ所有のコストも負担しているからであると考えられた．つまり，インフラに関するコストを負担していない自動車とは競争上のイコール・フッティングが図られていないと考えられたのである．そのため，まずは鉄道インフラの負担を明らかにすべきとされた．あわせて，線路を複数の鉄道事業者に開放するオープン・アクセスを認め，列車運行会社同士が競争を行えば，サービス改善につながると考えられた．

　このようなことから，欧州委員会はEU指令91/440を出し，上下分離を加盟国に求めたのである．もちろん，この上下分離は原則であり，その具体的な方法は各国の実情に合わせることができた．そうした中で，イギリスは最もドラスティックにその改革を断行した国という位置づけである．1991年の欧州指令（91/440）を受けたイギリスの鉄道改革は，1993年の鉄道法（Railways Act 1993）に基づき具体的な枠組みが示され改革が推進された．

　イギリスの鉄道改革の特徴は次の2点に要約される．第1に垂直統合形態にあった旧国鉄を，オペレーション部門とインフラ部門（線路や駅等の保有）で資本関係をまったく持たない形で上下分離した．上下分離によって新たに誕生した鉄道産業の全体像は，図4-1のようにまとめられる．

　すなわち，上下分離により組織はオペレーション部門とインフラ部門に分割されたが，前者を詳しく見ると，列車運行会社（TOC: Train Operating Companies）と貨物列車運行会社（FOC: Freight Operating Companies），及び3つの車両リース会社（ROSCO: Rolling Stock Companies）に分割民営化された．インフラ部門については地域単位で分割することはなく，全国ネットワークを「レールトラック」という民間の株式会社が一社で所有し運営にあたった．

　第2に，オープン・アクセスを認めながらも，基本的には路線単位でのフランチャイズ入札により列車運行会社の競争を促した．フランチャイズは，鉄道路線ごとに設定され，かつ期限が設けられた営業権であり，このフランチャイズを獲得した事業者に列車運行を委ねた．換言すれば，当初の目的であった競争導入は，このフランチャイズ獲得の段階に限定されていた．

　しかし，この当初導入された構造は，後に大きな転換を強いられてしまった．最大の変更点はインフラ部門であった．2001年にレールトラックが倒産し，

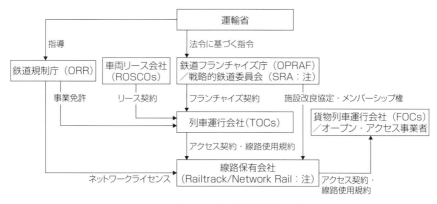

図 4 - 1　イギリスの鉄道改革当初の枠組み

(注) 図中にある戦略的鉄道委員会 (SRA) とネットワークレール (Network Rail) は，2001年の鉄道事業の規
　　制主体と線路保有会社の再編ののちに誕生した組織である．
(出所) National Audit Office (2004：2) に基づき筆者作成.

2002年に政府主導で設立されたネットワークレールという非営利会社に再編されたのである．いまひとつは規制当局も再編されたことである．鉄道フランチャイズ庁（以下，OPRAF：Office of Passenger Rail Franchising）／のち戦略的鉄道委員会（以下，SRA：Strategic Railway Authority）といった組織自体も現在は消滅して，運輸省に一元化された．

（2）　フランチャイズによる民間運営

　このように，上下分離とオープン・アクセスによる改革を通じて，独占から解放された事業者がフランチャイズ獲得競争を通じて，サービス水準は向上すると期待されていた．また，それらを通じて費用抑制的で効率的な鉄道産業に再編できると期待されていた．しかし，実際にはこうしたメリットの実現は都市間輸送を担うインターシティに限られていた．地域輸送（リージョナル）やとりわけロンドン南東部を走る路線（サウス・イースト）は，長年補助金に依存しており，商業的な自立には至らなかった．

　一般的に，商業的に成り立たない路線は廃止に追い込まれるのが必定だが，それは政治的にも許され難い．オープン・アクセスの下で同一路線上での競争が生ずれば，収益性の高い線区に新規参入が集中し，内部補助による路線維持

が不可能になってしまう．そうすると，結果的に政府の補助金支出の拡大につながり，鉄道改革の目的そのものから逸脱してしまう．

そのため，イギリスの鉄道改革では極めて限定的にしか同一路線上での複数事業者間による競争を活用せず，基本的にはフランチャイズ制の下でサービスを提供するという方策をとることにした．つまり，最低限の運行頻度や運賃をあらかじめ定め，それに呼応する民間事業者を入札で選ぶという方法が採用された．ただし，このフランチャイズ獲得をめぐる競争は単に入札額だけで落札者が決まるわけではなかった．つまり，入札額のほかに，事業者の提示するサービス水準や列車運行計画，運賃制度，旅客サービス実績に基づくインセンティブ等をもとに，政府が総合的に勘案し，最終的に落札者を決めることとした．

フランチャイズを獲得したTOCは当該路線の収益性に応じて，政府にプレミアムを支払うことになる．しかし，設定された路線はいずれも収益的であったわけではなく，いわゆる不採算路線も多く含まれていた．そのため，不採算路線では事実上，補助金入札となっており，基本的に最も少ない補助金額を提示した事業者が落札する．なお，当初配分されたフランチャイズ期間は 7 〜10 年が中心であった．

2 再国有化・統合化に舵を切る鉄道産業[1]

（1） インフラ部門に見る再改革

改革当初，この仕組みの下で鉄道旅客をとり戻し，一定の成果を上げることができた．旅客キロでは1993年鉄道法が施行された翌年で288億人キロであったが，2000年までに390億人キロへと劇的に回復を遂げた．同様に，定期旅客列車の輸送力も1997年度から2000年度の間に列車キロベースで約5,100万キロ拡大した．イギリス全国の路線総延長は約 1 万6,000キロであることから，大幅な列車本数増を記録したことがわかる．実際，改革直後からサービスの拡大によって，旅客数と旅客収入はインターシティ，首都圏，リージョナルのいずれのカテゴリにおいても年々拡大した．この傾向は現在まで一貫しており，その面で鉄道改革は成果を上げたようにも見える．

しかし，鉄道事業をめぐっては必ずしも成功したとは言えず，むしろ失敗と受け止められる側面も露呈した．改革当初において最も深刻な問題と認識されたのは，2001年に民間の線路保有会社であるレールトラックが破綻したことで

あった．2000年にロンドン近郊のハットフィールドで発生した列車脱線事故，及びその事故補償や政府に求められた線路投資の拡大に対応できなかったためである．

　このような帰結の発端は，国鉄時代から累積していた長年の投資不足であった．もちろん，政府としてはインフラ投資の必要性は認識しており，レールトラックの財政面を支援したが，その方策は直接レールトラックを支援するものではなく，いったんTOCに対して補助金を交付し，TOCの支払う線路使用料を介在させた．政府はレールトラックが増加した線路使用料収入分で設備投資を行うだろうと期待したのである．

　ところが，インフラ投資目的とは言え，レールトラックに直接補助金を交付するわけではなく，TOCを経由して交付していた点は，投資の促進という観点からは十分ではなかった．インフラに対する要求水準はTOCによって異なり，その合意形成は困難をきわめた．結果として線路の更新が遅延するという負の側面が表れてしまった．

　規制当局側の問題としても，フランチャイズ配分の問題とインフラの整備・維持管理，及び鉄道産業に対する規制をどのように主導するのか，その責任の所在が不明瞭になっているという問題もあった．そのため，従来はフランチャイズ配分だけを担っていたOPRAFに代わってSRAが設置された．

　しかし，それでも，インフラの全面的な改良を目指すSRAと鉄道産業コストを抑制しようとするORR[2]との間で，必ずしも規制当局として連携のとれた方向性が示せたわけではなかった．次第に，SRAは戦略的に鉄道産業を主導するという当初の目的を果たせなくなり，政府はSRAをも廃止し，フランチャイズ配分からネットワーク戦略を運輸省（DfT）みずからが描くという形に戻してしまった．

　このように，当初は鉄道のインフラ投資を民間にゆだねることを期待したが，実際には思うように進まないことが明らかになってしまった．そのため，政府自身が戦略を策定し，その財源確保においても主体的に関わらざるを得なくなった（図4-2）．ドラスティックな鉄道民営化を進めたイギリスだが，改革から30年を経て，皮肉にも政府の役割を再び強める結果となった．

（2）　フランチャイズ配分における国関与の強化

　鉄道フランチャイズについては，旅客が急増したこともあり運賃収入は拡大

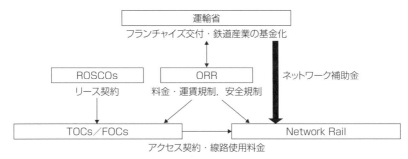

図4-2　鉄道再改革による枠組みの変更

（出典）National Audit Office（2004：2）等を参考に筆者作成.

傾向にある. しかし, あわせてコストも同様に増加し, 結果的にその差を補助金で穴埋めするという繰り返しに陥った. なお, 補助金はTOCと政府が契約する「フランチャイズ協定」において定められる. フランチャイズは入札を通じてTOCに配分されるが, 前述したとおり大半のフランチャイズは非収益的であり, 実際には補助金入札の側面が強い.

　政府としてはサービスが改善されるのであれば, 補助金の増加はやむを得ないと認識しているものの, 安易な補助金への依存はかえって鉄道の競争力を削いでしまいかねない. 当初は収益的な部門として鉄道産業を支え, 交付される補助金額も次第に低下させられると期待されていたが, 実際には交付される補助金総額は減少するどころか, 改革当初からみればかえって増加してしまった（図4-3）.

　TOCの中には財務状況が急速に悪化し, フランチャイズ協定で定められた当初契約を遵守できず, 契約内容の再交渉を持ち出す事業者が現れた. 東海岸本線をめぐるフランチャイズは, 2005年以降混乱を繰り返した代表例である. もともと, Great Northern Eastern Railwayがその路線を運営していたが, 親会社の経営破綻をきっかけに政府はフランチャイズ契約を急きょ終了させ, 2007年に新たに入札を実施した. その段階ではNational Express Groupが落札したが, リーマンショックによる旅客減の煽りを受け, 再び同社も経営が行き詰まってしまった.

　同社は政府に財務的な支援を求めて再交渉に応じるよう要請したものの, 政府は2009年, 再交渉を拒否するとともにフランチャイズ契約を再び終了させ,

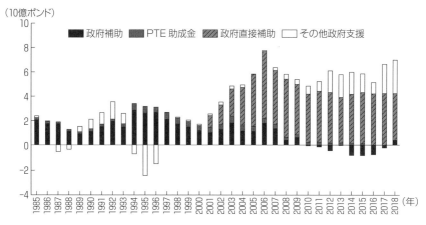

図 4-3　鉄道産業に対する政府補助の推移

（注）金額は2015年を基準にGDPデフレータで実質化している．なお，「その他政府支援」には，フランチャイ
　　　ズの売却収入（マイナスの補助金）のほか，交通警察等，政府と密接な関係にある組織への補助が含まれる．
（出典）ORR "NRT Data Portal" に基づき筆者作成．

　2015年ごろまでは "Directly Operated Railway" という，文字通り政府直営
のフランチャイズの運営主体が列車運行サービスを提供することとなった．
　2015年 3 月にはStagecoachと Virgin Groupの共同事業体がフランチャイズ
を獲得し，一時は再び民間運営に戻すことができたが，やはり経営は目標を達
成できず，2018年に再びフランチャイズ契約は中断した．そして，同路線のフ
ランチャイズ運営は再びLondon North Eastern Railwayと称する国有の運営
会社に移管され，現在に至っている．
　なお，2020年 3 月現在，イギリスのフランチャイズのうち東海岸本線を含め
て 2 路線は国有企業が運営している．これまでの鉄道法にも，トラブル発生時
の最終的な受け皿は政府が担うことが規定されていたが，これまでそのような
事態に陥ることは免れてきた．しかし，2018年に幹線路線（Inter City）でTOC
事業が破綻したことを重く受け止めた政府は，同じ年にDfT OLR Holdings
Limited（DOHL）という会社を設立した．
　さらに，新型コロナウイルス感染症の感染拡大が続く中，イギリス政府は
2020年 3 月，すべてのフランチャイズについて最低 6 カ月間はフランチャイズ
制度の運用を中止し，事実上，国営化することを決定した．この 6 カ月の期限

は延長可能であり，正常化の目途は立っていない．現に，2020年３月の時点で
旅客数は70％減，収入も３分の２の減少をきたしている．

　上で述べたように政府はフランチャイズ制度の運用を停止して事実上国有化
した．しかし，それは政府がフランチャイズの運営を直接行うというものでは
ない．従来のTOC従業員はそのままTOCが雇用し，TOCが直接運行にあたっ
ているが，運賃収入をいったんDOHLの収入とし，サービス維持にかかる費
用をDOHLがすべて負担するという方策に切り替えている．もちろん，政府
統計上も国のバランスシートに計上されることになる．これにより，鉄道サー
ビスを維持しつつ，雇用も確保したい意向である．

　コロナ禍の影響により政府が決断したフランチャイズの事実上の国有化は，
今後の同制度のあり方をも左右する可能性がある．事業者にとってみれば不確
実性の高い環境下では平時に取り交わしたフランチャイズ契約の履行は難し
く，さらに政府支援を求める可能性が高い[3]．これまでかろうじて民間で運営さ
れてきたTOCについても，コロナ禍の影響の長期化により事実上の国有化が
今後も不可欠とすれば，1990年代の鉄道民営化から大きく政策が転換すること
になる．フランチャイズは官民の適切なリスク分担により実施されるものだと
いうことを踏まえると，現状では以前にもまして政府の役割は大きくなって
いる．

3　日本の国鉄民営化と地方の鉄道

（1）　国鉄の民営化と不採算の問題

　わが国の鉄道政策史上，国鉄改革はあまりにも大きな出来事であり重要であ
る．前節でイギリスの鉄道改革について概説したが，本節ではわが国の国鉄改
革について振り返る．

　国鉄は戦後復興における基幹輸送を担うという大きな役割を果たすべく1949
年に国有公社として発足した．しかし，欧州のケースと同様，急速なモータリ
ゼーションに対してはなすすべはほとんどなかった．1950年代は経済成長とと
もに鉄道輸送は急速に伸びたものの，1960年代以降の急速なモータリゼーショ
ン以降の鉄道輸送量は旅客・貨物とも苦戦を強いられた．輸送分担率は急速に
低下し，1964年に初めて300億円の赤字に転落してから国鉄が消滅するまで，
黒字に転換することはなかった．

　国鉄の経営悪化を受け，1969年に「日本国有鉄道経営財政再建促進特別措置法」（以下，国鉄再建法）が定められ，組織の合理化を図る再建計画が発表された．しかし，4次にわたる再建計画の推進段階にも設備投資の増加がみられる等，事業経営を抜本的に改善するには至らなかった．その後，雪だるま式に累積債務は膨張し，国鉄が解体される直前の債務は37兆円を超えていた．そして，再建計画で成果を上げることはできなかったことに対する国民の批判は高まる一方であった．こうした事態に陥った背景について，国鉄改革から10年目の検証を行った1996年度の運輸白書では，公社という経営形態が効率的運営を阻害する根源的な問題であったと指摘している．

　1981年に発足し行政改革を審議していた臨時行政調査会は国鉄の分割・民営化を打ち出すとともに，翌年に発足した国鉄再建監理委員会は，1984年に「国鉄改革に関する意見」を公表した．それを受け，「日本国有鉄道改革法」，「旅客鉄道株式会社及び日本貨物鉄道株式会社に関する法律」等，いわゆる国鉄改革関連8法が1986年に成立，翌87年に施行され，ここに国鉄分割・民営化が実現したのである．

　それ以降のJR各社の輸送サービスでは劇的に改善したというのはよく知られた事実である．しかし，同時に地方路線では不採算にまつわる課題も浮き彫りになってきた．三大都市圏に営業基盤を持たないJR各社の経営は実際には厳しい．また，JR以外で現在，営業を続けている地域鉄道事業者のうち経常収支で黒字を計上しているのは，全体のうち28％に過ぎず，残りの72％の事業者は経常赤字である．

　とりわけJR北海道の不採算路線をめぐる問題は，対象となる路線延長の規模からみても深刻である．JRが発足するまでにも紆余曲折のあった国鉄再建の過程でも，不採算路線の維持は問題視されていたが，現在，その当時をはるかに下回る輸送量で事業者が維持しているのが実情である．ちなみに，前述の国鉄再建法に基づく路線再編では，1日1kmあたりの平均的な輸送人員を表す「輸送密度」をもとに区分し，輸送密度が8,000人以上であれば採算に乗る「幹線」，4,000人以上8,000人未満の線区を「地方交通線」，さらに4,000人未満の路線は「特定地方交通線」として原則，廃止を検討する路線としていた．

　ただし，実務上では輸送密度が2,000人未満の路線を廃止検討対象とし，さらにピーク時間帯にバスだけでは運びきれない場合があるかどうかや，代替輸送のできる道路の整備状況，降雪による道路の不通，1乗車あたりの距離が

30km以上という比較的長距離にわたって利用する人が1日1,000人以上いるかどうかも考慮された．このようにして，計83路線が順次選ばれ，おもに第三セクター鉄道やバス転換による国鉄経営からの切り離しが進められた[5]．

　一時は経営的に身軽になったJR北海道ではあったが，2016年に「自社単独で維持することが困難な路線」を公表した．さらに衝撃的なのは，現在同社が維持しているこれら10路線13線区，1,237kmの区間は，国鉄再編の基を大きく下回っていることである．いずれも，輸送密度でみると2,000人未満の路線であり，うち3線区は輸送密度が200人未満，つまり1列車の乗客数は10人前後でバスでも十分代替できる．また，100円の収入を得るためにどのくらいの費用が必要かを示す営業係数も1,000を大きく超えるような状況である[6]．

　他方，同社が自社単独で維持できるとしたのは札幌を起点とする線区で，その延長は586kmに過ぎない．特に北海道は気象条件が厳しいことも重なって施設の老朽化が著しい．本来であれば設備投資を増加させなければならないが，あらゆる合理化を迫られる中で，もはや自社単独ではそれすら厳しいのが現実である．

　JR発足当時から経営環境が激変したことも見逃せない．北海道の場合は拠点都市が道内に点在する一方，その間の人口密度は極端に低い．しかも，この状況は今後も好転する見通しもない．人口減少は鉄道だけでなく，他の交通機関に対しても影響をもたらし，航空機や高速バスも輸送密度は減少している．いわば，もともと少なく，減少しつつある交通需要を互いに奪い合っている状況である．

　国では利用者減で路線の維持ができない区間について，2019年度から2年間にわたって400億円を支援し，さらに2021年度から3年間も1,300億円程度の支援を行うことになっている．しかし，それとて時限的なものであり，同社の事業が持続可能なものとするためには相当な再編も視野に入れざるをえない．

　特にコロナ禍により利用者の減少に拍車がかかっている現状では，経営改善に向けた見通しは非常に厳しい．単に事業者の負担を軽減しても根本的な解決とはならないうえ，たとえバス転換を行ってもバス事業の経営環境も鉄道と同様に厳しくなりつつある中で，それが持続可能な選択となるのか慎重な議論が必要である．

（2）　鉄道維持に向けた支援策の展開

　従来，わが国では鉄道事業は商業的に成り立つ事業だと考えられ，鉄道施設の維持管理も含めた一切の事業を事業者に委ねてきた．そのため，国の支援はインフラの整備に半ば限定されており，地方鉄道に拠出されていた欠損金補助も1997年には廃止された．このように，全国の鉄道事業者は基本的には独立採算で維持されていたといえる．ここでは，鉄道事業者に対する支援はどのように展開されてきたのか簡単に振り返る．

　上述の欠損補助は限定的にしか交付されず，その他の補助もインフラ整備にほぼ限定されていた．しかも，事業者の直面する経営環境は多様で，地域によって必要とする投資の質や量はまったく異なるという実態にはあまり対応できていなかった．そうしたことから，大都市部においては1962年の「地下高速鉄道整備事業費補助」を創設し，また地方部では日本鉄道建設公団（現在の鉄道建設・運輸施設整備支援機構）によって1972年に創設された「譲渡線（P線）建設費等利子補給金」等を制度化し，莫大な資本投下を必要とするインフラ投資については国が支援するという構図を構築していった．

　1960年代以降，徐々に鉄道インフラに対して公的支援を行う枠組みが創設されてきたが，それらは概して混雑の問題に対する当面の解決策であったり，国鉄と民鉄に対する取扱いの違いを穴埋めするための当座の策であった．しかも，原則的には事業者の投資意欲を前提としていた．

　ところが，それでは社会的には必要な鉄道に対する投資はできなくなる．また，鉄道には様々な利害関係者がかかわるため，事業者に依存した鉄道施設の整備は限界があった．このように，民間事業者だけによる投資を期待できない場合に，一定の範囲内で公的主体が補完すべきであるとういう考え方に基づき（運輸政策審議会答申第19号，2000年），第三セクターに対する補助等を通じて支援する「都市鉄道等利便促進法」（2005年）が成立した．

　同法は利害が錯綜する関係者間を調整するための協議会の設置等を法制化した点，また列車運行と整備の主体を分離し，運行主体は受益相当額を施設使用料として整備主体に支払い，整備主体はこの収入と公的助成によってインフラ整備を行う日本型の上下分離に道を開いた点で画期的であった．つまり，事業者が中心となった鉄道整備から社会的な便益を勘案した鉄道施設整備の重要性を認識する政策への転換点ともなった．これが償還型上下分離方式，あるいは公設民営型上下分離の方法も鉄道整備・維持に活用に道を開いたのである．

　他方，地域のモビリティは鉄道だけではない．各交通機関にはそれぞれ，直面している課題があり，それぞれの交通事業者を単に延命させるだけでは地域の人々のモビリティが確保されることにはつながらない．地域の輸送資源として人々の移動ニーズに対応する適切なものを選択し，統合化することではじめて移動ニーズを充足することができる．

　2007年に策定された「地域公共交通の活性化及び再生に関する法律」（以下，活性化再生法），2014年の同法改正は，まちづくりと交通が連動して計画を策定する必要があるという認識の下で策定・改正された．従来の鉄道に対する補助制度はどちらかといえば，鉄道施設整備に焦点を当てるものであったが，活性化再生法は，地元の自治体が主体的にまちづくり計画を策定することと連携し，地域で交通計画を練ることが利用者利便にかなうという考え方に立っている．

　本章で述べたように，日英両国で鉄道改革は進められてきたが，そのアプローチはまったく異なっていた．上下分離は垂直統合であった組織を分割したことで，列車運行会社と線路保有会社との関係は内部取引から外部取引に変化し合意形成が難しくなった面がある．また，ネットワーク戦略を担う主体が民間のみでは機能しなかったことから，結果的に中央集権的に政府が管理する方向にシフトしつつある．

　ただし，イギリスではサービス水準の決定については中央集権に移行しつつあるが，フランチャイズ制を後退させるということは行っていない．フランチャイズ制のもとでは，サービス水準については政府が決めるが，そのオペレーションは民間事業者が担う．いわば，本章で言及した中央集権化はオペレーションに関するものが中心であり，従来から路線の計画等，全体的な戦略策定は中央集権化されていた．独立採算で事業の成功を期待する立場からすれば，イギリスの民営化は失敗と位置づけられるかもしれないが，公共的なサービスを提供する際の民間活用という視点に立ったとき，フランチャイズ制は契約次第で内部補助から外部補助への移行を促すという意味で可能性のある方策とも考えられる．

　他方，日本の鉄道改革は上下一体の地域分割であったため，内部補助が温存された．わが国の鉄道ネットワークは主として新幹線を含む幹線の鉄道収入をもって地方路線を支えるという構図によって維持されてきたのである．しかし，人口減少が急速に進む中で事業環境は極端に悪化しつつあり，ここに政府による支援策の必要性をみることができる．

このように，日英両国では問題の出発点は異なるものの，政府の介入が求められている点では一致している．その際，鉄道に対してどのような役割を求めるのかということは今後さらに議論する余地はある．イギリスでは，鉄道のサービス水準についてはフランチャイズ協定に定められるが，それとてなぜその水準に設定し，事業者にその達成を求めるのかという議論の余地はあるだろう．同様に，わが国においても，なぜ鉄道でなければならないのかといった十分な検討が必要である．

注
1）　この節の内容は西藤（2020）第2章において詳述している．
2）　ORRは何度か名称変更を行い，2004年にOffice of Rail Regulation，2015年にOffice of Rail and Roadと名称が変更されている．ただし，特に線路使用規制の役割は当初から変わっていない．
3）　"ONS signals rail nationalisation with debt sheet move", Financial Times, July.10, 2020〔https://www.ft.com/content/cef633b7-15c6-4161-86fc-b7a290a3f10c.〕（最終閲覧2021年3月1日）による．
　　　ただし，イギリス政府は2020年3月時点では航空・空港分野には一切の支援はしないと明言している．このように，鉄道と航空・空港で対応が異なっているのが実情である．
4）　残る6法は，「新幹線鉄道保有機構法」，「日本国有鉄道清算事業団法」，「日本国有鉄道退職希望職員及び日本国有鉄道清算事業団職員の再就職の促進に関する特別措置法」，「鉄道事業法」，「日本国有鉄道改革法等施行並びに地方税法及び国有資産等所在市町村交付金及び納付金に関する法律の一部を改正する法律」である．
5）　83路線のうち，38路線は第三セクター鉄道に転換され，残る45路線がバス転換された．
6）　ここに示された線区のうち，1線区（札沼線の北海道医療大学〜新十津川）は2020年5月に廃止された．
7）　この法律が策定される前の段階で，人々の日常生活や社会生活のうえで必要不可欠な移動を円滑に行うことができるようにするため，国の施策として，地域公共交通の確保等を求めるべく「交通政策基本法」が2013年に策定されている．活性化再生法は，この法が定める事柄をより具体化するための施策を法として体系立てたものと位置づけられる．

参考文献・資料
Department for Transport（2011）*Realising the Potential of GB Rail: Final Independent Report of the Rail Value for Money Study, Detailed Report.*
————（2020）"Rail emergency measures during the COVID-19 pandemic", Written Statement to Parliament.〔https://www.gov.uk/government/speeches/rail-

emergency-measures-during-the-covid-19-pandemic〕最終閲覧2021年 3 月 1 日．

Gómez-Ibáñez, J. A.（2003）*Regulating Infrastructure: Monopoly, Contracts, and Discretion*, Harvard University Press.

National Audit Office（2004）*Network Rail- Making a Fresh Start*, The Stationary Office.

"ONS signals rail nationalisation with debt sheet move", Financial Times, July.10, 2020.〔https://www.ft.com/content/cef633b7-15c6-4161-86fc-b7a290a3f10c〕最終閲覧2021年 5 月 1 日．

大井尚司（2017），「地方公共交通における鉄道の役割と持続可能性について——国鉄改革30年後の鉄道の現状と将来——」，『運輸と経済』第77巻 第 3 号，pp. 67-74.

国土交通省鉄道局（2017），「国鉄の分割民営化から30年を迎えて」『運輸と経済』第77巻 第 3 号，pp. 11-19.

小役丸幸子（2012），「イギリス鉄道における改革の評価と新たな動き」『運輸と経済』第72巻 第 7 号，pp. 71 80.

小山俊幸（2017），「国鉄の分割民営化から30年を迎えて」『運輸と経済』，第77巻 第 3 号，pp. 20-27.

西藤真一（2020），『交通インフラの運営と地域政策』成山堂書店．

斎藤峻彦著・関西鉄道協会都市交通研究所編（2020），『鉄道政策の改革——鉄道大国・日本の「先進」と「後進」——』成山堂書店．

醍醐昌英（2009），「英国の旅客鉄道事業のフランチャイズ設定に関する一考察」『交通学研究』2008年研究年報，pp. 121-130.

日本交通学会編（2011），『交通経済ハンドブック』白桃書房．

北海道旅客鉄道（2016），「当社単独では維持することが困難な線区について」．〔https://www.jrhokkaido.co.jp/pdf/161215-5.pdf〕最終閲覧2021年 5 月 1 日．

堀雅通（2000），『現代欧州の交通政策と鉄道改革——上下分離とオープンアクセス——』税務経理協会．

第 **5** 章

日本の鉄道廃止路線のケーススタディ
——JR三江線をめぐるバス転換——

1　地方における鉄道の厳しい経営

（1）　鉄道経営の難しさと三江線

　これまで，わが国の鉄道網は全国に張り巡らされ，都市間だけでなく地域内の移動を支える人々の生活の足として，その役割を果たしてきた．しかし，東京など大都市への集中が進む一方，地方では人口減少と高齢化が加速している．また，道路整備が着実に進められてきたこともあり，不便な公共交通からマイカーへのシフトも加速している．

　一般に新幹線，在来幹線，都市鉄道に該当する路線以外の鉄道路線は「地域鉄道」と区分され，そのうちJRや大手民鉄を除く中小民鉄及び第三セクター鉄道は「地域鉄道事業者」と区分される．国土交通省によれば，現在，わが国には95の地域鉄道事業者が存在するが，地域鉄道の輸送人員はピークであった1991年度から比べると，約21％にまで落ち込んでいる．そのため，状況に応じてバス転換がその選択肢となり，国鉄再建の時代からその措置が取られてきた．実際，この20年間に廃止となったのは全国44路線，延長は1041.9kmにも上る．

　ただし，どのような地域も画一的にバス転換を図ることは適切とは言い難い．定時性に優れ，大量輸送が可能な鉄道の特徴は見逃すべきではなく，ある程度の人口密集地域ではかえって道路混雑を生み出す可能性もある．単純に廃止してしまうと都市・町の機能を大きく損ねてしまう可能性もある．つまり，存続・廃止の如何を問わずその判断の合理性をできる限り客観的に評価すべきである．

　住民理解も不可欠である．たとえ鉄道をバスに転換した場合も，行政による支援は不可欠であることも多く，なにより交通は都市計画と連動させる必要があるからである．しかし，現実に住民の理解を得るというのも簡単ではない．

本章では近年バス転換を図ったJR三江線（以下，三江線）沿線の１つの自治体をケーススタディとして取り上げ，地方の交通維持に関する住民理解の困難さについて言及したい.

　ここで，三江線と本章で取り上げる沿線地域の川本町についてその概略をまとめておく. 三江線はかつて広島県三次市から島根県江津市を結ぶ鉄道路線として計画され，戦前の1926年に起工し，工事中断など紆余曲折を経て1978年にようやく全通したローカル路線であったが，2018年３月末に廃線となった. 三江線沿線は林業が盛んな地域で，かつて木材はもとより物資の輸送はもっぱら沿線を流れる江ノ川を利用した水運が中心であった. それを鉄道に切り替えることによって輸送を効率化しようというのが，三江線建設における当初の目的であった.

　しかし，全線が開通した時には，既に交通手段の主役は自動車に移っており，鉄道は貨物輸送，人員輸送ともに活躍の場を失っていた. いわば，開通当初からいわゆる赤字ローカル線としての厳しい宿命を負わされたのである. それが近年まで路線を存続できたのは，沿線道路が未整備であったという理由が大きい. 周知のように国鉄は1987年をもってJRに民営化されたが，それ以前の国鉄再建事業においては不採算路線の切り離しが進められていた. 1980年に定められたいわゆる「国鉄再建法」では，輸送密度が4,000人未満の路線はバスに転換するのが適当とされていたのに対して，JR西日本（以下，JR）発足当時でさえ三江線の輸送密度は458人／日に過ぎなかった.

　その後，次第に沿線道路の整備も進められ，自動車の利用は容易になった半面，鉄道にとってはますます不利な状況になった. また沿線人口の減少や高齢化も進み，利用者数は先細りであった. それに対応し，JRとしても行き違い施設の廃止など様々な合理化を行った結果，本数は少ない割に増便の余地も乏しく，利用者には著しい不便を強いてしまった. そして，鉄道の不便さを克服するため，通学者にはスクールバスを各学校が用意した. このようにして，鉄道離れが加速度的に進み，廃止直前の輸送密度は60人を割り込むという深刻な状況であった.

　なお，三江線沿線は島根県江津市・川本町・美郷町・邑南町，及び広島県安芸高田市・三次市の３市３町にまたがる. いずれも標高600mを超える山間地域が大半であり，高齢化も進みつつある. 本章で焦点を当てる島根県川本町は東西16.5km，南北13.5km，総面積106.43㎢で，うち約７％が可住地，約６％が

図5-1　島根県川本町の位置

(出典) 島根県川本町ウェブサイト．[http://
www.town.shimane-kawamoto.
lg.jp/] 最終閲覧2021年3月1日.

水田・畑地，約72％が山林という中山間地域である（図5-1）．

　同町は国や県の支所が置かれるなど，県央地域における行政の拠点としても
機能している．人口は1980年には6,300人であったが，2019年現在では3,200人
にまで落ち込むとともに，65歳以上の人口割合を示す高齢化率は同時期に約
16％から約45％にまで高まっている．これらの状況は今後も好転するとは考え
難く，20年後には人口は約2,000人程度に落ち込むと考えられている．

（2）　三江線の廃止に至る経緯

　以上のように，先細る需要を前にして，JRは2015年10月，新たな交通体系
のあり方を検討する旨を公表するに至った．翌年2月からは島根・広島両県及
び沿線6市町とJRで構成する「検討会議」において，鉄道事業を存続した場
合とバス事業への転換を図った場合とのコスト比較，利用促進策などの検討を
行い，2016年9月，JRが鉄道路線の廃止を正式に表明した．[1]

　それを受けて廃止後の公共交通のあり方について，急ピッチで議論が進めら
れた．まず2016年11月には「地域公共交通活性化再生法」に基づき，島根・広[2]
島両県によって「三江線沿線地域公共交通活性化協議会」を設立し，三江線廃
線後の代替公共交通のあり方とまちづくりを話し合うこととなった．また，そ
れと同時並行的に，任意の協議会として「三江線代替交通確保調整協議会」や

島根・広島両県と沿線 6 市町地域による地域公共交通を議論する協議会が発足し，廃止後の代替交通の具体化を検討した．

　これらのプロセスを経て，三江線廃止後の2017年 9 月に「三江線沿線地域公共交通網形成計画（以下，公共交通網形成計画）」，12月に「三江線沿線地域公共交通再編実施計画（以下，実施計画）」が策定されるに至った．これらは，2017年10月から約 5 年間の2023年 3 月までの，地域の交通体系を示している[3]．そこでは，交通空白地域が存在する一方でバスの一部ルートが重複するという問題や，バス転換後は運賃設定及びバス停・車両など利用しやすい環境整備が必要だということがらなどが指摘された．あわせて，住民の公共交通に関する意識啓発の必要性についても指摘された．

2　地域交通に対する意識

（1）　交通廃止における住民意識に関する研究動向

　公共交通が廃止されたことによる住民意識に関する先行研究としては，宮崎・高山（2012）がある．同研究では，2005年に廃止された「のと鉄道能登線」沿線の住民を対象とした調査を行い，公共交通の利用頻度が低い人の意識について検討している．それによると，公共交通の利用頻度が低い人ほど，町の雰囲気として過疎化が進行したという印象を持ち，都市部から一層遠くなったという印象になることを明らかにした．つまり，自分の置かれる環境としては実際にはあまり変わっていないにもかかわらず，町の印象や交通事情に対する印象が悪くなる傾向がある．

　さらに，鉄道が廃止されたことによる住民意識がどのように変わったかという研究としては，國定・山崎・加知（2012）がある．同研究は2004年に廃線となった名鉄三河線沿線を対象に，廃止前後で地域住民の町や交通に対する意識や行動に変化があったかどうか分析している．それによると，鉄道の廃止は，商店の衰退をもたらしたという印象を与え，バス転換により運行開始となったバスは渋滞の影響を受けるようになったなど，鉄道の廃止は印象としてネガティブに受け止められている．しかし，実際にはバスへの転換によって利便性は向上したというポジティブな評価も受けていることも明らかにした．

　このように，鉄道廃止は地域住民の地域に対するイメージとしてネガティブにとらえられる側面はある．しかし，適切な交通を用意すれば利便性はむしろ

向上し，住民の評価も上がることを把握できる．さらに，谷本ら（2007）の研究によれば，交通サービス水準の低下は，移動を伴う本源的な活動意欲・ニーズそのものを減少させてしまう可能性があることを示している．移動そのものをあきらめることになれば，生活の質が著しく低下する．つまり，利用者が少ないからと言って安易にサービスを廃止するのではなく，適切な交通手段を用意する策を検討すべきだということが示唆される．

　他方，三江線に注目した研究として，秋田（2017）では，三江線の敷設から廃止に至るまで，沿線の懸命な利用促進策の経緯などが整理さている．また，秋田（2019）では廃止後の線路を活用して地域が地域活性化に向けて取り組んでいる事例を紹介している．[4] 風呂本（2018）は，廃止前から存続に向けた地域の取り組みがあったことを紹介している．それによると，事業者においてはSLの運転にはじまり，島根・鳥取両県を中心としたフリー乗降の企画乗車券，増便社会実験としてバスを使った平時の1.7～2倍の運行本数の確保を実施した．また，鉄道運行のワンマン化や駅の無人化等による省力化，行き違い施設を撤去することによる保守費の軽減も図られた．

　沿線地域が構成する「三江線活性化協議会」が主体となった取り組みでは，回数券購入補助やイベント企画をはじめ，マイカー利用者にも利用を訴えるべく目的地までマイカーを回送するサービスを導入したり，意識啓発のためのフォトコンテストの実施など，あらゆる努力を払っていた．ところが，住民の主たる移動手段がマイカーにシフトする中で，三江線は大量輸送を得意とする鉄道の特性を果たせなくなっていった．

　風呂本（2018）は，このような地元自治体を中心とする懸命な努力はありながらも，多くの住民からしてみれば廃止は来るべきものが来たという意識に過ぎないこともあわせて指摘している．その上で，閑散線区は財源も確保したうえで地元が主体的に取り組む環境がなければ，存続させることは相当難しいと指摘している．

（2）　地域住民の意識を探る調査の企画

　2007年に成立したいわゆる「地域公共交通活性化再生法」では，地域の交通は市町村が中心となって検討することが述べられるなど，近年では地域の主体性がますます要求されている．[5] 板谷（2011）によれば，陳情型の存続運動は1990年代にはよくみられたが，2005～06年を境に，陳情型の存続運動はほとん

ど展開されなくなったという.

　しかし,仮に地元が主体となって鉄道を存続する取り組みは実際には難しい.三江線のように複数の自治体にまたがる長大路線になると自治体により温度差が生じやすい.加えて,現実面として地方ではマイカーの方が鉄道やバスなどよりも利便性は高く,マイカーの保有率も高い.このように,住民の置かれる環境が異なれば,合意形成は難しくなるというのは想像に難くない.そのため,地域住民が主体的に路線の活性化に取り組む「当事者意識」を醸成することは路線存続のためにも必要である.

　ところが,「当事者意識」というのも実際にはあいまいな概念である.以下では,その「当事者意識」なるものが,廃線に伴う「関心の変化」や今後の「交通政策に対する期待」にという言葉によって置き換えられるものと考え,筆者はそれらの評価にかかわる要因を把握すべくアンケート調査を実施した.

　配布対象及び配布・回収方法は,町内全世帯に町内会を通じて配布し,配布時に用意した返信用封筒を使って郵送で返送してもらう形をとった.なお,配布・回収時期は2019年9月中旬,回収締め切りは10月10日の約1カ月間とし,配布部数は1,680部,回収は585部（回収率は約35%）であった.また,アンケートは無記名で実施した.回答者の性別はほぼ男女半々の男性275人（約49%）,女性284人（約51%）であるが,年齢は高齢者に偏っており,70歳以上は291人（約52%）,60歳台が140人（約25%）であった.

　まず,回答者の交通利用の実態を確認すると,三江線が廃止される前は「まったく利用しなかった」という回答者が約81%で圧倒的に多かった.他方,現在の公共交通の利用頻度を尋ねたところ,やはり「全く利用しない」という人が約82%であった.つまり,鉄道であれバスであれ,公共交通の利用頻度は廃止前後で何も変わっていない.三江線廃止によって導入された廃止代替バスのみに限った利用頻度も,以前と比較して「変わらない」とする回答が約84%と圧倒的に多い.なお,利用頻度が「減少した」は約11%,「増加した」とする回答は約5%であった.

3　アンケートによる住民の意識調査

（1）　公共交通に対するイメージ
本節では人々の移動の実態と,公共交通に対する意識調査の結果を概説する.

　まず，廃止代替バスに限らず，公共交通を利用する目的は何か．この回答で圧倒的に多いのは，「病院への通院（約41％）」，「買い物（約31％）」であった．そもそも回答者が高齢者に偏っていたこともあり，「職場への通勤（約4％）」「学校への通学（約2％）」は少なかった．

　回答者の属性が高齢者に偏っているが，マイカーの利用・保有状況は高かった．具体的に，「自分で使える車がある（約80％）」，自分では使えなくても，「家族や近所の人に頼めば乗せてくれる（約14％）」であった．逆に，誰も頼める人がないという，いわゆるモビリティ弱者とみなせる回答者は6％に過ぎなかった．つまり，多くの人は公共交通を利用しなくても日常生活を過ごせる実態が浮き彫りになった．

　なお，圧倒的に自家用車が好まれるのは，公共交通は不便だと思う人が多いからでもある．公共交通に不自由さを感じるかどうか尋ねると，何らかの不自由を感じている人は全体の約55％に上り，不自由さを感じていない人の約36％を大きく引き離す結果となった．その理由は「本数が少ない」ことや，「時間の融通が利かない」「重い荷物を持ち運べない」という理由が多い．

　しかし，公共交通が不利な状況が続けばそれを維持できなくなる可能性もある．このことは住民も意識しており，約76％の人が将来，地域の公共交通がさらに減便されたり消失したりする可能性があると回答した．

　続いて，公共交通の現状に住民は満足しているのか尋ねると，「大いに満足している（約4％）」「ある程度満足している（約31％）」に対して，「まったく満足していない（約15％）」「あまり満足していない（約26％）と，どちらかと言えば満足していない人の割合の方が高い結果となった（図5-2）．

　他方，将来の公共交通政策に期待しているかという質問には，「大いに期待している（約28％）」「ある程度期待している（約39％）」に対して，「まったく期待していない（約6％）」「あまり期待していない（約20％）」というように，期待している人の割合がかなり高いことがわかった．

　また，三江線が廃止されたことで，「関心を持つようになった」という人が約64％あった．このように，廃線は地域住民が公共交通の将来について考えるきっかけとなり，住民は今後の公共交通政策に対して期待していると言えそうである．

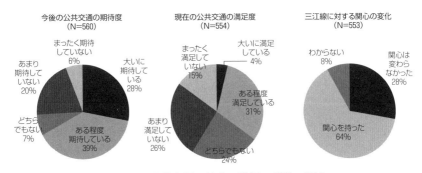

図5-2　公共交通に対する満足・期待・関心

（出典）筆者作成.

（2）　クロス集計による傾向の把握

　ここでは三江線が廃止されたことにより，公共交通に対して関心を持つようになったかどうかという点と，及び今後の交通政策に対して期待しているかという2点について，アンケート調査項目とのクロス集計を行い，全体的な傾向を把握する．なお，クロス集計を行った結果について独立性の検定を行った（表5-1）.

　有意差があると認められたものはさらに残差分析を行い，どの観測値に有意差があるか把握した．なお，分析にあたっては，上述の① 三江線の廃止によって関心が高まったのかどうかということと，② 今後の公共交通政策に対して期待しているかという2点について注目した．なお，これら2点の評価尺度は表中に示す通り3段階に区分して整理している．

　第1に，「関心の変化」と他の質問項目との関係について確認する．「関心の変化」について独立性の検定を行ったところ，モビリティ低下の認知に関連する質問以外では，ほとんどの項目について1％水準で回答結果に有意差があることが確認された．あわせて，残差分析も行ったところ，「関心が高まった」という人は次のような人に多いことが判明した．すなわち，日頃から公共交通を利用する人，70歳以上の高齢者，公共交通に不便さを感じている人，自分ではモビリティを持っていない人である．あわせて，公共交通の評価に関して，公共交通の重要性や公共交通の満足度についても問うたところ，「重要だ」とする人や「満足している」と回答した人の割合が高いことも示された．

　逆に，「関心が高まらなかった」という人は，次のような人に多い．すなわち，

公共交通を日頃から利用しない人，運行本数についても知らない人，50〜60歳代の人，マイカーを日頃から使っている人である．公共交通の重要性については「重要でない」と回答する人や，公共交通の満足度については「わからない」とする人の割合が高かった．このことから，公共交通に対する理解を深めるための取り組みはしばしば期待されるが，現実には公共交通を利用しない人々にとってはあまり効果的ではないことが示唆される．

第2に，「今後の交通政策に対する期待」と他の質問項目との関係についてである（表5-2）．前と同様に独立性の検定を行ったところ，マイカーの保有状況や外出時の気軽さに関する質問以外は有意差を確認できた．そして，有意差が確認できた項目に対して残差分析を適用したところ，概ね次のような傾向が明らかになった．

まず，今後の交通政策に「期待している」という人は，日ごろから公共交通を利用する人，また年齢的には70歳以上の高齢者に多い．そして，住んでいる地域の公共交通の環境については，1日上下8本以下（4往復以下）で交通の利便性の低い地域の人々が多い．また，今後の交通政策に「期待している」人は「交通の満足度」との比較において，現在の公共交通に「満足している」とする人が多い．さらに，今後公共交通がなくなる可能性との比較では，「その可能性はない」と感じている人が多いほか，三江線の廃止により公共交通に対する「関心が高まった」と回答した人ほど交通政策に対して期待している傾向が見受けられた．

他方，今後の交通政策に「期待していない」という人とのクロス集計から，40歳代以下の比較的若年層，かつ公共交通に「不便さを感じる」人，今後公共交通がなくなる「可能性がある」と思っている人，公共交通は「重要でない」，「満足していない」，三江線が廃止されても関心は「高まらなかった」という人が多いことが判明した．これらの結果は直感的にも理解できるだろう．

このように，今後の交通政策に「期待している」という人は一般的には不便とされる公共交通を実際に使い，それにある程度満足している様子がうかがえる．一方で，交通政策に期待していない人は年齢的に比較的若く，公共交通を利用せずに生活できる人々であり，公共交通に対する評価も厳しい．

これらのことを考えると，一般にすべての人々に公共交通に対する理解を求めることは必要であることは認識しつつも，モビリティを自分で確保できる若年層にもそれを求めても，すぐに理解が浸透する状況ではなさそうである．他

表 5-1　「関心の変化」と各質問項目についてのクロス集計結果

項目	細目	関心の変化			P値
		関心高まった	どちらでもない	関心高まらず	
個人の属性 公共交通利用	利用しない	27.8%	40.3%	31.9%	0.000***
	利用する	48.4%	40.6%	10.9%	
年齢	49歳以下	21.5%	49.2%	29.2%	0.008***
	50-60代	25.5%	39.3%	35.2%	
	70歳以上	40.1%	37.7%	22.2%	
地方の交通の典型 バス運行本数／日（片道）	9本以上	29.4%	58.8%	11.8%	0.093*
	8本以下	34.6%	40.3%	25.1%	
	わからない	26.8%	38.3%	34.9%	
公共交通の不自由さ	不自由ない	40.0%	40.0%	20.0%	0.027**
	どちらでもない	36.2%	42.0%	21.7%	
	不自由さを感じる	25.8%	39.9%	34.3%	
マイカー	あり	29.4%	39.7%	31.0%	0.060*
	乗せてもらう	35.3%	45.1%	19.6%	
	モビリティなし	56.3%	37.5%	6.3%	
モビリティ低下の認知 外出時の気軽さ	以前と変わらない	30.3%	42.0%	27.7%	0.162
	どちらでもない	40.0%	25.5%	34.5%	
	気軽でなくなった	27.1%	47.9%	25.0%	
公共交通が減便・廃止される可能性	可能性ない	41.0%	35.9%	23.1%	0.634
	どちらでもない	29.7%	41.6%	28.7%	
	可能性ある	33.3%	35.6%	31.1%	
公共交通に対する評価 公共交通の重要性	重要	37.1%	36.7%	26.3%	0.001***
	どちらでもない	12.9%	50.6%	36.5%	
	重要でない	33.3%	42.4%	24.2%	
交通の満足度	満足	46.6%	37.5%	15.9%	0.000***
	どちらでもない	23.5%	39.4%	37.1%	
	満足していない	31.1%	43.7%	25.2%	
関心と期待 関心は高まったか	高まらなかった				
	高まった				
	わからない				
交通政策に対する期待	期待している	36.8%	42.3%	20.9%	0.001***
	どちらでもない	31.0%	29.3%	39.7%	
	期待していない	19.2%	42.4%	38.4%	
その他 運転できなくなる可能性	可能性ない	26.7%	20.0%	53.3%	0.099*
	可能性ある	42.5%	32.5%	25.0%	
	その他	30.1%	42.2%	27.6%	

（注）P値：***：1％水準で有意，*：10％水準で有意
（出典）筆者作成.

表 5 - 2 「交通政策に対する期待」と各質問項目についてのクロス集計結果

	項目	細目	交通政策に対する期待			P値
			期待している	どちらでもない	期待していない	
個人の属性	公共交通利用	利用しない	55.0%	16.9%	28.1%	0.011**
		利用する	75.0%	7.8%	17.2%	
	年齢	49歳以下	32.3%	18.5%	49.2%	0.000***
		50-60代	57.9%	16.6%	25.5%	
		70歳以上	68.9%	13.2%	18.0%	
地方の交通の典型	バス運行本数／日（片道）	9本以上	52.9%	29.4%	17.6%	0.001***
		8本以下	66.4%	9.0%	24.6%	
		わからない	47.7%	22.8%	29.5%	
	公共交通の不自由さ	不自由ない	57.9%	5.3%	36.8%	0.000***
		どちらでもない	84.1%	13.0%	2.9%	
		不自由さを感じる	50.2%	20.7%	29.1%	
	マイカー	あり	56.1%	17.4%	26.5%	0.153
		乗せてもらう	66.7%	5.9%	27.5%	
		モビリティなし	75.0%	6.3%	18.8%	
モビリティ低下の認知	外出時の気軽さ	以前と変わらない	60.6%	16.4%	23.0%	0.114
		どちらでもない	52.7%	16.4%	30.9%	
		気軽でなくなった	52.1%	8.3%	39.6%	
	公共交通が減便・廃止される可能性	可能性ない	76.9%	15.4%	7.7%	0.001***
		どちらでもない	53.3%	31.1%	15.6%	
		可能性ある	56.7%	13.0%	30.4%	
公共交通に対する評価	公共交通の重要性	重要	65.6%	12.0%	22.4%	0.000***
		どちらでもない	44.7%	17.6%	37.6%	
		重要でない	36.4%	36.4%	27.3%	
	交通の満足度	満足	96.6%	2.3%	1.1%	0.000***
		どちらでもない	47.1%	31.2%	21.8%	
		満足していない	46.2%	2.5%	51.3%	
関心と期待	関心は高まったか	高まらなかった	43.0%	21.5%	35.5%	0.001***
		高まった	61.2%	11.2%	27.6%	
		わからない	68.6%	15.3%	16.1%	
	交通政策に対する期待	期待している				
		どちらでもない				
		期待していない				
その他	運転できなくなる可能性	可能性ない	33.3%	33.3%	33.3%	0.013**
		可能性ある	40.0%	25.0%	35.0%	
		その他	61.8%	13.4%	24.8%	

（注）P値：***：1％水準で有意，**：10％水準で有意
（出典）筆者作成.

方，近い将来実際にモビリティを失うかもしれない高齢者の人々にとっては，公共交通は自らの生活の質を左右する極めて重要なモビリティである．実際，年齢の高い人ほど公共交通に対する期待も高い．

　もちろん，多くの人に理解を求めていくことは必要であるが，まずは高齢者に焦点を絞り，モビリティを失うかもしれない人々に向けた施策に注力したほうが，効果を得られそうである．そこに他の層の人々もこの動きに巻き込んでいくというような方向性を模索することが，地域の公共交通に対する理解を育むうえでは効果的であるように思われる．

（3）　地域の交通を活性化するために

　多くの地域がそうであったように，マイカー保有が高まるにつれて公共交通の役割は縮小していった．三江線は水運に代わって山間部の木材運搬の役割を期待され，どちらかと言えば貨物輸送に対するニーズから整備された鉄道路線である．もともと山間部を縫うように路線が敷設されたため，旅客数自体は多くはなかった．それでも，往時は廃止直前より格段に多くの旅客を輸送していた．

　マイカーは自分の好きな時間にドアツードアで移動でき利便性は高い．しかし，完全にマイカーに依存しきった地域では，免許を持たない人にとっては日常生活もままならない不便さを強いてしまう．それゆえ，一定の公共交通の確保は必要と考えられ，それに向けた数多くの政策が全国の自治体で展開されている．しかし，その政策配慮は地域の合意のもとに実施されるものであるがゆえに，人々の公共交通への理解は不可欠である．

　本章では，三江線が廃止されるという大きな出来事が人々の公共交通に対する関心を高めるきっかけとなり得たのかという点と，公共交通に対する評価と人々の生活やモビリティの実態との関係性について検討した．単純集計によれば，多くの人にとって三江線の廃止は，公共交通に対する関心を高めるきっかけとなったことが判明した．

　また，クロス集計から，年齢の高い人やモビリティを持たない人，公共交通に対する評価がおしなべて高い人にとっては「関心持つようになった」とする傾向が強いことが明らかになった．しかし，若年層やモビリティを持つ人などにとっては，あまり関心を持つきっかけとはならなかった．交通政策に対する期待もほぼ同様の傾向であった．

　これらのことを考えると，一般にすべての人々に公共交通に対する理解を求めることは必要であることは認識しつつも，モビリティを自分で確保できる若年層にもそれを求めることは極めて難しいという現実は甘んじて受け入れざるを得ない．他方，近い将来実際にモビリティを失うかもしれない高齢者の人々にとっては，公共交通は自らの生活の質を左右する極めて重要なモビリティである．実際，年齢の高い人ほど公共交通に対する期待も高い結果が得られた．

　つまり，意識啓発を行うとしても，あらゆる年齢層に向けた施策というよりも，高齢者に焦点を絞った施策の方が効果的であることが示唆される．つまり，高齢者に公共交通の利用を経験させ，次第に公共交通の利用につなげることがより賢明である．これがひいては，地域住民全体の公共交通に対する理解を育むことにもつながると考えられる．

　付記　本章の内容は，拙稿（2020）「JR三江線廃止後の沿線住民の公共交通に対する意識構造」『総合政策論叢』（島根県立大学）第41号に掲載した内容を大幅に編集したものである．

注
1）　廃止を決定するまでの検討会議における議論を踏まえ，JRが示した廃止の理由は以下の4点に要約できる．① 拠点間を大量輸送するという鉄道の特性が発揮されていないこと，② 買い物・通院などの移動など地域内に限られる移動が多く，輸送モードとしての鉄道は地域のニーズに合っていないこと，③ 利用者の減少に歯止めがかからないこと，④ 災害の頻度が高まる傾向にあり復旧費用の合理性が問われること．同社2016年9月1日付ニュースリリースによる．[https://www.westjr.co.jp/press/article/2016/09/page_9174.html] 最終閲覧2021年3月1日．
2）　正式には「地域公共交通の活性化及び再生に関する法律」である．
3）　三江線沿線地域公共交通活性化協議会（2017）による．
4）　廃線後の施設を利用して，川本町内ではいくつかの取り組みが展開されている．第1に，原動機付の「レールバイク」を整備し，月1回程度の頻度でイベントとして乗車体験できるようにしている．第2に，川本町駅舎を活用し，コンサートやフリーマーケット，「あおぞら図書館まつり」などを開催している．詳細は川本町観光協会ウェブサイトを参照．[https://www.kawamoto-kankou.jp/sankousen/] 最終閲覧2021年3月1日．
5）　この制度の概要・要点は第7章においてまとめられている．

参考文献・資料

秋田紀之 (2017),「三江線敷設から廃止に至る経緯と地域──鉄道敷設と利用促進に努めた地域の活動──」『季刊中国総研』(中国地方総合研究センター) 第21巻 第3号, pp. 31-52.

─────(2019),「鉄道資産の活用による観光振興とまちづくり──廃線後の三江線資産と今福線未成線遺構の活用による地域活性化への取り組み──」『季刊中国創研』(中国地方総合研究センター) 第23巻 第3号, pp. 11-32.

板谷和也 (2011),「鉄道廃線事例の類型化──関係主体の行動を中心に──」『交通学研究』2010年研究年報, pp. 105-114.

植田拓磨・神田佑亮・山東信二・谷口守 (2010),「ソーシャル・キャピタル形成がモビリティ・マネジメントに及ぼす効果」『交通工学研究発表会論文集』CD-ROM No. 30, pp. 257-260.

岡村篤・阿部佑平・福井淳一・松村博文 (2017),「集落における地域公共交通の支援金支払い及び相乗り事業への参画・利用に関する研究」『交通工学論文集』第3巻 第2号 (特集号A), pp. 153-162.

國定精豪・山崎基浩・加知範康 (2012),「鉄道廃線前後における沿線住民の交通行動・意識変化に関する基礎的研究」『土木計画学研究・講演集 (CD-ROM)』第46巻 第250号, pp. 1 - 8 .

國光洋二 (2007),「地域活性化を通じた農村振興施策の効果に関する分析」『農村計画学会誌』第25巻 第4号, pp. 533-543.

小塚みすず (2009),「定住意識に影響を与える個人属性および地区環境の要因に関する研究」『日本都市計画学会　都市計画報告集』第7号, pp. 91-95.

斎藤峻彦著者, 関西鉄道協会都市交通研究所編 (2019)『鉄道政策の改革─鉄道大国日本の「先進」と「後進」』成山堂書店.

三江線沿線地域公共交通活性化協議会 (2017),「三江線沿線地域公共交通網形成計画」. [https://www.pref.shimane.lg.jp/admin/region/access/tetudo/jr.data/moukeiseikeikaku. pdf] 最終閲覧2021年5月1日.

芝池綾・谷口守・松中亮治 (2007),「意識調査に基づくソーシャル・キャピタル形成の構造分析──地域への『誇り』や『信頼』がもたらす影響──」『都市計画論文集』第42- 3 巻, pp. 343-348.

谷口守・森英高 (2013),「買い物活動困難化に関するリスク認知構造分析」『土木計画学研究・講演集』第48号, pp. 1 - 4 .

谷本圭志・宮崎耕輔・菊池武弘・喜多秀行・高山純一 (2007),「公共交通不便地域におけるバスサービスの変化と住民の反応」『運輸政策研究』第9巻 第4号, pp. 17-23.

中国運輸局 (2016),「三江線代替交通確保調整協議会設置に至る経緯について」. [https://wwwtb.mlit.go.jp/chugoku/content/000042621.pdf] 最終閲覧2021年5月1日.

風呂本武典 (2017),「廃止対象JRローカル線の存続問題──三江線廃止問題から産業遺産, 観光資源としての地域鉄道化を考察する──」『交通権』第34号, pp. 78-92.

─────(2018),「JR三江線の廃止──地域資産として地域自身が維持活用しきれなかっ

たローカル線──」『鉄道史学』第36号，pp. 73-75.

三村泰広・稲垣具志・加知範康（2012），「『個人の背景』と『サービス享受度』からみた
　　公共交通の評価構造に関する研究」『公益社団法人日本都市計画学会　都市計画報告
　　集』第10号，pp. 199-204.

宮崎耕輔・高山純一（2012），「鉄道が廃止された後の地域住民の意識に関する一考察──
　　のと鉄道能登線廃止におけるケーススタディ──」『農村計画学会誌』第31号，pp.
　　387-392.

第 **6** 章 ━━━━━━━━━━━━━━━━━━━━━━━━━━━━━━━━━━━━

旅行者にとっての鉄道とモビリティ

1 観光立国に向けた取り組み

（1） 新型コロナに見舞われた観光

　新型コロナの影響を受け世界の移動需要は激減した．観光は深刻な影響を受けており，いまだ渦中から抜け出せる見通しも立たない状況にある．国際航空運航協会（IATA）の見通しでは，航空需要の持ち直しは当初2023年と予測していたが，2020年11月に2024年以降になると変更した．また，世界の旅行市場のサーベイを手がけるユーロモニターインターナショナル社の予測によれば，世界の観光需要が2019年の水準まで回復するのは早くても2022年以降になるとしている[1]．

　ただし，これらの状況はワクチン開発と感染拡大の状況など流動的である．影響がかつてない深刻さであるがゆえに，打撃を受けた観光産業への支援も急務とされ，「Go To トラベル」事業に代表されるような支援の動きもある．しかし，国内外の観光がこのまま壊滅してしまうというような大胆な予想は見受けられない．

　確かに旅行市場そのものの変容は考えられる．例として，テレワークの普及など働き方が多様化し，ビジネスパーソンが出張と休暇を組み合わせて現地で観光や旅行をする「ワーケーション」や「ブレジャー」に対する期待が高まっている[2]．このように，従前から言われてきた「地方創生」に対する期待と相俟って，新しい旅のスタイルを取り入れながら日本の地方における観光振興はさらに加速されることになるだろう．当面は厳しい状況が続き，人々の行動パターンも大きく変容するという指摘はあるが，大局的な見地からいずれ観光需要そのものは回復すると考えられている．

　観光と交通はそこに移動が伴う以上，切っても切れない関係にある．本章で

は，新型コロナに見舞われる以前のインバウンド旅行の実態について言及する．インバウンド旅行者は国内旅行者とは違い，マイカーでの旅行はほとんどない．その動向を観察することで，観光客を受け入れる側としてどのような交通手段を用意すべきなのか，そのヒントを得られる．そこで，以下では，インバウンド旅行者の移動手段のデータを集計することを通して，観光客の受け入れ側の地域において求められる施策を考えたい．

（2）　観光に期待を寄せる国や自治体

　従来，わが国を訪れるインバウンド旅行者は極めて少なく，実態として国際観光の主なターゲットは日本人の海外旅行であった．ところが，ここ数年インバウンド旅行者数は大幅に増加してきた．この背景にはいくつかの要因があるが，2003年以降の「ビジット・ジャパン・キャンペーン」，2008年の観光庁の設置は，観光振興に向けた枠組みを整備した点で重要であった．

　近年ではインバウンド観光の振興計画である「アクション・プログラム」が毎年策定され，着実な政策展開が図られてきた．また，アジア各国の国民に向けたビザ発給の緩和措置も奏功した．外的な要因としては，円安が進行したことも，わが国のインバウンド旅行者数の伸びに貢献したと考えられる．

　しかし，インバウンド旅行者の多くが東京都や大阪府など特定の都市に集中してきたきらいがある．地域によっては，「オーバーツーリズム」と言われるなど，地域コミュニティとの軋轢が生じるほどになっていた．このように，全体として増え続けるインバウンド旅行者数ではあったが，その伸び率の観点で言えば沖縄・四国・北陸地方など地方の方が高く推移してきた点は見逃せない（表6-1）．

　実際，リピーターとして複数回訪れたことのある旅行者も年々拡大している．表6-1のように，伸び率の高い四国や北陸地方は，関東や近畿などと比べると過去に複数回訪問した経験があるという外国人が多い（図6-1）．東北や四国地方におけるインバウンド旅行者の入り込み客数は他の地域に比べると少ないが，当該地域を訪問する外国人は日本を何度も訪れた経験を持った人たちである．わが国の地方は交通の便も決して良いとはいえないが，何度も日本を訪問している人にとっては魅力的な訪問先となっている．

　「観光立国実現に向けたアクション・プログラム2015」では，「観光旅行消費の一層の拡大，幅広い産業の観光関連産業としての取り込み，観光産業の強化」

表6-1   宿泊者数の年平均伸び率（2010–17年）

地域	外国人	全宿泊者	日本人のみ
北海道	20.8%	6.2%	4.0%
東北	11.2%	4.1%	4.0%
関東	12.1%	5.0%	3.7%
北陸	22.1%	5.6%	4.9%
中部	15.2%	5.2%	4.5%
近畿	21.1%	6.5%	3.8%
中国	23.7%	5.2%	4.5%
四国	31.3%	5.7%	4.9%
九州	21.7%	6.1%	4.7%
沖縄	39.8%	7.9%	4.8%

（出典）観光庁「宿泊旅行統計調査」各年版に基づき筆者作成.

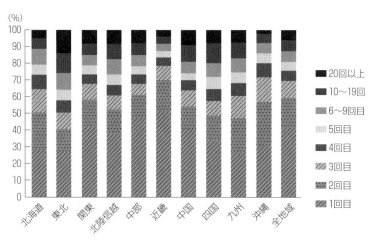

図6-1   訪問地域（運輸局）別・来訪回数別の旅行者数割合

（出典）観光庁「訪日外国人消費動向調査」2018年版に基づき筆者作成.

を通じ，観光が都市のみならず地方創生に大きく貢献することを目標に掲げている．「訪日外国人消費動向調査」によれば，外国人旅行者の国内滞在中の消費額で最大のウェイトを占めるのが買い物（2017年で一人当たり6万2,000円）であり，ついで宿泊料金（同4万3,000円），飲食費（同2万5,000円）の順である．2014

年には訪日外国人旅行者が日本国内での消費額が2兆円を突破し，期待は膨らむ一方であった．

　日本人の観光旅行者数は全国で伸び悩む一方，インバウンド旅行者が全体の宿泊者数の伸びを支える構図から，地方では人口減少と少子化を背景に観光を今後の地域振興に役立てようという期待が高まっている．**図6-2**は全国の市町村の高齢化率と過去5年間の人口増減率の関係をプロットしたものである．この図からは，わが国では高齢化が進むほど人口が減少する傾向にあることを把握できる．とりわけ地方では人口減少と高齢化が同時に進み，地域経済の重荷になっており，それらを食い止めるべく様々な施策が求められている．

　人口減少や高齢化の進行を食い止めるためには，若年層の定住促進が根本的な解決策ではあるが，現実的にはそれを実現することは極めて難しい．そのため，地方ではまずは観光に訪れる「交流人口」の拡大，ひいては観光にまで至らずとも何らかの関心を持ってもらえる「関係人口」の拡大に躍起になっている．観光促進はこうした地方の人口動態に対する処方箋でもあり，地域の産業振興の切り札に位置づけられている．

　特に，インバウンド振興については，2016年の「明日の日本を支える観光ビジョン」において「観光先進国」に向けた3つの視点，すなわち① 観光による地方創生,② 観光の国際競争力強化,③ 快適な観光環境の実現が掲げられた．このように，地方においてもインバウンド観光は地域振興の中心的な施策にな

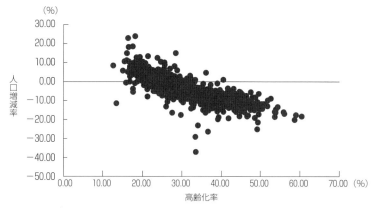

図6-2　2015年の高齢化率（横軸）と過去5年の人口増減率（縦軸）の関係
（出典）総務省「平成27年国勢調査」に基づき筆者作成.

りつつある.

2　旅行者にとっての交通

（1）　地域移動における鉄道の役割

　わが国を訪れるインバウンド旅行者は直近の2019年では3,188万人の過去最高を記録した．その人々の日本国内での移動はどのような状況なのか．都道府県を越える国内流動量をまとめた「FFデータ（訪日外国人流動データ）」により確認していく.

　そもそも，インバウンド旅行者は東京・大阪など大都市圏に集中しているといわれるが，地域間でどの程度の流動があるのか確認する（表6-2）.確かに，関東圏内（約2,579万人）や近畿圏内（約2,395万人）など，域内流動が圧倒的に多いが，それにもまして関東〜北海道の域外流動（約3,513万人）は他を圧倒している．そのほかにも，中部〜北海道（約476万人）や関東〜近畿（約473万人）でも相当な流動がある.

　次に，全地域・全旅行者の流動を交通手段の観点から集計すると，日本の国内の移動手段として最も割合の多いのは鉄道（47％）である（図6-3）.JR6社管内の新幹線も含めた特急に乗車でき，格安で周遊の利便性も高い「ジャパン・レール・パス」を活用できることや，そもそもインバウンド旅行者の多い関東

表6-2　地域間のインバウンド旅行者の流動（2018年）

（単位：万人）

	北海道	東北	関東	北陸信越	中部	近畿	中国	四国	九州	沖縄
北海道	709	8	3,513	0	476	14	0	0	1	1
東北		56	48	2	1	3	0	0	0	0
関東			2,579	125	262	473	35	6	19	13
北陸信越				59	90	33	3	0	1	0
中部					295	205	6	1	2	1
近畿						2,395	94	16	19	5
中国							84	13	44	2
四国								52	1	0
九州									1,099	2
沖縄										590

（出典）国土交通省「FFデータ（都道府県間流動表）」2018年版に基づき筆者作成.

圏域及び関西圏域では鉄道の利便性が高いことがその理由であると考えられる．また，わが国はアジアからの旅行者が多く（2018年では約86%），彼らはおも

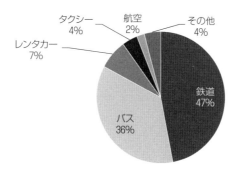

図6-3　インバウンド旅行者の交通手段（2018年）

（出典）国土交通省「FFデータ（訪日外国人流動データ）」2018年版に基づき筆者作成．

表6-3　地域間流動における各交通機関の利用者割合（2018年）

鉄道	北海道	東北	関東	北陸信越	中部	近畿	中国	四国	九州	沖縄
北海道	29%	60%	0%	0%	33%	24%	20%	0%	0%	0%
東北		35%	63%	50%	28%	38%	0%	0%	37%	0%
関東			55%	65%	36%	70%	58%	39%	17%	0%
北陸信越				25%	22%	73%	89%	62%	14%	0%
中部					33%	40%	85%	69%	34%	0%
近畿						62%	86%	44%	69%	0%
中国							28%	49%	59%	0%
四国								19%	46%	0%
九州									22%	0%
沖縄										10%

航空	北海道	東北	関東	北陸信越	中部	近畿	中国	四国	九州	沖縄
北海道	0%	8%	1%	100%	1%	56%	44%	0%	54%	100%
東北		0%	8%	0%	24%	38%	100%	51%	0%	100%
関東			0%	2%	2%	6%	18%	32%	61%	99%
北陸信越				0%	0%	2%	3%	0%	15%	100%
中部					0%	0%	0%	0%	21%	100%
近畿						0%	0%	0%	8%	96%
中国							0%	0%	0%	100%
四国								0%	4%	100%
九州									0%	100%
沖縄										2%

バス	北海道	東北	関東	北陸信越	中部	近畿	中国	四国	九州	沖縄
北海道	54%	6%	0%	0%	54%	15%	36%	100%	40%	0%
東北		49%	16%	9%	34%	22%	0%	0%	46%	0%
関東			33%	24%	55%	22%	19%	13%	13%	0%
北陸信越				64%	65%	18%	8%	7%	47%	0%
中部					51%	54%	7%	22%	39%	0%
近畿						31%	9%	40%	18%	0%
中国							52%	31%	28%	0%
四国								53%	46%	0%
九州									51%	0%
沖縄										23%

レンタカー	北海道	東北	関東	北陸信越	中部	近畿	中国	四国	九州	沖縄
北海道	15%	1%	0%	0%	4%	3%	0%	0%	2%	0%
東北		12%	4%	34%	8%	1%	0%	49%	0%	0%
関東			1%	5%	2%	1%	2%	5%	3%	0%
北陸信越				5%	8%	5%	0%	0%	0%	0%
中部					6%	2%	7%	1%	0%	0%
近畿						1%	2%	3%	2%	0%
中国							10%	11%	8%	0%
四国								21%	0%	0%
九州									15%	0%
沖縄										34%

タクシー	北海道	東北	関東	北陸信越	中部	近畿	中国	四国	九州	沖縄
北海道	1%	0%	0%	0%	2%	0%	0%	0%	0%	0%
東北		1%	2%	0%	0%	0%	0%	0%	0%	0%
関東			6%	2%	1%	1%	1%	2%	1%	0%
北陸信越				2%	1%	0%	0%	0%	0%	0%
中部					2%	1%	0%	0%	0%	0%
近畿						3%	1%	1%	0%	0%
中国							3%	0%	1%	0%
四国								3%	0%	0%
九州									8%	0%
沖縄										15%

（出典）国土交通省「FFデータ（訪日外国人流動データ）」2018年版に基づき筆者作成.

にバスによる団体旅行の割合が高い．これを反映して，バスは鉄道に次いで多い移動手段となっている．

　次に，地域間流動における利用交通機関の特徴も把握する．表6-3から，域内の流動については鉄道・バスが主要な交通機関として利用されていることや，北海道や沖縄，東北を発着する旅行者は国内航空を利用する人の割合も高

いことを把握できる．つまり，鉄道・バス利用者の割合が低い地域間の流動を航空が担っているという構図である．また，レンタカーも，域内は当然のことながら，東北〜北陸信越（約34%），中国〜四国（約11%）など地域間でも一定程度の利用者割合がある．³⁾

　ただし，バスについてはかなり遠距離移動を強いられる地域間でも利用者の割合は高い．例として，中部や九州を発着する旅行者は，その数自体は少ないながら，どの地域間の移動でもバスを利用する層が一定の割合で存在している．鉄道は個人客でも利用しやすいことや，バスは相当な距離でも団体でチャーターし，全国を周遊している実態が表れている．

（2）　旅行者の入国後のアクセス

　わが国を訪れるインバウンド旅行者のほとんどは空港から入国する．多くは航空路線が集中する成田や関西空港などを利用することが主要都市に旅行者が集中する理由でもあるが，一部の旅行者は国内線を乗り継いで地方にも足を延ばしている．その際，空港へのアクセス及び空港からのイグレスがどうなっているかは，観光振興に力を入れる自治体にとっては参考にすべき重要な情報である．以降，アクセスとイグレスの両方を「アクセス」に包括して述べる．

　まず，空港別の旅行形態とアクセス手段を確認する．表6-4から団体客割合の高い空港では貸し切りバスを利用したアクセスが多く，個人客割合が高い空港では公共交通を利用したアクセス割合が高くなっていることがわかる．そして，成田空港や関西空港など旅客数の多い空港ほど，個人客の割合が高い．それらわが国のゲートウェイとして機能している規模の大きな空港では公共交通機関を用いたアクセスが多い．

　表中に示した31空港のうち，鉄道が空港に乗り入れたり，鉄道駅が空港に隣接し利用者データが得られるのは10カ所である．それらの空港では鉄道，乗合バス等，公共交通機関の利用のなかでも，特に鉄道の利用者割合が高い．ただし，鉄道が空港に乗り入れている箇所のうち，宮崎空港は例外的に鉄道利用者が約4%と低い水準にとどまっている．これは団体客が約67%を占めており，そのため貸切バスの利用が高い（約54%）ためだと考えられる．

　また，近時のインバウンド旅行者はレンタカーも頻繁に使われる交通手段だといわれるが，全空港の平均では約5%の利用者割合にとどまっている．しかし，石垣（約32%），那覇（約28%）では，レンタカー利用者の割合は他空港に比

表6-4　インバウンド旅行者の旅行形態とアクセス手段の割合（2018年）

（単位：%）

	団体客割合	貸し切りバス	個人客割合	公共交通	鉄道	レンタカー
成田	13	10	87	84	50	1
関西	17	11	83	85	55	1
中部	32	29	68	57	38	4
羽田	10	5	90	90	51	1
新千歳	42	40	58	47	35	10
旭川	84	84	16	2		14
函館	57	49	43	38		14
青森	74	77	26	11		4
花巻	62	41	38	45		11
仙台	38	34	62	48	43	8
新潟	28	21	72	60		6
百里	24	20	76	72		0
富山	58	55	42	27		5
小松	75	75	25	18		1
静岡	69	70	31	22		2
美保	39	45	61	34	22	16
岡山	22	22	78	59		10
広島	5	3	95	80		8
山口宇部	37	52	63	36	6	10
高松	23	20	77	57		20
松山	5	18	95	75		6
福岡	16	13	84	77		8
北九州	27	27	73	59		12
長崎	27	31	73	57		6
佐賀	50	54	50	37		5
熊本	45	46	55	36		14
大分	26	17	74	60		14
宮崎	67	54	33	23	4	17
鹿児島	15	13	85	61		25
那覇	15	12	85	57	27	28
石垣	7	8	93	57		32
全空港	18	14	82	77	44	5

（注）公共交通機関は，鉄道（新幹線，優等列車，鉄道・地下鉄，モノレール含む），高速バス（空港直行バス含む），
　　　旅客船・フェリー，路線バス，タクシー・ハイヤーを合算している．
（出典）国土交通省「国際航空旅客動態調査」2018年度調査．

べても突出している．さらに，南九州地域の空港におけるレンタカー利用者の割合も比較的高い．この傾向は，その空港が立地する地域にある公共交通の利便性をほぼ反映している．

3　鉄道と二次交通

（1）　地方における観光地

　観光は都市，地方を問わず，わが国にとって地域経済活性化の切り札と受け止められてきた．新型コロナの影響によりインバウンドの本格的な回復にはやや時間を要するとは考えられるが，観光そのものに対する期待が遠のいたわけではない．いくつかの調査では，ポストコロナの観光は観光地における環境衛生への関心の高まりや，人々の密集を避けた観光が加速することになるという指摘がみられる．その際，観光客の受け入れ側となる地域では，その対応が求められることになるが，交通については基本的にはこれまでに指摘されてこなかった事柄を指摘するような状況にはない．

　観光庁は「共通基準による観光入込客統計」を公表しているが，2017年調査の結果を手掛かりに観光地数を調べると，北海道では880地点，東京都も642地点の観光地が集計されている．一方，鳥取県では132地点，和歌山県は123地点にとどまっている．このことは，北海道は別としても，東京など観光地の多い都府県に比べて，観光地の少ない地域では観光地同士が物理的距離として離れてしまっていることを示唆している．しかも，観光地の少ない県はいわゆる地方に集中している．

　今後は密集を避けた旅行が好まれるとしても，観光地間の移動手段を確保することは必須である．前項で活用したFFデータをもとに，さしあたり中国地方の移動手段を確認してみよう．中国地方において新幹線を利用できるのは，瀬戸内側の岡山県，広島県，山口県であるが，山陰側の鳥取県，島根県の交通アクセスは必ずしも良いとは言えない．

　このときに，レンタカーで移動している人の割合は，山陽側の広島県や岡山県よりも，山陰側の鳥取県や島根県で多くなっている（図6-4）．もちろん，団体客が多ければ，バスを利用する人の割合は増えるが，個人客は自分で交通を手配せねばならない．そのため，公共交通が相対的に脆弱な地域では旅行者はレンタカーを好む傾向にある．

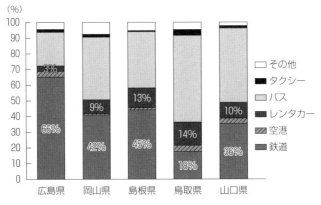

図6-4　県別・利用交通機関割合（2018年）

（出典）国土交通省「FF-Data（訪日外国人流動データ）」2018年版に基づき筆者作成.

（2）　観光客にとっての二次交通計画の重要性

　本章で述べたように，地域間・地域内の流動では鉄道の役割は極めて大きく，重要な移動手段となっている．外国人はレールパスが利用できることに加え，新幹線網が国内主要都市の多くをカバーしている．都市部では稠密な鉄道網とダイヤ設定により他の交通機関よりも好まれている．外国人が日本に到着したときを想起しても，わが国の主要空港には鉄道が乗り入れており，そうした空港では鉄道を含め公共交通機関の役割が高い．

　確かに，旅行者数が集中する都市部ではそうかもしれないが，それ以外の地方では，鉄道をはじめとする公共交通の役割は決して大きいとはいえない．公共交通が脆弱な地方に立地する空港も，航空機の国際線は開設されている．しかし，現状では利用者の多くは団体客であり，そうした客は貸切バスで移動している．

　他方，地域経済の起爆剤として観光を期待している地方は，旅行消費単価の面からも，団体客よりも個人客を期待している[5]．地方を旅する個人客は現状，レンタカーを好んで利用する傾向にあるが，それは地方の公共交通が脆弱で不便だからである．空港や鉄道の主要駅まで到達できたとしても，その先の交通に困ってしまうのである．

　ただし，地方を訪問する個人客は都市部よりもレンタカーを好む傾向にある

ことをもって，公共交通は整備しなくてもよいという理由にはならない．レンタカーを好むといっても，それは地域間での相対的な比較であり，利用者数の面で依然として公共交通は大きな役割がある．また，持続可能な観光を促進する側面からも，公共交通の可能性はある．公共交通の整備は地域住民の足としても活用されうる重要なインフラでもある．

近年では世界的にMaaS（Mobility as a Service）アプリが開発・導入され，移動の問題をクリアしようとしている[6]．交通の不便な地方において，こうしたMaaSアプリの導入は，ただでさえ進まない多言語での案内標記や，運賃支払いの煩雑さなど，旅行先でのスムーズな移動を支援する画期的なツールとして期待されている．

しかし，このMaaSアプリはあくまで情報のプラットフォームであることを忘れてはならない．既存の交通機関や施設を1つのプラットフォームでつなぎ合わせることこそがMaaSの付加価値であって，それ自体が新たな交通を提供するわけではない．情報化が進めば個々の利用者がモビリティを利用しやすくなるとはいえ，地域内に交通インフラが整備され存在していなければ，アプリだけではモビリティの確保にはつながらないのである．

鉄道駅や空港は確かに町のゲートウェイであり，その存在は地域に恩恵をもたらす．ただし，その存在そのものが恩恵を与えているわけではなく，その駅や空港という結節点を経由して人々が移動し，地域で消費が行われるからこそ地域に恩恵がもたらされるのである．極論すれば，旅行者にとって交通手段は利便性さえ確保されていれば何でも良く，特に交通手段にこだわる必要もない．

「二次交通を考える」というのは鉄道や空港，高速道路など，あらゆる交通インフラをどう活用し，観光地に人を誘導するかを考えることにほかならない．ある特定の観光地をピンポイントでアピールしても人の移動手段を考えない限り，観光を用いた地域振興は実現できない．つまり，観光振興は点と点を結び，面としての魅力を引き出す都市空間の設計・計画プロセスそのものだということを忘れるべきではない．

付記　本章の内容はJSPS科研費20K01996（「公共交通の連携と統合による利便性向上が訪日外客数に与える影響の解明」代表：後藤孝夫）による助成を受けて実施した研究成果の一部である．

注

1 ）　Bremner（2020: 4 ）.

2 ）　「ワーケーション」は，ワークとバケーションを組み合わせた造語，「ブレジャー」は，ビジネスとレジャーを組みあわせた造語である．なお，2020年10月から観光庁では「ワーケーション・ブレジャー等の普及・促進に向けて〜『新たな旅のスタイル』に関する検討委員会」を設置し，今後の新しい観光市場の創出に期待を寄せている．

3 ）　東北〜四国間のレンタカー利用者の割合が約49％と極めて高い値になっているが，これは旅客流動がそもそも少ない（2018年は406人／年）ことが影響している．

4 ）　例えば，日本政策投資銀行（2020）などを参照．

5 ）　観光庁（2020：12-14）によれば，団体ツアー参加者の旅行中消費は， 7 万9,370円に対して，個別手配者（個人旅行）は15万4,220円／人であったと報じている．もっとも，パッケージツアーでも日本国内での消費支出に相当し，「国内収入分」とみなされる部分があり，その推計値は 2 万1,788円／人としている．

6 ）　地方におけるMaaSについては第 8 章において詳述されている．

参考文献・資料

Bremner, C.（2020），*Accelerating Travel Innovation After Coronavirus*, Euromonitor International.

加藤博和（2020），「『もっと』『あなたらしく』『安心して』『生活できる』移動環境確保のために──"腑に落ちる"MaaSを実現しよう──」『運輸と経済』Vol. 80 No. 4 ，pp. 29-36.

観光庁（2016），「明日の日本を支える観光ビジョン」

─────「訪日外国人消費動向調査」2018年版.

─────（2020），「訪日外国人の消費動向：訪日外国人消費動向調査結果及び分析」2019年　年次報告書.

国土交通省「FF-Data（訪日外国人流動データ）」2018年版

─────「国際航空旅客動態調査」2018年度調査

西藤真一（2020），「クルーズ振興をめぐる期待と課題」山縣宣彦・加藤一誠編『「みなと」のインフラ学── PORT2030の実現に向けた処方箋──』成山堂書店，第10章所収.

─────（2021），「自家用車とバスに依存する地方空港」加藤一誠・西藤真一・幕亮二・朝日亮太編著，関西空港調査会監修『航空・空港政策の現状と展望』中央経済社，第25章所収.

日本政策投資銀行（2020），「ウィズコロナ，アフターコロナにおける北海道観光〜インバウンド再開に向けた安心・安全への正確な情報発信を〜」．［https://www.dbj.jp/topics/investigate/2020/html/20201118_202975.html］最終閲覧2021年 3 月 1 日.

日高洋祐・牧村和彦・井上岳一・井上圭三（2018），『MaaS ──モビリティ革命の先にある全産業のゲームチェンジ──』日経BP社.

地方における多様なモビリティの模索

第7章

中山間地域のモビリティの現状と課題

人口減少と高齢化が例をみないスピードで進行するわが国では，とりわけ中山間地域において，バスやタクシーなどの公共交通を取り巻く課題が深刻化かつ複雑化しつつある．本章では，中山間地域での地域公共交通の政策的課題と，モビリティ確保に向けた実践的課題を整理した上で，近畿北部地域でみられる自家用有償運送の実践から，課題解決のあり方を模索する．

1　中山間地域の地域公共交通政策の課題

例えば森山（2013）は，中山間地域では公共交通に関わるプレーヤーが変化しており，交通事業者のみならずNPOや社会福祉協議会などの非営利的なアクターが加わっていることを指摘した上で，公共交通サービスの評価を行うためには通学や通院，買い物などの「活動可能性」を担保できるかどうかが重要となるとしている．本節では，このような中山間地域における公共交通とモビリティの現状や制度・政策に関する整理を行った上で，地域で求められるモビリティ確保の方策を検討する．

（1）　中山間地域における公共交通とモビリティの現状

農林水産省によれば，中山間地域とは農業地域類型区分のうち，中間農業地域と山間農業地域を合わせた地域を指すが，このような地域は総土地面積の73％を占めるとされる[1]．また，いわゆる過疎地域だけでなく，都市部でもその周縁部分では中山間地域が存在する．例えば人口150万人弱が居住する京都市においても，左京区や右京区などで北部に位置する一部地域は，市街地から離れており，人口密度が低い上に鉄道駅がない，路線バスへのアクセスも容易ではない地域が点在している．

後述の京都府内の中山間地域の事例でも，高齢者等の地域住民が移動・交通

に関する生活上の困りごとを有しており、自家用車の代替手段や自宅から停留所までの「ラストワンマイル」の移動手段を必要としていることがわかっている[2]。とりわけ、自宅から停留所や駅が遠いことで、自家用車を使わざるを得なくなっている状況下にあるものと考えられる。

　国土交通省（2019a）によれば、地方部の路線バス事業は厳しい状況に立たされ、バス輸送人員は軒並み減少傾向にあり、2008年以降でみると距離にして1万3,249kmが廃止されたとしている。加えて、路線バス事業者の69％が赤字であり、乗合バス全体の事業収支率は97％であることに対して、地方路線バスは89％であるとされている[3]。また、バス、タクシーともに事業従事者の高齢化と運転手不足が深刻であり、平均年齢はバス運転手が約51歳、タクシー運転手が約60歳（いずれも2019年時点）となっており、労働時間も全産業平均を上回っている状況にある[4]。

　図7-1は都市規模別にみた代表交通手段分担率を示しているが、三大都市圏の中心都市では鉄道やバスといった公共交通の分担率が高い一方で、地方中心都市圏をはじめとして、家族等への同乗を含めた自動車の分担率が非常に高いことがわかる。一方、公共交通の分担率に関しては、地方中心都市圏では鉄道とバスを合わせてもわずか2.4％にとどまっている。

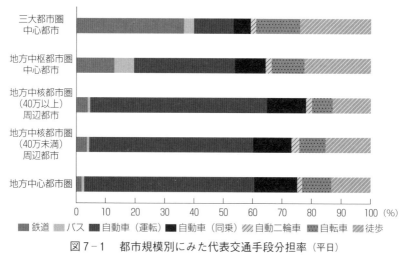

図7-1　都市規模別にみた代表交通手段分担率（平日）

（出典）国土交通省「全国都市交通特性調査　集計データ1（2）_都市類型による違い（平成27年）」に基づき筆者作成。

　中山間地域特有の課題としては，先述の「ラストワンマイル」が大きく関わってくる．すなわち，地域に鉄道やバスなどの公共交通サービスがあったとしても，駅や停留所が徒歩で（かつ気軽に）アクセスできない距離にある場合は，自家用車を保持せざるを得ないものと考えられる．特に急坂や起伏のある道路の多い中山間地域においては，バス停まで数百メートルの距離であっても，高齢者等にとってはその距離や傾斜が心理的・身体的な「バリア」となる．

　また吉田（2018）は，農山村地域においては農作業と自動車の運転が不可分であるがゆえに，自家用車と公共交通との間には物理的なギャップがあること，そして公共交通を利用したライフスタイルに「なじみ」が薄いことを指摘している．後述の京都府における中山間地域のケーススタディでも同様であるが，特に農作業に従事する人々は，自家用車が日常生活から切り離せないため，運転免許返納などの議論は一層，複雑なものとなる．こうしたことから，農山村地域のモビリティ確保は「暮らしとなじませる方略が不可欠」（吉田，2018：270）で，特に高齢者のモビリティについては，運転免許の返納以前から，返納後を想定したバスなどの公共交通を利用するモビリティ・マネジメント（MM）も必要となるかもしれない．

　以上のことから，公共交通などの代替手段が豊富で，かつ複数の選択肢のある都市部とは異なり，中山間地域や地方部では自家用車を「持つか持たないか」という二者択一の議論に陥ってしまう傾向にあるため，地域の実状に応じた政策や実践の展開が求められると言えよう．

（2）　地域公共交通の制度・政策に関する整理

　国土交通省四国運輸局（2019）は，中山間地域の公共交通での困りごととして，①移動に困っている人のタイプは様々，②地域の担い手の考えも様々，③人口減少・高齢化・過疎化が絡み合う問題・課題は様々，という3点を挙げている．各方面からの「様々」は，四国のみならず全国の中山間地域でも同様のものと考えられるが，こうしたことから公共交通の直面する課題は，多様なアクターの視点から捉えていく必要がある．

　中山間地域の公共交通の主たる制度・政策については，2007年成立の地域公共交通活性化再生法が挙げられるが，2014年に改正法が公布・施行されている．この基本スキームとしては，国土交通大臣と総務大臣の策定した基本方針に基づき，地方公共団体が地域公共交通網形成計画を策定し，これによって公共交

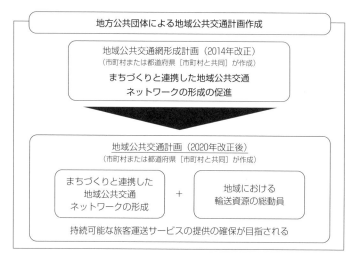

図 7-2　地方公共団体による地域公共交通計画の作成

（出典）国土交通省（2020c）に基づき筆者作成.

通ネットワークの再構築や鉄道の上下分離などの地域公共交通特定事業を実施していくものである.

　また，2014年の改正においては，2013年に公布・施行された交通政策基本法の基本理念に則り，① 地方公共団体が中心となり，② まちづくりと連携し，③ 面的な公共交通ネットワークを再構築するという 3 点がポイントとして挙げられている[5]. なかでも，面的な公共交通ネットワークの再構築については，コミュニティバスやデマンド交通をはじめ，拠点間を結ぶ交通サービスの充実などが求められている. 近年では，第 6 章でも言及されている MaaS の考えのもとで，多様な公共交通のベストミックスが目指されているが，こうした交通モード間のネットワーク化やベストミックスは，中山間地域のみならず都市交通の文脈でも同様のことが言えよう.

　この地域公共交通活性化再生法は，2020年11月に改正法が施行されており，図 7-2 にも示しているように，地方公共団体による「地域公共交通計画」の作成が努力義務化されている. また，まちづくりと連携した地域公共交通ネットワークの形成のほか，地域における輸送資源の総動員として，従来の公共交通サービスに加えて，自家用有償運送や福祉輸送，スクールバス等の地域の多様な輸送資源も計画に位置づけ，地域の移動ニーズにきめ細やかに対応してい

くことが目指されている.

　とりわけ中山間地域などでは，バスやタクシー事業者が存在しても運転手不足で十分なサービス提供ができない場合もあるが，2020年の改正法では，交通事業者が運行管理や車両整備などで協力する交通事業者協力型の制度を創設し，自家用有償運送の実施の円滑化を図っている．具体事例の1つに，兵庫県養父市の「やぶくる」の事例が挙げられるが，この取り組みについては，本章の後半部分で詳述する.

（3）「小さな拠点」と自動運転

　中山間地域の公共交通の文脈においては，「小さな拠点」が1つのキーワードとなりつつある．これは，人口減少や高齢化の進む中山間地域において，複数の生活サービスや活動の場を基幹となる集落に集め，周辺集落とをネットワークで結ぶことを目指すものであるが，事業者とNPOによる新たな輸送システムの構築や，「小さな拠点」づくりと合わせたコミュニティバスやデマンド交通などの交通手段確保の実現が期待されている.

　中山間地域における新たなモビリティの取り組みとしては，近年の「道の駅」等を拠点とした自動運転サービスの実証実験が挙げられる．特に，中山間地域や地方部においては，既に道の駅が地域の拠点としての機能を果たしている場合が多いため，仮に実装されれば先の「ラストワンマイル」問題の解決につながる可能性もある．また，「小さな拠点」と自動運転の文脈では，先の地域公共交通網形成計画でも示されている点であるが，事業や政策を超えた連携も求められる．例えば，観光や福祉，教育などの他分野との連携方策を検討してくことで，移動の新たな価値創出や，既存事業の利便性向上につながることが期待される.

　2019年1月に報告された，中山間地域における道の駅等を拠点とした自動運転ビジネスモデル検討会の「中間とりまとめ」によれば，2017年度に全国13地域で自動運転の実証実験を実施しているが，2020年までの社会実装のために必要な取り組みとして，採算性や持続可能性の検証，利用者層の明確化，有償ボランティアの雇用などが提示されている．特にここでは「持続可能性」が要点の1つとなりうるが，自動運転の技術のみに依存するのではなく，地域住民などのローカルアクターが参画することにより，自動運転の活用方法や中長期的な計画を地域主体で立てていくことが求められる.

（4）　中山間地域で求められるモビリティ確保の方策

　近年では，バスやタクシーなどの公共交通サービスの供給が困難な場合に，地域住民自身の手によって，自家用車等を用いてモビリティ確保を行おうとする事例が中山間地域等でみられる．もちろん，既存の公共交通ネットワークの活用や，先述の自動運転をはじめとして，最新のデジタル技術を活用していくこともモビリティ確保の方策として考えられるが，そうした資源や実証実験等の機会がない場合には，いわゆる遊休資産として地元住民の自家用車を活用することも有用である．このように地域の物的／人的資源を活用していくにあたって，大きく次の２つの方法が挙げられる．

　第１には，道路運送法上の登録を受けて実施する「自家用有償旅客運送」（以下，制度名等を指す場合を除き，自家用有償運送と略称）の活用が挙げられる．これは，既存の公共交通事業者による輸送サービスの提供が困難な場合に，地域関係者による協議を経て道路運送法の登録を受けて，かつ必要な安全上の措置が講じられた上で活用していくものであるが，その種類については図７-３の通りである．運送サービスを実施するにあたって，利用者（旅客）から収受する対価は実費の範囲内とされており，これにはガソリン代や道路通行料など「営利を目的としない」妥当な範囲内であるとされている[6]．

　ここでのポイントの１つに，地域公共交通会議や運営協議会での合意が求められていることが挙げられる．すなわち，市町村やNPO等が自治体内のある地域が交通空白地であることを認識し，そこでの自家用有償運送の実施を検討／計画しても，地域内全体を営業区域とするバスやタクシー事業者が地域関係者として名を連ねている場合には，議論が進まない可能性もある．

　これについては，2019年11月にNPO法人「全国移動サービスネットワーク」が，「関係者による合意」の要件撤廃を求めて，国土交通大臣宛てに要請書を提出している．具体的には，高齢者や障害者の移動ニーズの高まりに対して，自家用有償運送の登録数は比例しておらず，かつ自治体によって法規定の基準以上に規制を強化し，新規参入を妨げる「ローカルルール」を設定していることなどを指摘した上で，３年から５年への更新期間の延長や，更新手続き書類の簡素化などを求めている[7]．

　また自家用有償運送に関しては，2020年11月の制度見直し以前は「市町村が主体」，「NPO法人等が主体」に分けられていたが，制度見直し以降は主体の区分が取り払われ，交通空白地有償運送と福祉有償運送の二種類となっている．

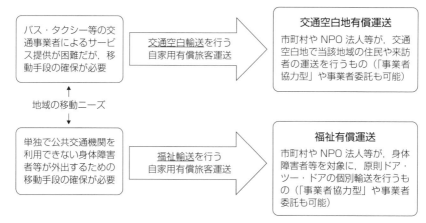

図 7 - 3　　自家用有償運送の種類

（出典）国土交通省自動車局（2020）に基づき筆者作成.

さらに，同じく2020年11月からは道路運送法の改正によって，交通事業者が協力する「事業者協力型自家用有償旅客運送制度」が創設されているが，輸送の安全確保のノウハウを持つ交通事業者の専門性を活用していくことが期待される.

　第 2 のモビリティ確保の方策としては，自家用有償運送によるモビリティ確保が困難な場合に「互助による輸送」として，道路運送法上の許可・登録を要しない輸送の方法が挙げられる.　自家用有償運送との決定的な違いとしては，「有償にあたらない」という点であり，利用者からの運送の対価を得ないことが挙げられる.

　国土交通省総合政策局（2018）によれば，① 輸送サービスのプロフェッショナルな事業者によるサービス提供，② 市町村主体による自家用有償運送の実施，③ NPO等による自家用有償運送，といった有償運送を検討した上で，これらが困難な場合に，ボランティアや地域の助け合いによる道路運送法上の許可・登録を要しない輸送として，地域の足の確保が行われている場合がある，としている[8].　すなわち，互助による輸送はあくまで最終的な手段であり，可能な限りバス会社やタクシー会社，市町村，NPO等が運行主体となった「交通事業」としてモビリティ確保に努めていく必要があると言える.

2　中山間地域のモビリティ確保に向けた課題
——京都府内を事例として——

　ここでは，中山間地域における交通やモビリティに関する課題として，京都府の中山間地域の事例研究からその実態をみていきたい．

（1）　京都市北区中川学区の事例——ラストワンマイル輸送の必要性

　京都市内においては，ここで取り上げる北区中川学区のほかにも，北区や左京区，右京区のいくつかの学区が北部地域に位置している．これらの地域では，市街中心部から距離があるほか，人口密度が低く，高齢化の進行している学区も多い．とりわけモビリティ確保の観点からは，路線バスやコミュニティバスの運行本数は少ない一方で，地域住民の生活圏域を十分にカバーできていないことを指摘できる．

　京都市北区中川学区（以下，中川学区と略称）もそうした地域の１つであり，政令指定都市である京都市に所在はしているものの，市内中心部までの公共交通のアクセスは西日本JRバスのみに限られており，学区内には公共交通空白地域が点在している．なお，京都市全体では人口140万人以上を有するが，中川学区の人口は255人（2021年１月時点），14歳以下の年少人口は0.8%，高齢化率は62.4%となっている．

　図７-４の学区人口と高齢化率の推移をみれば明らかであるが，1990年と比較すると，人口は半数以下に，高齢化率は３倍以上に膨れ上がっている．中川学区では，かつては北山杉の生産が盛んであり，1975年前後には住民の60%以上が林業従事者であった．しかし，杉や丸太の出荷本数が1990年代中盤にピークを迎えて以降は，軒並み減少傾向にあり，2015年には林業従事者が20%を下回っていることから，産業構造の変化と人口減少，高齢化が強く関わっているものと推測される．

　中川学区において直面する課題としては，医療や買い物，余暇などの日常生活に関わる移動手段の不足が挙げられる．もちろん自家用車や運転免許を保有していれば，高齢であっても市内中心部のスーパーマーケットや病院までアクセスすることはできるが，そうではない住民にとってはアクセスが限定されたものとなる．例えば少しの商品を買いに行きたい場合でも，市内中心部までは往復で1,000円以上のバス運賃がかかる上に，時間は２時間以上かかってし

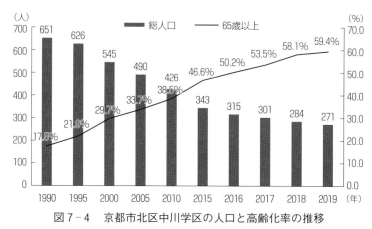

図 7 - 4　京都市北区中川学区の人口と高齢化率の推移

（出典）京都市統計ポータル「住民基本台帳人口　詳細データ（2019年10月 1 日）」に基づき筆者作成.

まう.

　ただし，筆者らの行ってきた調査からは，高齢住民の多くが京都市の発行する敬老乗車証を保有しており，自家用車を利用している人もバス等の公共交通を利用することがわかっている. 京都市の敬老乗車証は，市バスと地下鉄が利用できる第 1 種と，民営バス等を利用できる第 2 種があるが，中川学区は民営バス敬老乗車証の交付対象地域であり，かつ市バス・地下鉄の乗車証も交付される. すなわち，JRバスなどで市内中心部にアクセスし，地下鉄や市バスに乗り換えて目的地に行くことも可能である.

　また住民の中には，自家用車で停留所近くの駐車場まで運転し，バスに乗り換えて移動するという「パーク・アンド・ライド」を自発的に行っている人もいることがわかった. こうした現状から，JRバスにアクセスできれば市内中心部まで行くことができ，市バスや地下鉄への乗り換え，大型商業施設に行くことなどが可能になるため，地域内での停留所等へのラストワンマイル輸送が有用であるものと考えられる.

　近年の京都市においても，産学公連携によって自動運転の社会実装に向けた検討会議が実施されているが，ここでの議論においても，郊外部のラストワンマイルの移動手法の活用について検討が行われている. 具体的には，既存の公共交通事業者との棲み分けなども考慮しながら，地域の助け合いによる相乗り

自動車の活用や，地域の高齢者を含む幅広い層の活躍の場の創出が提示されている．

　したがって，ここで取り上げた中川学区の現状については，人口減少と高齢化の進む中で移動手段の確保という課題に直面しているが，バス路線の拡充や新たな交通ネットワークの構築というよりは，既存の社会資源を活用しながら，公共交通へのアクセスを容易にしていくことが求められると言えよう．とりわけ，停留所へのラストワンマイル（もちろんワンマイルばかりの距離ではないが）の輸送方法を，互助や共助といった形態で行っていくことにより，差し迫った課題の緩和あるいは解決につながることが期待される．

（2）　京都府南丹市美山町の事例——深刻化・複雑化する生活課題

　中山間地域の二事例目として，京都府中央部に位置する南丹市美山町を取り上げたい．なお，ここでの内容は，大谷大学文学部・社会学部が主体となって，2018年度から実施している美山町Ａ地区における後期高齢者を対象とした移動・交通問題に関するアンケート調査及び現地でのインタビュー調査に基づいたものである[11]．

　南丹市美山町は，人口は3,599人（2021年2月時点）で，1995年から2015年にかけて30%の人口減少がみられた．同町の高齢化率は45%を超えており，これは南丹市全体よりも10%ほど高い．また，京都市内からは自家用車を使うと約1時間でアクセス可能な地域であるが，町内には鉄道駅がないため，公共交通は1時間に1本程度の市営バスかコミュニティバスに限られる．調査対象である美山町Ａ地区も，人口減少と高齢化の煽りを受けている地域であるが，高齢率はおおむね40〜50%である．以下では，Ａ地区における後期高齢者を対象とした移動・交通に関するアンケート調査の結果を詳述していく．

　調査の概要としては，①普段，どのような移動手段で外出しているのか，②外出の際に感じている不便さ，③これから必要とする移動手段という主に3点を尋ねている．地元住民組織を通じて自宅に居住する75歳以上の後期高齢者に質問票を配布してもらい，全数調査を実施した．なお，本調査の回答者は162名であり，有効回答率は67%であった．

　調査結果については，特筆すべきものとして，①運転免許非保有者及び返納者の7割以上は週2回以下の外出頻度であること，②2人以上世帯で暮らしている場合は，自家用車への依存傾向が高くなる，③将来の移動手段に対

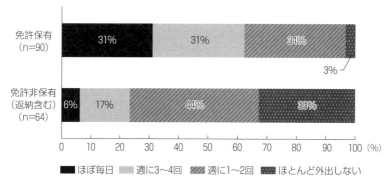

図7-5　美山町A地区における後期高齢者の免許保有状況と外出頻度

（出典）筆者作成.

して漠然とした不安を抱えている，という3点が挙げられる．ほかに，（後期高齢者でも）全体の約6割の人が運転免許を保有していることや，普段の外出手段に「自分の運転」を挙げた人は半数以上いることがわかっている．

　具体的にみていくと，自動車運転免許の保有者のうち「ほぼ毎日外出する」，「週に3〜4回」と回答した割合はそれぞれ31%ずつであった一方で，これらの回答割合について，免許非保有者でみると合計でもわずか23%にとどまっている．また，免許非保有者や免許返納者に関しては，図7-5にも示している通り外出頻度が「週に1〜2回」あるいは「ほとんど外出しない」と回答した人の割合が非常に高くなっている．実に，非保有者（返納含む）の場合は77%が週に2回以下の外出頻度となっている．

　次に，世帯構成別でみていくと，交通手段分担率という点で若干の差異がみられた（図7-6参照）．具体的には，1人暮らしの場合は施設送迎や自らの運転など，比較的バランスのとれた分担割合の印象を受けるが，2人以上の世帯で暮らす後期高齢者の場合は，自らの運転か家族・親族の車への同乗など，自家用車移動に依存している傾向がある．とりわけ，息子や娘と同居する後期高齢者の場合は，施設送迎などのサービスを頼まずに，同居の家族が移動の担い手としての役割を果たしているものと考えられる．

　実際，このアンケートの自由記述においても，これから必要とする移動手段として「家族」や「長男」を挙げている回答者もいることから，自家用車に加えて，家族への日常的な依存傾向もあると言えよう．補足的に行ってきた現地

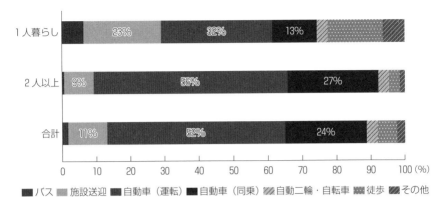

図7-6　美山町A地区における後期高齢者の交通手段分担率（世帯構成別）

（出典）筆者作成.

でのインタビュー調査でも，例えば現役世代の住民からは，親に運転をやめさせるよう説得することに非常に苦労したという話や，近所付き合いのある人同士であれば自動車のナンバーで誰が運転しているかが認識可能であるため，自分の親が危険な運転をしていたことを隣近所の住民から指摘されるなど，現役世代も含め，地域住民は非常に複雑な状況に置かれていることがわかった.

　一連の調査の結果からは，1人暮らしの高齢者へのアプローチも引き続き必要であるが，2人以上の世帯で暮らす高齢者にも目を向けて，外出支援の方策を検討していくことが求められる.例えば，同居する家族が移動の担い手となっている場合でも，それは個人の「移動の自由」には直結しないものと考えられる.すなわち，運転できる家族が日中は仕事に出て自宅にいない場合や，そもそも送迎を頼みづらい場合，施設等の送迎や移動支援関連の社会福祉サービスを頼もうとしない（対象から外されている）ことなどが推測される.

　こうしたことから，利用対象者を制限しない外出支援策や，要介護や要支援の状態にはないが，自家用車も公共交通も利用しづらい「グレーゾーン」層の人々の課題を認識し，これらの人にフォーカスを当てたモビリティ確保の方策を構築していく必要がある.具体的な方法としては，先述の互助による輸送や，自家用有償運送の活用などによって，時間限定的な交通弱者（日中のみ移動手段がないなど）や，従来のサービスの対象外となっている高齢者等をも包摂する支援を行っていくことが有用であると考えられる.

（3）　中山間地域のモビリティ課題の複雑性

　以上2つの中山間地域における実態調査を踏まえて，ここでは改めてモビリティに関する課題の複雑性について詳述していきたい．例えば美山町での調査からは，後期高齢者の移動手段を考えた際に「家族」が1つのキーワードとして表出している．近年では高齢ドライバーの関与する交通事故に対する社会的関心（あるいは批判的な眼差し）が強まっている中で，こうした議論を家族内にとどめてしまうのみでは，実際の免許返納にはつながりにくいものと考えられ，親子間でのトラブルや家族内の不和も招きかねない．

　こうしたことから，地域や社会全体の課題として捉え，免許を保有する現役世代も含めて包括的に，かつ建設的な議論を行っていく必要があるものと考えられる．近年では免許を保有するか，返納するかという二者択一的な議論に陥りがちであるが，中川学区の一部の住民のように，免許を保有しているうちから公共交通を利用することで，返納後の社会生活を具体的にイメージすることも可能となる．その際，社会インフラとしてバス路線や敬老乗車証などが整備されている必要があるが，自家用車と同様の利便性を求めていくことは難しいとしても，高齢者が自身の「老い」やライフスタイルの変化を自覚しつつ，日常的な移動方法を変えていくことも求められる．

　また，たびたび言及してきた互助や共助による輸送方法であるが，あくまでこれらはバスやタクシーによって，必要かつ十分な移動手段が確保できない場合の方策の1つである．したがって，住民参加やボランティアを強制するものではなく，これらは地域住民自身が自発的な姿勢で取り組んでいくものというほかない．また，無償のボランティアに依存し続けるようでは，持続可能な方策とも言い難いため，有償ボランティアをはじめとする金銭の授受が発生する方法や，地方自治体が中長期的な計画を持って補助金を拠出していくことなどが求められる．

　こうしたことから，次節では自家用有償運送に取り組む近畿北部地域における2つの事例から，具体的な取り組みを参照しつつ，その実践的な示唆を導き出すことを試みる．

3　近畿北部地域における自家用有償運送の実践

　前節まで，中山間地域における高齢者等のモビリティ確保の課題について整

表7-1　近畿地方における都市部と北部地域の高齢化率の差異（2015年）

	京都府	兵庫県
都市部 （京都市・神戸市）	26.7%	26%
北部地域 （丹後・但馬地域）	36.2%	33.3%

（出典）2015年度国勢調査データ（京都府）（京都市統計ポータル「住民基本台帳人口　詳細データ（2019年10月1日）」．[https://www2.city.kyoto.lg.jp/sogo/toukei/Population/Data/Resident/Data/201910/Age/10_201910_chobetunenrei.xlsx〈Excelファイル〉] 最終閲覧2021年2月22日）および高齢者保健福祉関係資料（兵庫県）（兵庫県「高齢者保健福祉関係資料（高齢化率）2．地域別詳細一覧（Excelファイル）」．[https://web.pref.hyogo.lg.jp/kf02/documents/2tiikibetsu.xls] 最終閲覧2021年6月15日）に基づき筆者作成．

理をしてきたが，本節では課題解決方策の1つとして，近畿北部地域でみられる自家用有償運送の実践に着目して，他地域で同様の取り組みを行う際のポイントを整理する．

　近畿北部地域は，表7-1にも示しているように，京都市や神戸市といった都市部と比べると高齢化率はかなり高い状況にある．それだけではなく，先述の京都市北区中川学区や，南丹市美山町のように鉄道駅やタクシー事業所の存在しない（あるいは距離のある）地域も点在している．一方で，こうした地域における課題を解決すべく，近年では自家用車を用いたモビリティ確保策が試みられている．特に公共交通空白地域において，地元住民がドライバーとなって，高齢者等の移動手段を持たない人々の送迎を行うケースがみられる．

　以下では，京都府京丹後市「ささえ合い交通」と，兵庫県養父市「やぶくる」という2つの自家用有償運送の事例を取り上げ，その要点を簡潔に整理する．

（1）　京都府京丹後市「ささえ合い交通」の事例

　2004年4月に，旧6町（峰山・大宮・弥栄・久美浜・網野・丹後）の合併によって誕生した京丹後市は，京都府北部に位置しており，市内全域が過疎地域に指定されている．先述の中川学区や美山町と同様に，急速な高齢化と人口減少の影響を受けているが，合併前の2004年は6万5,802人の人口であったのに対して，2019年には5万4,670人となっており，減少率にすると，15年間でおよそ17%となる．

　京丹後市内の最北端に位置する丹後町は，町内に鉄道駅やタクシー事業所がないため，移動手段は路線バスか自家用車に限定される．こうした住民にとっ

ての不便性を解消すべく，2016年5月より自家用有償運送の「ささえ合い交通」
の運行が開始された．これは，自家用車や運転免許を持たない高齢者等の住民
や，外部から来訪する観光客に対して，地元住民18名がドライバーとなって送
迎を行うものである．

　この運行主体はNPO法人「気張る！ふるさと丹後町」であり，「ささえ合い
交通」運行に携わる以前から，市営バス（デマンド型）の受託運行を行ってきて
いる．このNPOは，2009年にまちづくり協議会を基礎として設立され，地域
活性化に資するイベント等の開催を行ってきており，自家用有償運送の運行を
担うために設立されたものではない．

　「ささえ合い交通」の運行時間は午前8時から午後8時で，運休日はなく，
利用対象者は丹後町民及び観光客である．利用方法としては，スマートフォン
アプリの「ウーバー（Uber）」を用いて即時配車を行うものである．スマートフォ
ンを保有していない人の場合は，2016年9月から開始された「代理配車制度」
により，近隣等に住むスマートフォン保有者が代理サポーターとして，利用者
に代わって配車を行う．なお，2019年11月時点では，半数以上の利用者がこの
制度と現金決済を利用しているとのことであった．

図7-7　「ささえ合い交通」の乗降可能な地域

（出典）NPO法人「気張る！ふるさと丹後町」ホームページ．[http://
kibaru-furusato-tango.org/about-sasaeai/]最終閲覧2021年
2月22日．

図 7 - 7 にも示しているように，乗車は丹後町のみに限定されており，町外からは乗車不可であるが，降車は京丹後市全域で行うことができる．支払方法については，運行開始当初はクレジットカード決済のみであったが，2016年12月からは現金支払いも可能になっている．すなわち，高齢者等でスマートフォンやクレジットカードを保有していない人々も，代理配車と車内での現金支払いを使えば「ささえ合い交通」を利用することができる．

「ささえ合い交通」の導入プロセスなどについては，野村（2019）や髙橋・野村（2020）で詳述しているが，ここではいくつか抜粋して要点と論点を示しておきたい．まず，ウーバーのアプリを用いていることによって，欧米等で一般化されているいわゆる「ライドシェア」がイメージされる懸念があるが，既述のように「ささえ合い交通」は自家用有償運送であり，むしろウーバーアプリを利用しながら取り組みを実施していると言える．具体的には，住民ドライバーが運行の「オン」と「オフ」の切り替えをアプリ上で柔軟に行うことができるため，意思表示と利用者のニーズへの対応が（電話等を用いた）アナログな手法に比べて，容易にできるものと考えられる．

また，代理配車制度については，やや煩雑な手続きのようにも見えるが，ウーバーのアプリを活用しながら，スマートフォンとクレジットカードを保有していない高齢者等の利用者にとっては有益な仕組みと言えよう．とりわけ，ICTを活用したデマンド交通などの文脈では，住民間でのデジタル・ディバイド（情報格差）が危惧されるが，代理サポーターのように既存資源を活用していくことで，そうした格差の課題を緩和することができている．

（2）　兵庫県養父市「やぶくる」の事例

養父市は2004年に八鹿・養父・関宮・大屋の 4 町が合併してできた自治体である．人口は 2 万2,783人（2021年 1 月時点）であり，高齢化率は36.1%（2017年 2 月時点）となっている．市内の公共交通に関しては，民間路線バスやコミュニティバス，自家用有償バスというバス事業がある．その他，全但タクシー，あいあいタクシー，丸八観光タクシーという，いずれも「やぶくる」の運行に関わる 3 社によるタクシー事業が展開されている．

一方，市内の東側に位置する関宮・大屋地域は，タクシーの事業所や鉄道駅などがなく，民間の路線バスがカバーしている地域はあるものの，いわゆる公共交通空白地域が点在している．八鹿・養父地域に所在するタクシー会社も，「手

出しできない」地域として認識しており，これらの地域での移動手段の創出を，自治体も交通事業者も模索していた状態であった．こうした課題を解決すべく，2017年6月に「養父市新たな自家用有償旅客運送事業準備検討会議」を設置し，2018年5月から自家用有償運送「やぶくる」の運行を開始している．

　この「やぶくる」は，16名の市民ドライバーによる，移動手段を持たない市民や観光客を対象とした自家用有償運送であり，運行主体は，NPO法人「養父市マイカー運送ネットワーク」が務めるが，これは市内のタクシー会社3社やバス事業者などを中心に組織された団体である．具体的な運行エリアについては，図7-8に示しているが，タクシー会社による対応が困難な関宮・大屋地域の「エリア内完結型」とされており，八鹿地域や養父地域を目的地とする場合には，既存のタクシーを利用することとなる．

　運行エリアという側面では，乗車地域が限定されているという点で，先の京丹後市の事例と部分的に類似しているが，他の交通事業との競合を避けるため，鉄道駅や比較的大きな商業施設がある他地域には「やぶくる」の利用ができない．また利用方法については，タクシー会社3社のいずれかに電話をして，出

図7-8　「やぶくる」の運行エリア

（出典）特定非営利法人養父市マイカー運送ネットワーク・養父市企画総務部国家戦略特区・地方創生課「国家戦略特区を活用した新たな自家用有償観光旅客等運送事業について」p. 12.

発地点と行先，利用人数などを伝えると，タクシー会社が市民ドライバーに連絡し，手配したのち，利用者を迎えに行くというプロセスであり，京丹後市のウーバーと比較するとアナログな手法であると言える．ただし，高齢者等のスマートフォンとクレジットカードの非保有層にとっては，代理配車等を頼む手間が省くことができるほか，地元のタクシー会社を通じて予約するという安心感もあるものと考えられる．

　また，このように自家用有償運送の展開に際して，交通事業者が関与・参画している事例は他地域ではあまりみられないが，市民ドライバーによる安全運行やそれを管理する役割を地元タクシー会社3社が担っていることは，同様の課題を抱える他地域への積極的な示唆がある．

（3）　近畿北部地域の事例の先駆性

　ここまで述べてきたように，中山間地域において自家用車なしでは日常生活を営むことはもはや困難な状況下にある．一方で，本節で取り上げてきた2つの事例では，地元住民の参画や自家用車という既存資源の活用によって課題解決につなげようとしている．

　京丹後市，養父市はともに，鉄道駅やタクシー事業所のない地域において，代替的な手段として自家用有償運送を開始しており，既存の事業者との兼ね合いで運行エリアが限定されているという点も共通している．表7-2では，2つの事例の比較を示しているが，双方ともNPO法人が運行主体となった自家

表7-2　京丹後市「ささえ合い交通」と養父市「やぶくる」の事例の比較

	京丹後市「ささえ合い交通」	養父市「やぶくる」
運行主体	NPO法人* *地元住民が中心の組織	NPO法人* *タクシー事業者，バス会社などによる組織
利用件数	非公開	約25件／月
配車方法	スマートフォンアプリでの配車，代理サポーターへの電話	タクシー会社への電話
支払い	クレジットカード，現金	現金のみ
運賃	タクシー運賃の約半額	タクシー運賃の50%～70%
運転手	登録ドライバー （18名，地元出身者）	登録ドライバー （16名，地元出身者）

（出典）2019年11月のインタビュー調査やNPO提供資料などに基づき，筆者作成．

用有償運送であり，外形的には類似しているものの，組織の成り立ちは異なる．また，京丹後市のケースでは，市営のデマンドバスなどの運行を担ってきた既存組織である一方で，養父市ではタクシー事業者，バス会社などの複数のローカルアクターによって構成された新規組織である．こうしたことから，地域内に運行のノウハウを有する事業者がいる場合には，それを活用しながら地元住民がプレイヤーとして空白地域の運行を担当することも，実践的示唆の1つとなる．

　以上のことから，近畿北部地域で近い時期に始まった2つの取り組みであるが，同様の課題を持つ他地域においては，事例の共通点と差異に目を向けながら，地域の実状を勘案した方策を検討していくことが必要となるであろう．

　また，近年の近畿北部地域においては，本節で取り上げた京丹後市と養父市以外にも，例えば京都府舞鶴市では，オムロンの子会社と舞鶴市，日本交通によるMaaSの実証実験が，2020年7月から9月まで実施されている．これは，住民同士の送迎や公共交通機関の活用など，複数の移動手段を組み合わせた「地域共生型」のMaaSとして位置づけられており，[12]住民間の助け合いなどの促進が期待されている．このような地方部におけるMaaSの展開可能性については，次章で詳しく整理を行っていく．

注
1 ）　農林水産省「中山間地域等について」．［https://www.maff.go.jp/j/nousin/tyusan/siharai_seido/s_about/cyusan/］最終閲覧2021年2月22日．
2 ）　野村・天野・岡野・下岸（2019）．
3 ）　国土交通省（2019a）
4 ）　国土交通省（2020b）
5 ）　国土交通省（2015）
6 ）　国土交通省自動車局（2020）
7 ）　特定非営利活動法人全国移動サービスネットワーク（2019）．
8 ）　国土交通省総合政策局（2018）．
9 ）　大谷大学の地域連携事業の一環として「中川学区の暮らし再発見プロジェクト」を実施しており，こうした活動に際して学生とともに住民への日常生活における移動等の諸課題に関する聞き取り調査を行ってきた．
10）　京都市「（案）自動運転の社会実装に向けた検討会議・活動報告書（第5回検討会議配布資料1）」．［https://www.city.kyoto.lg.jp/tokei/cmsfiles/contents/0000242/242047/5sshiryo1.pdf］最終閲覧2021年2月22日．
11）　この調査にあたっては，南丹市社会福祉協議会及びA地区の住民組織の方々，大谷

大学地域連携室の協力を得て実施した.

12) 舞鶴市「日本初，地方都市の共生の仕組みによる MaaS オムロン・舞鶴市・日本交通が実証実験」．［https://www.city.maizuru.kyoto.jp/shisei/0000005747.html］最終閲覧2021年 2 月22日．

参考文献・資料

青木亮編（2020），『地方公共交通の維持と活性化』成山堂書店．

国土交通省（2015），「人とまち，未来をつなぐネットワーク」．

────（2019a），「中山間地域等における地域公共交通の状況について」（第 2 回 小さな拠点・地域運営組織の形成推進に関する有識者懇談会 資料 6 ）．

────（2019b），「地域公共交通に関する計画制度について」（令和元年度 第 1 回（第15回）交通政策審議会交通体系分科会地域公共交通部会 資料 4 ）．

────（2020a），「バリアフリー法に基づく基本方針における次期目標について（中間とりまとめ）」．

────（2020b），「令和 2 年版交通政策白書」．

────（2020c），「地域公共交通の活性化及び再生に関する法律 概要」．［https://www.mlit.go.jp/common/001374657.pdf］最終閲覧2021年 7 月12日．

国土交通省四国運輸局（2019），「中山間地域における高齢者の移動手段の確保に関する勘どころ・ヒント集」．

国土交通省自動車局（2019），「自家用有償運送の制度見直しについて」．

────（2020），「自家用有償運送ハンドブック（令和 2 年11月改定）」．

国土交通省総合政策局（2018），「高齢者の移動手段確保のための「互助」による輸送〜道路運送法上の許可・登録を要しない輸送の制度とモデルについて〜」．

髙橋愛典・野村実（2020），「京丹後市「ささえ合い交通」の取り組みとその背景──「日本初の Uber」はライドシェアなのか？──」『運輸と経済』第80巻 第 2 号，pp. 53-60.

特定非営利活動法人全国移動サービスネットワーク（2019），「道路運送法改正に向けた自家用有償旅客運送制度に関する要請書──「関係者による合意」の要件撤廃を求めます──」．［http://www.zenkoku-ido.net/_action/pdf/191122mlit-youseisho.pdf］最終閲覧2021年 2 月22日．

野村実（2019），『クルマ社会の地域公共交通』晃洋書房．

────（2020），「過疎地モビリティの確保に向けたアクター間協働の方策」『国際公共経済研究』第31号，pp. 76-86.

野村実・天野聖哉・岡野裕大・下岸由宜（2019）「中山間地域のモビリティ課題と解決策──京都市北区中川学区の事例から──」『関西交通経済研究センター「提案・提言」論文』（2019年度優秀賞受賞論文），pp. 1 -14.

森山昌幸（2013），「中山間地域における公共交通政策」『日本不動産学会誌』第26号 第 4 号，pp. 96-101.

吉田樹（2018），「農山村地域のくらしを支えるモビリティの課題と『解』」『農村計画学会誌』第37巻　第 3 号，pp. 268-271.

第 8 章

MaaSの発展によるモビリティの変革

　2019年はわが国においてMaaS関連の検討会や官民連携による実証実験が積極的に行われ,「MaaS元年」とも呼ばれた.社会学者のジョン・アーリは,インターネットや携帯電話が「どこからともなく」やってきたように,「ポスト自動車」への転換点は予測のつかない仕方で出現する (Urry, 2005=2015) と指摘しているが,このMaaSは「100年に一度のモビリティ革命」とも呼ばれており,自動運転技術の発達などと相まってアーリの言うような転換点となる可能性も十分にある.

　本章ではまず,MaaSが先進的に取り組まれている,北欧をはじめとする欧米諸国におけるMaaSの展開を取り上げ,次にわが国でのMaaSの導入状況に関する若干の整理を行う.本章の最後には,MaaSと官民＋市民連携の可能性について検討していく.とりわけ,2019年・2020年と続けて「日本版MaaS推進・支援事業」が進められている中で,今後のわが国におけるMaaSの方向性と論点について整理を行う.

1 欧米諸国におけるMaaSの展開

　近年の欧米諸国においては,公共交通やシェアリングなどを組み合わせたサービスであるMaaSの発展が著しい.Sochor et al. (2018) は,MaaSの統合段階として,5つのレベルを提示している (**表8-1参照**).例えば後述のフィンランドにおける "Whim" は「3-サービス提供の統合」に該当するとされているが,わが国ではまだこの段階に達しているサービスは存在していない.

　以下では,MaaSの定義に関する整理を行った上で,フィンランドにおける都市部と地方部での先行的な取り組みを概観し,わが国へのこれからの取り組みに対する政策的示唆の導出を試みたい.

表8-1　MaaSの統合段階

レベル	状　態	内　容
0	統合なし	単一で，切り離されたサービス
1	情報の統合	複数モードの移動プラン，運賃情報
2	予約・決済の統合	片道の経路探索，予約，支払い
3	サービス提供の統合	バンドリング，サブスクリプション，契約など
4	社会目標の統合	政策，インセンティブなど

（出典）Sochor et al.（2018）に基づき筆者作成.

（1）　MaaSの定義に関する若干の整理

　欧州諸国やアジア・環太平洋地域における官民の主体が参加するMaaSアライアンス[1]は，「モビリティ・アズ・ア・サービス（MaaS）は，様々な形式の交通サービスを，需要に応じてアクセス可能な単一のモビリティサービスに統合するものである．顧客の要求に応えるため，MaaSオペレーターは，公共交通機関，乗用車，自転車の共有，タクシー，レンタカー／リース，またはそれらの組み合わせなど，様々な輸送オプションのメニューを用意している」（筆者訳）と定義している．

　一方，日本の国土交通省では「スマホアプリにより，地域住民や旅行者一人一人のトリップ単位での移動ニーズに対応して，複数の公共交通やそれ以外の移動サービスを最適に組み合わせて検索・予約・決済等を一括で行うサービス[2]」と定義しており，これらを踏まえれば，スマートフォン等のICTを活用した「利用者志向のサービス」という解釈ができる．加えて，日高他（2018）は，「MaaSとは，従来のマイカーや自転車などの交通手段をモノで提供するのではなく，サービスとして提供する概念」とした上で，移動の「所有から利用へ」という流れを1つのパッケージとして商品化した究極のモビリティサービスであると説明している．

　従来であれば，鉄道やバスをはじめとする公共交通と，自転車シェアやカーシェアなどの私的な交通（とみなされてきた）サービスは個別化されており，検索や予約，決済は当然ながら別々に行う必要があった．しかしMaaSにおいては，検索から決済の一連の流れを1つのアプリに統合し，これらを組み合わせることで，利用者への利便性をもたらすことが期待される．

　また，MaaSの特徴としては，基本的にはサブスクリプション（定額支払い）

方式が採用されていることも挙げられる．近年ではAmazon PrimeやNetflix など，ECサイトや動画配信サービスでも同様の形態がみられ，雑誌の定期購読やコンピュータソフトウェアなど，これまでも他事業でサブスクリプション方式がとられてきた．図8-1では，携帯電話料金のパッケージ化を例にとって，MaaSのサブスクリプションを比較しているが，後述のフィンランドのWhim をはじめ，ライトなプランからヘビーユーザーを対象とした「無制限（Unlimited）プラン」が設定されているように，通信事業における携帯電話の「カケホーダイ」やパケット通信の使い放題等にも類似している点が多い．

先述のMaaSアライアンスが2017年4月に報告した白書によれば，「MaaS市場の発展は，オープンデータへのアクセスや，オープンAPI（Application Programming Interface），より柔軟性の高い交通やモビリティの規制に依存するであろう」という見解を示している．さらに，MaaSのエコシステムはすべてのサービス提供者に開かれ，移動困難な人や障害のある人など，あらゆるユーザーを含む必要があるとしており，開放性（openness）と包括性（inclusivity）の原理を重視すべきであることを強調している．

以上のことから，MaaSは公共交通や新たなモビリティサービス，福祉的な移送サービスなども含めた多様な「モビリティ」を1つのプラットフォームに統合し，利用者視点から人々の移動可能性を再定義するものと考えられる．

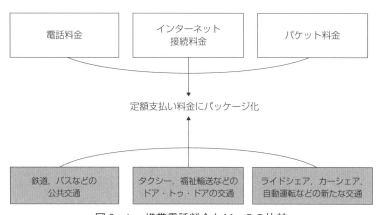

図8-1　携帯電話料金とMaaSの比較

（出典）筆者作成．

（2）　フィンランドにおける "Whim"

　MaaSの取り組みが先行的に行われてきたフィンランドでは，"Whim" とい
うアプリケーションを用いて首都ヘルシンキやその周辺地域で，鉄道やトラム
（路面電車），バスなどの公共交通と，タクシーやレンタカーなどを利用するこ
とができる．Whimは直訳すると「気まぐれな」という意味であるが，利用者
が気まぐれに，思いつくままに移動する（できる）というニュアンスが含まれ
ているようにもみてとれる．

　Whimは2016年からMaaSのサービスを開始しており，市場で商業利用可能
である「初めての」包括的なMaaSの方策であるとしている[4]．Whimの沿革に
ついてさらに整理をしておくと，2015年にMaaS Global社が設立され，2016年
に最初のサービスが開始，2017年には1,450万ユーロを調達したのち，2019年
1月には300万回トリップに到達している．

　Whimの展開するプランについては**表8-2**の通り，4つに分けられる（2021
年2月時点）．Whim Urban 30は日本円で8,000円ほど（30日）で利用できるプラ
ンであるが，公共交通が利用可能なヘルシンキ交通局（HSL; Helsingin Seudun
Liikenne）のチケットのほか，シティバイクと呼ばれる公共自転車の利用も含
まれている．また，Whim Weekendは，5万1,100円ほど（30日）で先のプラン
に加えてタクシー利用は15％オフで利用可能，レンタカーは週末のみ利用可能
である．最も高額なWhim Unlimitedについては，月額8万9,500円ほどの料金

表8-2　Whimのプラン

	Whim Urban 30	Whim Student 30	Whim Weekend	Whim Unlimited
利用料金	€62.70／30日	€34.40／30日	€399／30日	€699／月
公共交通	ヘルシンキ交通局 30日チケット	ヘルシンキ交通局 30日チケット	ヘルシンキ交通局 30日チケット	ヘルシンキ交通局 無制限チケット
自転車	無制限 1乗車最大30分	€24.9でシーズン パスが利用可能	無制限 1乗車最大30分	無制限 1乗車最大30分
タクシー	3km未満の場合， €12.5で利用可能	従量課金	-15％で利用可能	5kmまで利用可能
レンタカー	1日49€で 利用可能	従量課金	週末のみ利用可能	無制限
eスクーター	TIER（シェア電動スクーター）を通常価格で利用可能			

（出典）Whimウェブサイト "Find your plan"［https://whimapp.com/plans/］（最終閲覧2021年2月25日）
　　　に基づき筆者作成.

であるが，公共交通や自転車，タクシー（5 kmまで），レンタカーを無制限で利用することができる．

　Whimの報告書である“WHIMPACT”を参照すると，自転車やタクシーの利用が増えたというよりはむしろ，MaaSによって公共交通の利用が促進されていることがわかっている．例えば，Whim利用者のタクシー利用のうち約1割は，公共交通利用前後の20分から30分以内にみられるとしており，一般的なヘルシンキ市民と比べて2倍以上タクシーを利用していることから，日常の移動の選択肢にタクシーがより容易に含まれていることがわかる．同様に，自転車移動も公共交通利用前後に明らかな増加があったとされていることから，公共交通まで（から）のファースト（ラスト）ワンマイルを埋めるものとして自転車やタクシーを活用していることが推測される．

　またWhim利用者は，一般的なヘルシンキ市民と比べて，公共交通利用の割合は15％も高くなったことが報告されていることから，MaaSは交通システムそれ自体を変えることはしないが，「公共交通の動的かつ包括的な利用を促進するもの」としている．すなわちMaaSは，これまで個別化していた公共交通や自転車シェア，タクシーなどのサービスの円滑な利用を促進する，いわばファシリテーターのような役割を果たしている．

（3）　フィンランドにおけるRural MaaSの展開

　近年の北欧においては，都市部のみならず地方部でもMaaSの実証実験等が試みられている．北欧諸国では，こうした過疎地等におけるMaaSの取り組みを“Rural MaaS”と称して，短期間のプロジェクトや実証実験を行っている．

　欧州の過疎地域で既存の交通政策と公共交通を活用しながら，新たなモビリティ確保策を構想している“SMARTA”の報告書によれば，フィンランドが世界で初めてRural MaaSのプロジェクトを行っている[5]．また，フィンランド技術研究センター（VTT）によると，Rural MaaSのプロジェクトの目標は，新たなデジタル・ソリューションに基づく，過疎地のモビリティ・ニーズのための新たなビジネスモデルを生成することとしている[6]．その具体的な方法としては，地域の利害関係者を組織したワークショップや，追加的なインタビュー，文献レビューなどを実施している[7]．

　Eckhardt et al.（2018）は，こうしたフィンランドにおけるRural MaaSのSWOT分析を行っているが，特に過疎地では，地域特性の認識や近隣の住民

間の信頼性という観点から，「ピア・トゥ・ピア」サービスの発展可能性に言及している．公共交通サービスが限定されている地域においては，シェアリング・エコノミーに基づくモビリティサービスが人々の移動性を発展させる新たな可能性を生み出す（Eckhardt et al., 2018）とされていることから，過疎地ではライドシェアや互助に基づく輸送サービスを展開する余地があるものと考えられる．

Aapaoja et al. (2017) は，複数プロジェクトの結果からMaaSのビジネスモデルについて考察を行っているが，Rural MaaSにおいて，法定の社会福祉や保健サービスによる輸送と公共交通を統合することによって，サービスレベルの改善につながる可能性を指摘している．特に居住地域が点在している地域などでは，社会福祉政策と交通政策を統合あるいは一体的に考えていくことで，これまで公共交通の利用は困難であるが，社会福祉の対象者ではない「グレーゾーン」の層にあった高齢者等の人々へのモビリティの提供につながることが見込まれる．わが国では，国土交通省内の「高齢者の移動手段の確保に関する検討会」においても，福祉行政との連携，介護サービスと輸送サービスの連携などが掲げられており，サービスや政策間の一層の連携が期待される．

Eckhardt et al. (2020) でも指摘されているように，Rural MaaSは更なる社会実験が必要とされていることから，効率性や実用性に関してはこれから実証されていくことが見込まれるが，フィンランドでの先行的な取り組みから指摘される住民間のシェアリング・サービスや社会福祉・保健サービスとの連携は，わが国の地方部や過疎地等におけるMaaSの展開に積極的な示唆をもたらすものと考えられる．

2　わが国におけるMaaSの導入・検討状況

次に，わが国におけるMaaSの導入状況についてみていきたい．2018年10月に国土交通省内で「都市と地方の新たなモビリティサービス懇談会」が開催され，2019年3月には第8回の懇談会を踏まえて，中間とりまとめが報告されている．同とりまとめでは，地域横断的な取り組みや日本版MaaSの実現に向けた検討がなされているが，本節ではこれらの議論をもとに，都市部と地方部での展開可能性や，わが国におけるMaaSの今後の展望について詳述していきたい．

（1）　日本版MaaSの導入・検討の背景と地域分類

わが国においてMaaSの導入が試みられようとしている背景には，都市部と地方部でそれぞれの文脈があるものと考えられる．例えば，都市部では慢性的な道路渋滞や公共交通の混雑，異なる事業者間でのサービス連携などが課題として挙げられる．インバウンドを含め多数の観光客数が来訪する京都市でも，鉄道や路線バス，地下鉄など多様な交通サービスがあるが，これらを1つのサービスとしてパッケージ化して利用することは難しい．一部，京都市においても，地下鉄とバスの共通一日乗車券や，複数事業者にまたがる通勤・通学定期券の販売もあるが，先のWhimにみられるようなタクシーやレンタカーもサービスに含むケースはみられない．

加えて，都市部におけるMaaSでは，異なる事業者間でのデータ連携も求められている．2015年には，前身の公共交通オープンデータ研究会をもとに「公共交通オープンデータ協議会」が設立され，2020年の東京オリンピック・パラリンピック（2021年3月時点では同年7月開催予定に延期）に向け，各社の保有するデータをオープンデータとして公開することを通じて，運行情報サービスや多言語での情報提供，身体障害者や高齢者への必要な情報提供の実現や実用化の推進を目指してきた[8]．また，2019年5月には，公共交通オープンデータセンターの運用が開始されており，わが国における公共交通事業者とデータ利用者を結ぶデータ連携プラットフォームの確立を目指している．

国土交通省総合政策局（2019a）によると，日本版MaaSは「あらゆる人々の豊かな暮らし」を目指すものであり，データ連携の推進やキャッシュレス化，まちづくり・インフラ整備の連携などの取り組みを地域横断的に行っていくことが目指されている．日本版MaaSの先行モデル事業を概観すると，地域特性ごとに取り組みを展開していく必要があることから，2019年12月までに，①大都市近郊型・地方都市型，②地方郊外・過疎地型，③観光地型という3つのタイプに分類されており，各地域において地元の交通事業者や自治体，大学等の研究機関といったアクターが参画している．

表8-3は日本版MaaSの地域分類を示しているが，MaaS等の新たなモビリティサービスの推進を支援する事業の先行モデルとして，2019年6月までに全国で19事業が選定されている．例えば，大都市近郊型・地方都市型の具体的な事例としては，兵庫県神戸市を対象地域に，日本総合研究所や神戸市，みなと観光バスなどによって構成される協議会が「まちなか自動移動サービス事業実

表 8-3　日本版 MaaS の地域分類

	大都市近郊型・地方都市型	地方郊外・過疎地型	観光地型
事業数	6 事業	5 事業	8 事業
対象地域	神奈川県川崎市・箱根町,静岡県静岡市,兵庫県神戸市など	京都府南山城村,京丹後地域,島根県大田市など	大津・比叡山,沖縄県八重山地域,山陰エリアなど
具体的な取り組みの内容	公共交通利用の促進や交通混雑緩和などの地域課題の解決	既存のバスの再編,自家用有償運送の導入,生活サービスとの連携	二次交通の予約・決済,諸施設との連携,利用者の周遊促進

(出典) 国土交通省 (2019b) に基づき筆者作成.

証実験」を行っている.

　地方郊外・過疎地型では,既存の自治体運行のバスの再編や公共交通間の連携,あるいは生活サービスとの連携が模索されていることから,先述のフィンランドにおける Rural MaaS で目指されるような,社会福祉・保健サービスとの組み合わせも期待される.加えて,「地方版 MaaS」を契機とした自家用有償運送の導入や,住民相互の助け合いによる移動手段などを取り入れていくことで,公共交通サービス間の隔たりや「ラストワンマイル」に関わる課題解決に直結する可能性がある.

　観光地型については,鉄道やバスなどに次ぐ「二次交通」の予約や決済,またはその利用による地域の周遊促進などが期待される.とりわけ,アプリを通じてスマートフォンなどの端末に情報が送られるが,ここに観光案内や目的地での飲食店の検索,イベントへの参加予約などが統合されることで,まさにシームレスな移動・行動が可能となる.

（2）　都市部と地方部の文脈の違い

　日本版 MaaS の導入や実装において,都市部と地方部ではその文脈がやや異なる.表 8-4 では,MaaS の実現によって期待される効果と,取り組みに向けた課題を示している.順にみていくと,都市部では出発地から目的地までのファースト／ラストワンマイルとしてのタクシー,自転車等の活用や,自動車渋滞・混雑の緩和が期待される.一方,地方部では,生活交通の確保や維持,あるいは物流,福祉行政,ヘルスケアなどといった異業種との連携の余地が十分にある.

　次に,取り組みに向けた課題としては,まず都市部では多様なステークホル

表 8 - 4　都市部と地方部における MaaS の差異

	MaaS の実現によって期待される効果	取り組みに向けた課題
都市部	・ファースト／ラストワンマイルとしてのタクシー，自転車等の活用 ・日常的な渋滞，混雑の緩和 ・データ連携の実現 ・他業種のサービスとの連携	・ステークホルダー間の議論の整理 ・誰がサービスを束ねていくのか ・運賃の設定，費用の配分
地方部	・生活交通の確保・維持 ・物流サービスとの連携，貨客混載 ・福祉行政やヘルスケアとの連携 ・運転免許返納後の代替的な交通サービスの統合	・過疎地域等では交通事業者が不在 ・サブスクリプションの料金設定 ・補助金の拠出を抑制できるのか ・少ないアクター間での利害調整

（出典）国土交通省「都市と地方の新たなモビリティサービス懇談会　中間とりまとめ概要」より大幅に加筆・修正の上で筆者作成.

ダー間の議論の整理や合意形成，またサービス統合はいかにして可能なのか，その方策を示していく必要がある．現状，国内での都市部での MaaS の実証実験をみても，特定の交通事業者やそのグループ企業の限定的な参加にとどまっているケースが多い．しかし，MaaS 本来の意味，意義に照らし合わせれば，異なる交通事業者間の協働は必須であるため，こうした意味で，近年の日本版 MaaS の実証実験は，部分的・限定的なものとも言える．

　一方，中山間地域や地方部では，第 7 章で述べてきたように移動・交通に関する課題が山積かつ複雑化している．とりわけ日常生活における自家用車への依存度が高いこと，公共交通の利用者減少が進んでいることなどが特徴として挙げられる．中山間地域や過疎地域では，交通事業者の撤退も相次いでおり，MaaS で目指されるべき公共交通連携の前提である交通サービスの確保すら困難な状況にある．

　また，地方部での課題として，サブスクリプションのビジネスモデルが成立するかどうかも疑問であるほか，補助金の拠出を（現状の公共交通より）抑制できるのか，さらに，少ないアクター間での利害調整は決して容易でないことも想定される．特に，地域で現状のサービスを展開するバス会社やタクシー会社等にとって，MaaS によってもたらされるメリットが少なければ，参画には積極的な姿勢は示さないことが推測される．

　しかし，全国ハイヤー・タクシー連合会は，2019 年 6 月に「MaaS への積極的な参画」を表明しており，他の公共交通機関との連携による新規需要の取り

込みなどを期待できる効果や目標として位置づけている．乗合バス事業においても，先述のようにオープンデータ化の推進や実証事業を行っていることから，国内の交通事業全体としても，MaaS の導入や本格的な展開に向けた整備が行われている．

（3）　日本版 MaaS の今後の展望

　2020 年 4 月には，国土交通省の公共交通政策において「令和 2 年版日本版 MaaS 推進・支援事業の公募」が開始されており，MaaS のモデル構築や普及によって，公共交通の維持・活性化や地域課題の解決に寄与していくことが目指されている．

　第 7 章での中山間地域の事例でも述べたように，高齢者等にとっては最寄りの停留所や駅までの距離すらが「バリア」となりうる中で，MaaS のモデル構築や普及によってもたらされるメリットの 1 つに "FMLM 問題" の解決が挙げられる．この "FMLM 問題" は，伝統的に電気通信や物流などの分野で指摘されてきた "First Mile and Last Mile" を意味する．例えば物流や交通においても，近年（ユーザーまでの）「ラストワンマイル」がキーワードの 1 つとなっているが，利用者や住民側の立場からは，商品やサービス（駅や停留所）までは「ファーストマイル」となる．

　図 8-2 にもあるように，自宅から停留所まで，あるいは停留所から目的地までは，徒歩や自転車に乗ることが可能な人々からすればさほど大きな問題にはならないが，高齢者や障害者，妊産婦などからすれば，この "FMLM 問題" は，都市部・地方部どちらでも重要な問題となる．一方，MaaS の普及によって，シェアリング型の交通やゴルフカート，あるいはパーソナル・モビリティ（PM）

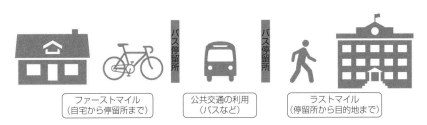

図 8-2　"FMLM" のイメージ

（出典）King（2016）に基づき筆者作成．

のようなものが公共交通と組み合わさることによって，この "FMLM問題" の解決に寄与することが期待される．

　とりわけ都市部では急坂の多い住宅地などでは，ゴルフカートなどが周回することで停留所までのアクセスが可能になるほか，地方部でも第7章の京都市北区中川学区の事例で言及したように，互助などの形態で停留所までの移動手段を確保していくことが可能となるものと考えられる．

　ただ，特にわが国においてMaaSは，欧米諸国よりやや遅れて社会的な関心を集め始めているとも言えるため，地域特性ごとのモデルの構築には少し時間がかかる可能性がある．一方で，すでに北欧等では都市部／地方部でパイロット的な取り組みが展開されており，これらの知見を存分に活用しながら，日本版MaaSを展開していくことも有用な策の1つである．

　また，MaaSそれ自体が成立しない地域が多く出てきたとしても，MaaSの概念や考え方を今後の地域公共交通に積極的に応用していくことが求められる．すなわち，異なる交通事業者間（あるいは異業種間）の協働や，バリアフリーの制度・政策関連でたびたび指摘されてきた「移動の連続性」の確保のためのモード間連携など，利用者本位でモビリティサービスを捉え直し，パッケージ化していくことで，市民・住民にも利益がもたらされることが期待される．

3　MaaSと官民＋市民連携（PPPP）

　ここまで，欧米諸国と日本におけるMaaSの展開について，それぞれ整理を行ってきた．次に，本節ではMaaSをめぐる論点として，3つの "B"（Budget, Bundles, Brokers）とPPPP（Public-Private-People Partnership，以下「官民＋市民連携」と略記）を取り上げたい．とりわけ後者については，北欧諸国のRural MaaSにおいて，官民連携（Public-Private Partnership）の発展モデルとして官民＋市民連携が位置づけられており，市民等によって提供されるサービスがいかに公共交通サービスを補完しうるのかについて，考察していく．

（1）　MaaSにおける「3つの "B"」

　Hensher（2017）は，デジタル・シェアリング時代のバス事業者の役割について整理しているが，そこで "Budget"（予算），"Bundles"（バンドル），"Brokers"（ブローカー，仲介者）という3つの "B" に言及している．とりわけMaaSの文

脈では，既存の公共交通事業者の役割は，（直接的な）サービス提供者の役割から，複数の交通形態をバンドルする仲介者へと変化する可能性があると指摘している．以下では，Hensher（2017）の指摘をもとに，3つの"B"（3 Bs）についてそれぞれ考えていきたい．

　まず，予算については，MaaS の場合は利益が生み出せない場合の公的補助の準備や，あるいは利益の分配方法についても議論の余地があるものと考えられる．単一の事業者がサービス展開する場合や，親会社と子会社の関係で複数の交通モードをパッケージ化する場合は，さほど大きな問題にはならないことが予想されるが，異なる複数の事業者が1つのサービスを展開しようとする場合は，公的補助の拠出などが必要とされる可能性がある．

　次にバンドルであるが，これは MaaS において複数のサービスを束ねることを意味する．空港経営の文脈では，第2章で「上下分離」＝「アンバンドリング」がキーワードとなっているが，複数の交通モードをパッケージ化するにあたっては，パソコンとソフトウェアのセット販売のような，サービスのバンドリングがポイントとなる．

　最後にブローカー（仲介者）であるが，これはサービス間をつなぐアクターを意味する．Hensher（2017）は，マルチモーダルに契約するブローカーがますます重要な役割を果たすとしているが，公共交通オペレーターはいずれのモードの提供者にもなり，ユーザーのニーズに合わせた車両のマッチングを確実に行う，としている．

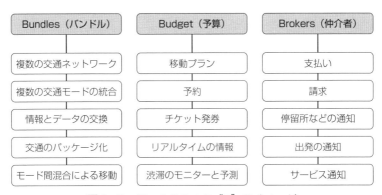

図 8-3　MaaS の3つの"B"のイメージ

（出典）Wang and Lee（2019）に基づき筆者作成．

　こうした3つの"B"については，Wang and Lee（2019）がサイクルシェアリングの文脈で**図8－3**のような整理を行っているが，それによれば，公共交通や私的な交通とされるもの，あるいはその中間にあるカーシェアリングなどのすべての手段を統合し，ユーザーにコストやプランを知らせることができると指摘している．わが国におけるMaaSの展開に照らし合わせれば，制度的なハードルはいくつかあるものの，バンドル・予算・仲介者という3つの視点からMaaSの評価指標の設定や事例の適切なフィードバックを行っていくことが求められる．

（2）　官民＋市民連携（PPPP）のフレームワーク

　次に，官民＋市民連携（PPPP）のフレームワークからMaaSの展開を捉えていく．"PPPP"は，"Public-Private-People Partnership"の略語で，官民連携（Public-Private Partnership）に市民・住民あるいはユーザーなどの「人々」が含まれたものであり，先述のRural MaaSの文脈でもAapaoja et al.（2017）やEckhardt et al.（2018）などが言及している．

　具体的には，官民連携の拡張モデルとして位置づけられ，とりわけ脆弱な社会集団や過疎地域向けの効率性向上，共有されたプライベートな資源の統合を通じて，公共セクターのコスト削減につながる可能性がある（Aapaoja et al., 2017）．

　"PPPP"はまた，公共政策や参加型ガバナンスの文脈で，4P（s）あるいは

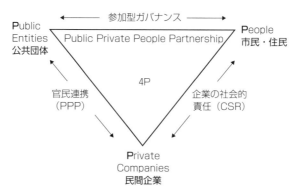

図8－4　PPPP（官民＋市民連携）モデルのイメージ

（出典）Marana et al.（2018）に基づき筆者作成．

P 4 とも呼ばれており，イメージとしては**図 8 - 4** のように示すことができる．都市のレジリエンス（弾力性あるいは反発性など）の構築プロセスの文脈で，Marana et al.（2018）は "PPPP" のフレームワークを示しているが，パートナーシップに市民を含むことによって，社会的に脆弱なセクターを直接的に代表させることができる，としている．

　Eckhardt et al.（2018）は，Rural MaaS の文脈で，個人が提供するライドシェアなどのモビリティサービスが，特に過疎地で提供される他のサービスを補完する可能性があるとしている．したがって，市民参加型のライドシェアや自家用有償運送などの市民・住民（People）による交通と，自治体や事業者（Public/Private）によって提供される既存の公共交通の連携を図っていくことにより，過疎地等での交通問題のソリューションとなることが期待される．

　この "PPPP" のフレームワークにおいては，従来の官民連携のパートナーシップに市民・住民が新たなアクターとして加わるのか，あるいは MaaS の展開に際して新たなパートナーシップを組み直すのかは地域ごとに異なる対応が求められる．また，この "People" については，第 7 章でみてきたような自家用有償運送のドライバーやサポーターとしての役割と，サービスユーザー（消費者）という二重の意味があるものと考えられる．

　"PPPP" について改めて整理しておくと，とりわけ交通分野においては地域のニーズに応じたパートナーシップのバランシングやアクター間の利害調整が求められる．一方で，パートナーシップに市民・住民を取り込もうとすることで，潜在化したニーズへのアプローチや，運転者，自家用車という既存の地域資源の掘り起こしにつながることが期待される．

（3）　わが国における官民＋市民連携（PPPP）の可能性

　Eckhardt et al.（2020）は，フィンランドの様々な地域において MaaS や PPP を主題としてインタビューとワークショップを実施し，この "PPPP" を体系的に整理した上で "公共部門と民間部門，及び利用者（「人」）の間の協力の形態であり，交通サービスの文脈では，「人」はプロシューマー（生産消費者）と捉えることができる"（Eckhardt et al., 2020: 50）と定義している．

　このプロシューマー（生産消費者）については，アメリカの作家アルビン・トフラーが提示した producer（生産者）と consumer（消費者）を組み合わせた造語であるが，これを MaaS によるモビリティの変革の文脈で考えれば，市民は

サービス利用者としてだけではなく，例えば自家用有償運送のドライバー，あるいは駐車スペースの提供者，といった多様な役割が期待される．

　2020年 7 月に国土交通省によって発表された「令和 2 年度日本版 MaaS 推進・支援事業」では，2019年（令和元年）度の19事業に加えて，新たに38事業に拡大されている．この中で，例えば長野県茅野市や富山県朝日町では MaaS に自家用有償運送を加えた実証実験が計画されており，朝日町の例では，住民ドライバーの移動に利用者が「ついで乗り」をする仕組みによる持続性の高い交通網の構築などが目指されている．

　また，市民・住民には，ドライバーとしてのみならず，一人の利用者として公共交通や他の移動手段を活用しながら，サービス改善に向けたフィードバックなどを継続的に行っていくことも求められる．先の Eckhardt et al.（2020）によれば，MaaS のサービス発展のためには，利用者がフィードバックやニーズの伝達を行うことが求められており，消費・生産することによって「共同経済的に資源を共有」し，PPP（官民連携）から PPPP（官民＋市民連携）のモデルへと発展していくことを指摘している．

　特に MaaS の普及・発展においては，利用者目線からのサービス提供が目指される中で，こうしたプロシューマーとしての市民・住民の役割はいっそう強まってくるものと考えられる．もちろん，交通事業者のいない（少ない）地域ではサービス提供者としての役割が期待されつつも，**図 8－5** に示しているように，既存のバスやタクシーの利用者も，スマートフォンなどを通じて運行主体等に対して積極的なフィードバックを行うことで，サービスの維持・改善につながる可能性も大いにある．

　また，同じく**図 8－5** でも示しているが，交通事業者などの民間企業や，地方公共団体には運行データの共有や公開なども，今後一層求められるものと予測される．とりわけ MaaS の展開にあたっては，運行データの一元管理やこれに基づく適切なルート情報の提供などが求められるため，こうした点でもアクター間の連携は必須である．

　最後に，わが国における官民＋市民連携の課題について提示しておきたい．

　第 1 に，MaaS の展開にあたっては，非常に多様なアクターの調整が必要となるが，これを誰が，どのように行っていくのかというプロセスを改めて整理しておく必要がある．とりわけ，先の MaaS 推進・支援事業にあたっては，自治体や事業者によって協議会が構成されているが，どのアクターを頂点に据え

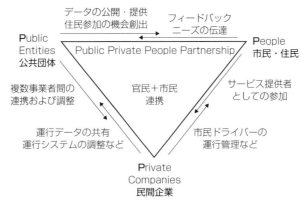

図8-5　わが国におけるPPPP（官民＋市民連携）モデルのイメージ

（出典）Marana et al.（2018）から筆者加筆.

て議論を進めていくかによって方向性が異なる．地域公共交通の諸施策で提示されている，地方公共団体が主体的に検討する必要性について，MaaS実施においてどのように解釈をしていくべきかという点は，議論の余地が残されているといえよう．

　第2に，過疎地域等においてプロシューマーとして市民・住民がサービス提供を担う場合，サービスの公共性をいかに担保していくのかという問題が残されている．もちろん，バスやタクシーなどの既存の交通事業者がアクターとして存在する場合は，むやみに市民・住民をサービス提供者として位置づける必要はないが，そうでない地域においては，このようなジレンマは避けては通れないものと考えられる．これはMaaSに限定した問題ではないものの，公共的なサービスを展開する上で，市民・住民が担い手として参画するというある種の矛盾ともいうべき壁をどのように乗り越えていくのか，この点についても今後の事例の蓄積と，より詳細な論点の整理が求められる．

注
1）　なお，MaaSアライアンスについてはわが国からはJR東日本が2019年4月に加盟しており，アジア・環太平洋地域からは他に韓国のLG子会社や，オーストラリア首都特別地域政府が加盟している．

2 ）　国土交通省「MaaS 関連データ検討会」．〔https://www.mlit.go.jp/sogoseisaku/
transport/sosei_transport_tk_000117.html〕最終閲覧2021年 2 月25日．

3 ）　MaaS Alliance（2017）"White Paper"〔https://maas-alliance.eu/wp-content/
uploads/sites/7/2017/09/MaaS-WhitePaper_final_040917-2.pdf〕最終閲覧2021年 2 月
25日．

4 ）　Whim「MaaS Global, the company behind the Whim app」．〔https://whimapp.com/
about-us/〕最終閲覧2021年 2 月25日．

5 ）　SMARTA「NATIONAL MAAS FRAMEWORK」．〔http://ruralsharedmobility.eu/
wp-content/uploads/2019/08/SMARTA-GP-National-Maas-Network-Finland.pdf〕最終
閲覧2021年 2 月25日．

6 ）　VTT「Mobility as a Service concept‐promoting service and livelihood development
in rural areas」．〔https://projectsites.vtt.fi/sites/maaseutumaas/www.vtt.fi/sites/
maaseutumaas/PublishingImages/in-english/brochure_rural_MaaS.pdf〕最終閲覧2021
年 2 月25日．

7 ）　同上．

8 ）　公共交通オープンデータ協議会「公共交通オープンデータ協議会設立」．〔https://
www.odpt.org/wp-content/uploads/2019/05/ODPT150925-01.pdf〕最終閲覧2021年 2
月25日．

参考文献・資料

Aapaoja, A., J. Eckhardt and L. Nykänen（2017）, "Business models for MaaS", In *1st
International Conference on Mobility as a Service*（*ICoMaaS*）, Tampere, Finland.

Eckhardt, J., L. Nykänen, A. Aapaoja and P, Niemi（2018）, "MaaS in rural areas-case
Finland", *Research in Transportation Business & Management*, Vol. 27, pp. 75-83.

─── , A. Aapaoja and H. Haapasalo,（2020）, "Public-Private-People Partnership
Networks and Stakeholder Roles Within MaaS Ecosystems," In *Implications of
Mobility as a Service*（*MaaS*）*in Urban and Rural Environments: Emerging Research
and Opportunities*, IGI Global, pp. 21-50.

Hensher, D. A.（2017）, "Future bus transport contracts under a mobility as a service
（MaaS）regime in the digital age: Are they likely to change?", *Transportation
Research Part A*, Vol. 98, pp. 86-96.

King, D. A.（2016）, *WHAT DO WE KNOW ABOUT THE "FIRST MILE/LAST
MILE" PROBLEM FOR TRANSIT?*.〔https://transportist.org/2016/10/06/what-do-
we-know-about-the-first-milelast-mile-problem-for-transit/〕最終閲覧2021年 5 月10日．

Marana, P., L. Labaka and J. M. Sarriegi（2018）, "A framework for public-private-people
partnerships in the city resilience-building process", *Safety science*, Vol. 110, pp. 39-
50.

Sochor, J., H. Arby, M. Karlsson and S. Sarasini（2018）, "A topological approach to
Mobility as a Service: A proposed tool for understanding requirements and effects,

and for aiding the integration of societal goals", *Research in Transportation Business & Management*, Vol. 27, pp. 3 -14.

Urry, J.（2005）, "The 'system' of Automobility", In Featherstone, M., N. Thrift, and J. Urry（eds.）, *Automobilities*, SAGE Publication Ltd（近森高明訳『自動車と移動の社会学――オートモビリティーズ――』法政大学出版局（新装版）, 2015年）.

―――――（2007）, *Mobilities*, Polity（吉原直樹・伊藤嘉高訳『モビリティーズ――移動の社会学――』作品社, 2015年）.

Wang, Y. and S. Lee（2019）, "Service Model Research of Bicycle-sharing based on Mobility-as-a-Service（MaaS）", *Journal of Service Research and Studies*, Vol. 9 , Issue 4 , pp. 19-40.

国土交通省（2019a）,「日本版MaaSの実現に向けて」.

―――――（2019b）,「先行モデル事業概要」（日本版MaaSの展開に向けて地域モデル構築を推進！～MaaS元年！先行モデル事業を19事業選定～）.

―――――（2020）,「令和 2 年度日本版MaaS推進・支援事業38事業について」.

日高洋祐・牧村和彦・井上岳一・井上佳三（2018）,『MaaS ――モビリティ革命の先にある全産業のゲームチェンジ――』日経BP.

第 **9** 章

ユニバーサル社会の実現に向けた多様なモビリティの展開

　本章では，障害の有無や年齢にかかわらず自立した日常生活や社会生活が確保されるための「ユニバーサル社会」の実現に向けた，多様なモビリティの展開に着目し，第1節ではユニバーサル社会におけるモビリティとバリアフリーについて，第2節では福祉的なモビリティサービスの役割と意義について，第3節では「移動のユニバーサルデザイン」と自転車活用の可能性について，それぞれ詳述していく．

1　ユニバーサル社会におけるモビリティとバリアフリー

　わが国においては，2018年に「ユニバーサル社会の実現に向けた諸施策の総合的かつ一体的な推進に関する法律」が制定され，障害の有無や年齢等にかかわらず，等しく基本的人権を享有する個人として尊重されるという理念から，障害者や高齢者等の自立した日常生活及び社会生活が確保されることの重要性が提示されている．ここでは，とりわけモビリティとバリアフリーという観点から，障害者，高齢者等の地域生活の直面している課題解決に向けてどのような取り組みが必要か，関連する先行研究や政策文書などから検討する．

（1）　モビリティとバリアフリー

　秋山・三星（1996）は，超高齢社会が進行する中で，高齢者や障害者は「社会階層として行政によって定義されたものであることに注意すべき」とした上で，「福祉分野の用語としての「高齢者」と「障害者」のみを交通計画の対象者としてよいものであろうか」と問題提起をしている．特に，「移動能力（モビリティ）の面から交通施策の対象となる人は，妊産婦・病人など非常に幅が広いことに留意しなければならない」（秋山・三星，1996）としており，福祉行政の観点から高齢者や障害者の移動手段の確保に努めるというよりは，日常的なモ

ビリティに制約があるかどうかという視点も，今後の移動・交通関連分野の政策には求められてくる．

　社会学者のアンソニー・ギデンズ（Anthony Giddens）は，「交通機関の利用機会は，農村における社会的排除に影響を及ぼす最も大きな要因のひとつ」（Giddens, 2006=2009: 383）としており，世帯における自動車の保有／非保有が，求職活動や友人・家族への訪問などの日常生活に影響することを指摘している．またElliot and Urry（2010=2016）も，自家用車の所有者と自転車利用者，歩行者，そして子どもたちの間には「巨大な不平等が存在する」としており，やはり自家用車の有無によって，とりわけ地方部等ではモビリティの不平等性あるいは「移動の格差」ともいうべき間隙がある．

　一方，バリアフリーという言葉自体は，わが国においても制度の名称や日常的に耳にすることも少なくないが，歴史的な文脈を辿れば「障害者のための物理的な障壁を取り除くこと」，「障害のある人の外出を保証すること」を発端としている．ただし今日では，障害者のみを対象とするのではなく，例えば高齢者，障害者等の移動等の円滑化の促進に関する法律（以下，「バリアフリー法」）では，高齢者や子育て世代のなどの「全ての人々が安心して生活・移動できる環境」の実現を目指しているように，バリアフリーの意味するところは限定的ではないことがわかる．

　2006年に制定されたバリアフリー法は，**表9-1**にも示しているが，1994年制定のいわゆるハートビル法と，2000年制定のいわゆる交通バリアフリー法を統合したものであり，計画策定段階から当事者の参加を求めて意見を反映させるという特徴がある．2020年に行われたバリアフリー法の改正では，「情報提

表9-1　バリアフリー関連法の制定

年数	改正法	具体的な内容
1994年	高齢者，身体障害者等が円滑に利用できる特定建築物の建築の促進に関する法律（ハートビル法）	不特定かつ多数が利用する公共施設で高齢者や身体障害者が支障なく利用できるように対策を促すもの
2000年	高齢者，身体障害者等の公共交通機関を利用した移動の円滑化の促進に関する法律（交通バリアフリー法）	鉄道駅や空港などの新設や改築，新車両の導入などの際のバリアフリー化を義務付け
2006年	「高齢者，障害者等の移動等の円滑化の促進に関する法律」（バリアフリー新法）	上記二つの法を合わせたもので，計画策定段階から当事者の参加を求め，意見を反映させるもの

（出典）筆者作成．

供に関する事項」や「国民の理解の増進及び協力の確保に関する事項」が基本
方針に含まれており，定期的な当事者による評価やハード・ソフトの取り組み
計画の作成や公表などを踏まえながら公共交通等のバリアフリー化の推進が目
指されている．

　国土交通省（2020）によれば，バリアフリー法に基づく基本方針の整備目標
の達成に向けて，移動等の円滑化を推進しており，2020年度中の見直しを踏ま
えて2021年度以降の目標を設定する．現行の2020年度末までの目標と2018年度
末における達成状況を概観すると，例えば鉄軌道駅のバリアフリー化は3,000
人以上の駅で原則100%に対して90%，ホームドアと可動式ホーム柵の設置は
約800駅の目標に対して783駅となっている．

　一方，バスに関しては乗合バス車両の約70%でノンステップバスの導入が目
指されているのに対して，2018年度末の数値では59%（対象車両比）となっている．
総車両比では45.7%となっているが，図9−1にも示しているように，1990年
代中盤と比較すると漸次的に増加しつつある．ただ，都道府県別のノンステッ

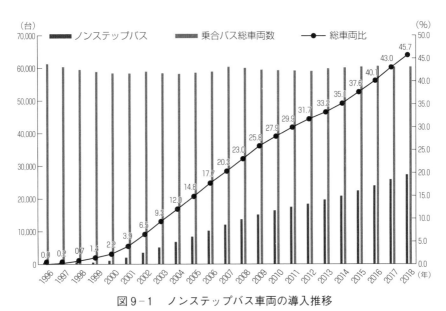

図9−1　ノンステップバス車両の導入推移

（出典）国土交通省資料（国土交通省「バス・タクシー車両やバスターミナルのバリアフリー化が着実に進捗　参
考資料1　ノンステップバス等の車両数の推移」．[https://www.mlit.go.jp/common/001265047.pdf]
最終閲覧2021年2月25日）に基づき筆者作成．

表 9-2　都道府県別ノンステップバス対象車両数の導入比率（上位・下位 3 都県）

順位	都道府県名	ノンステップ対象車両数比（%）
1	東京都	93.8
2	香川県	81.3
3	愛知県	80.9
45	鹿児島県	22.1
46	秋田県	21.8
47	大分県	20.3
	全国	58.8

（出典）国土交通省資料（国土交通省「バス・タクシー車両やバスターミナルのバリアフリー化が着実に進捗　参考資料 3　都道府県別移動円滑化基準適合車両導入状況」．[https://www.mlit.go.jp/common/001265045.pdf] 最終閲覧2021年 2 月25日）に基づき筆者作成．

プ対象車両数の導入比率をみると，1 位の東京都の93.8％と，47位の大分県の20.3％と大きな開きがあることがわかる（表 9-2）．

　地域ごとに基準適合車両数などの条件が異なっているのは当然のことであるが，一方でこうした地域格差をどのように埋めていくのかも今後のバリアフリーの政策的課題の 1 つとなる．特にモビリティという観点からは，例えば地方部でも自動車を持たない子育て世代や，自力で移動可能な子どもなどにとっても，こうしたノンステップバスやバリアフリー基準の達成された車両の導入は有用である．しかし，交通事業者単独では車両の更新や新たな導入は容易ではないため，公的セクターとの連携や，市民・住民レベルからの要求も求められる．

（2）　ユニバーサル社会の実現に向けた制度・政策の動向

　わが国においては，2000年 3 月に内閣府に「バリアフリー・ユニバーサルデザインに関する関係閣僚会議」が設置され，ハード，ソフト両面のバリアフリー・ユニバーサルデザインを効果的かつ総合的に推進することを目的に，2012年までに計 7 回の閣僚会議が開催されてきた．2008年に示された「バリアフリー・ユニバーサルデザイン推進要綱」においては，これまでのバリアフリー関連施策を踏まえて，一部の関係者のみの取り組みとするのではなく，社会全体で進めていくことが重要とされている．

　先の要綱では，点あるいは線から「面」の整備の重要性が提起されている．

表9-3　東京オリンピック・パラリンピックを契機とした近年の制度の動向

年数	改正法	具体的な内容
2018年	バリアフリー法改正（2018年5月公布）	2020年の東京オリ・パラを契機とした「共生社会の実現」
2018年	ユニバーサル社会実現推進法	障害者，高齢者等の自立した日常生活及び社会生活が確保されるよう，諸施策の総合的・一体的な推進
2020年	バリアフリー法改正	共生社会実現に向けた機運情勢を受けて，心のバリアフリーに係る施策などのソフト対策等の強化

（出典）筆者作成.

　これは，個々の施設や公共交通機関が整備されたのみでは不十分であり，第8章でも言及した「移動の連続性」とも関わるが，目的地までのシームレスな移動のためにはこうした面的な整備が必須となる．このような文脈では，後述の「ユニバーサルMaaS」あるいはこれに類似した利用者視点に立った取り組みを推進していくことで，市民や来訪者の多様なニーズに応答していくことにつながるものと考えられる．

　「ユニバーサルデザイン2020行動計画」においては，障害の有無にかかわらず，支え手側と受け手側に分かれることなく支え合い，多様な個人の能力が発揮される社会が目指されている．**表9-3**では，2020年に予定されていた東京オリンピック・パラリンピック大会を契機とした近年の制度の動向を示しているが，先のユニバーサルデザイン2020行動計画もそうであるように，東京大会を起点としてハード・ソフト双方のバリアを取り除く取り組みが推進されつつある．周知のように，新型コロナウイルスの影響によって，2021年の開催へと延期されることになったが，ユニバーサル社会の実現という側面では，その環境整備を行うことができる余地が残されている．

　新型コロナウイルスに関連して，感染症下あるいは，いわゆる「アフターコロナ」の移動について簡潔に述べておきたい．新型コロナウイルス感染症専門家会議は2020年5月4日に「新しい生活様式」を提言しているが，テレワークの普及・定着によって公共交通の混雑緩和や，自転車やパーソナル・モビリティ（PM）などの分担率の高まりなども予想されるが，こうした動きは高齢者や障害者などの移動にどのような影響を与えるのであろうか．もちろん重症化リスクの高い高齢者や持病のある人は，無理な外出は控えるべきであるが，日常生活においては，感染症の流行如何にかかわらず，必要不可欠な移動は存在する．例えば，高橋（2012）は視覚障害者の立場から，次のように述べている．

　　"移動制約者が移動をあきらめて，ネットでばかり用事を済ませていた
　ら，社会の大部分はきっとそのような人々の生身の姿や存在を忘れてしま
　うでしょうし，移動制約者の側も，社会の一員としての市民感覚を忘れて
　しまうかもしれません.
　　障害のある人にとって必要なのは，「観光や娯楽の移動」だけではない
　のです. 日常的に，必要に迫られて仕方なくしている移動の中にこそ，真
　の日常社会とのさまざまな接点があり，そこにこそ，障害のある人もない
　人も分け隔てなく社会のつくり手として取り組んでいく力の源があるのだ
　と思います."（高橋，2012：28）

　こうしたことから，もちろん余暇としての移動についてもハード・ソフトの
側面から整備していくことも必要であるが，特に障害者等が移動をあきらめな
い仕組みづくりが求められる. このような点で，後述の「ユニバーサル MaaS」
や福祉的なモビリティサービスの積極的な展開によって，いわゆる社会的弱者
にとってのさまざまな障壁を解消しうることが期待される.
　また昨今ではデリバリー市場やドローンによる配送など，消費者までのラス
トワンマイルのあり方に注目が集まっている中で，人々が障害の有無などにか
かわらず安心して移動できる環境づくりに関しては，引き続き議論していかな
ければならない. コロナ禍にあっては，公共交通利用者の大幅な減少やサービ
ス縮小，事業者の地域からの撤退は避けられない状況にあるものの，一人一人
が社会の一員として，そして市民感覚を忘れないようにするためにも，改めて
「ユニバーサルな移動」の本質を考えていく必要がある.

（3）　ユニバーサル社会の実現に向けた新たなモビリティサービスの展開

　近年のバリアフリー関連施策でたびたび言及されている「移動の連続性」に
関しては，第8章で取り上げた MaaS がその課題解決の一翼を担う可能性があ
る. 例えば2020年2月には，全日本空輸（ANA）と京浜急行電鉄，横須賀市，
横浜国立大学による「ユニバーサル MaaS」の社会実装に向けた連携の方針が
示されている.
　MaaS に関しては第8章で既に述べているが，ここでのユニバーサル MaaS は，
障害者や高齢者，訪日外国人などの「何らかの理由で移動にためらいのあるお
客さま」がストレスフリーに移動を楽しめるサービスであるとされる. 具体的

には，公共交通の運行状況や運賃，乗り継ぎルートなどの情報を利用者に提供していくこと，さらには利用者のリアルタイムの位置情報や必要とする介助の内容を事業者や自治体，大学が共有することで，シームレスな移動体験を実現するものとされている[1]．実証実験では，スマホアプリの活用を通じた，車椅子ユーザーに向けた空港内のナビゲーションや，航空会社と鉄道会社，バス会社の情報共有が模索されているが，こうした取り組みは，MaaSそのものが目指す方向性である「利用者視点」からのモビリティの変革にも直結しうるものと考えられる．

　このほかにも，2020年6月には博報堂とヴァル研究所が業務提携契約を締結し，地域の移動課題や社会課題の解決を目的としたMaaSの開発を目指しているが，今後のモビリティサービスの展開においては，このように交通事業者を含まないパートナーシップも特徴的な点の1つである．また業務提携に際して博報堂は「公共交通と自家用車の協調」，自治体や住民と共に考える「地域交通全体の次世代化」が日本版MaaSのあるべき姿としており，生活サービス／インフラの関連企業との既存のパートナー関係を生かして「生活者にとってより良いMaaS」の開発を目指すとしている[2]．

　第8章でのPPPP（官民＋市民連携）の議論との関係でいえば，MaaSの主導者が公共セクターであるか，民間セクターであるかによって，サービスの性質や目的は異なる可能性はあるものの，関連産業（企業）との連携を得意とする業種が参入することによって，地方自治体や住民などのアクターとの関係性を構築できる可能性もある．とりわけ，MaaSにおいては交通事業者以外のアクターが積極的に関与することによって，「交通＋α」の地域情報の提供が期待される．

2　福祉的なモビリティサービスの役割と意義

　前節ではユニバーサル社会におけるモビリティとバリアフリーについて整理してきたが，ここでは福祉的なモビリティサービスの役割と意義について述べていきたい．とりわけ，社会福祉協議会などの福祉的なアクターが取り組む事例を参照しつつ，高齢者や障害者，あるいはモビリティに制約のある人々に対する実践や新たなサービスの展開可能性について整理していく．

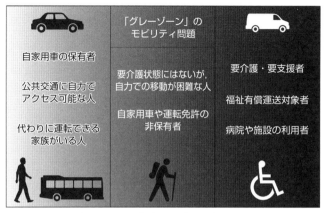

図 9-2　現代における「グレーゾーン」のモビリティ問題
(出典) 野村 (2020).

（1）　制度・政策の狭間にある高齢者の移動の問題

　わが国においては，2018年3月に国土交通省総合政策局公共交通政策部交通計画課から，「交通と福祉が重なる現場の人々」に向けた事業モデルの整理と解説が提示されているが，こうした背景には，高齢者の地域生活における「移動」の問題を，誰がどのように対応していくべきかという実践的な課題がある．

　とりわけ，介護保険や高齢者福祉を担当する部局と，公共交通を担当する部局は政府から都道府県，市町村における各レベルにおいても異なるため，こうした「交通と福祉が重なる」という視点は各アクターにとって非常に重要である．

　図 9-2 では，第7章でも言及した「グレーゾーン」の問題を図示している．このように要介護状態にはないが，自力での移動が困難な人は，高齢者を中心に一定数，地域に存在するものと考えられる．特に高齢者の地域生活という側面では，移動の問題は決して一様ではなく，身体障害者手帳を保有する人や要介護・要支援の認定を受けている人にとっては，福祉有償運送などのドア・トゥ・ドアに近いサービスを利用できるものの，そうした社会福祉制度の対象の「一歩手前」にいる高齢者は，公共交通の利用か，自分もしくは家族の運転など，ほぼ自力での移動を強いられる状況にある．

　近年では，高齢運転者による重大死亡事故の発生などに鑑みて，政府や各自治体レベルでは主に高齢者を対象とした運転免許の自主返納の取り組みが行われている．ただし，中山間地域や地方部では，特に農業や林業に携わる人々に

とっては，自身の生活と自動車の運転が切っても切り離せない関係にあるため，住民の生活実態に合わせた対応が求められる．とりわけ高齢者にとっては，自動車の運転に関わる身体的な能力の衰退などは日々刻々と変化するものであり，図9-2にも示しているように，「グレーゾーン」はスペクトラム（連続体）的ともいえる．

このように，高齢者の移動をめぐる問題は複雑化しつつあるが，特にわが国においては，実践レベルでどのような対策がなされてきたのか，次に社会福祉協議会による地域公共交通の事例から論点の整理を行っていく．

（2） 高齢者のモビリティ確保に向けたサービス展開

ここでは，三重県玉城町において社会福祉協議会（以下，社協）の運行する「元気バス」の事例から，特に社会福祉制度・政策の対象者ではない，いわゆる「一般高齢者」への対応と高齢者のモビリティ確保に向けたサービス展開のあり方を考えていく．

社協による移送サービスの取り組みについては，これまでも福祉有償運送や外出支援サービスなどが行われてきたが，基本的には利用対象者が限定されて

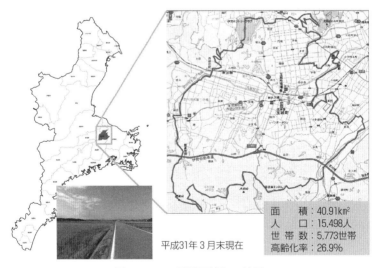

面　積：40.91km²
人　口：15,498人
世 帯 数：5,773世帯
高齢化率：26.9%

平成31年3月末現在

図9-3　三重県玉城町の地図

（出典）玉城町社会福祉協議会ホームページ（玉城町社会福祉協議会「元気バス視察資料」．[http://www.tamasya.or.jp/siru/sisatusiryou2019.7.pdf] 最終閲覧2021年2月25日）．

きたという背景がある．例えば福祉有償運送については，身体障害者手帳の保有者や要介護・要支援の認定を受けている者などに限られてきた．一方で近年では，上記の人々に限定しない形で，社会福祉法人（あるいは社協）による自家用有償運送やその他の地域公共交通を展開している事例もみられる．

　三重県玉城町は，**図 9 - 3** にも示しているように，伊勢市の西に位置している人口 1 万5,498人（2019年 3 月末時点）の町である．玉城町では，1996年に民間路線バスが大幅に縮小されて以降，玉城町社協に委託のもとでコミュニティバスの「福祉バス」の運行が開始された．当時はマイクロバスに 4 ～ 5 人程度の利用者であり，新たな地域公共交通のあり方が町内で再考される中で，東京大学大学院との共同研究という契機もあり，デマンド交通（玉城町では「オンデマンドバス」と呼ぶ）の「元気バス」が導入されることとなった．

　導入経緯などについては野村（2015）などで説明しているため，ここでは詳述しないが，2009年の実証実験開始以降， 1 カ月に概ね2,000人程度の利用者となっている．利用対象者については，基本的には町民（登録者）であるが，高齢者や障害者などの要件はない．町内に 3 台ある元気バスの運行にかかる年間の予算は約2,000万円であり，これは玉城町から拠出されているものである．

　また元気バスの特徴としては，無料でかつ自宅近くのバス停から利用できることが挙げられる．バス停は，町内の自治区を通じて設定されるものであり，

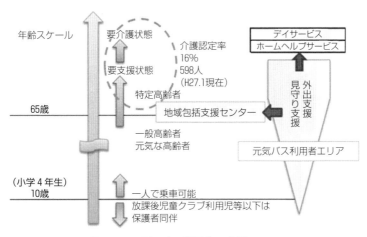

図 9 - 4　元気バス利用者の支援エリア

（出典）玉城町社会福祉協議会提供資料.

2019年9月末までに194カ所に設置されており，住民・利用者から「ここにも停留所を増やしてほしい」という要望があれば，当該区の区長が集約し，町と協議のもと新設してきたという．そのため町民は，ドア・トゥ・ドアに近い形で元気バスを利用することができる．

図9-4では，玉城町社協の設定する元気バス利用者の支援エリアを示しているが，一人で乗車可能な小学生から，一般高齢者，元気な高齢者がおおよその対象者として設定している．ただしこれは，それ以外の住民を対象外としているわけではなく，例えば要支援状態や要介護状態にある特定高齢者には，福祉有償運送などの他のサービスの利用へとシームレスにつなぐことが可能となっている．

もちろん，社協それ自体は一般的に，交通を専門とするアクターではないため，玉城町の事例を他地域に応用していくことは難しいものの，小地域活動や住民組織化などに努めてきた社協のようなアクターが，生活支援の視点から移動・交通問題にアプローチしていく余地はあるように考えられる．

また，ここでは玉城町におけるデマンド交通の事例を取り上げたが，近年では公共交通空白地において，社協が運行主体となった自家用有償運送の事例もみられる．例えば国土交通省による「自家用有償旅客運送事例集」（2020年3月時点）を参照すると，近畿地方では，大阪府能勢町（2007年～）や奈良県山添村（2011年～），和歌山県北山村（2016年～）において取り組みが進められており，いずれも社協が運行主体となった「移動手段の拡充モデル」として位置づけられている．

こういった動向から，特に高齢者のモビリティ確保を考えるにあたっては，免許返納後や要介護・要支援状態における生活支援策に焦点を当てていくことも重要であるが，その手前にいる一般高齢者へのアプローチも視野に入れるべきである．これにより，生活者目線のモビリティサービスの提供や，他の福祉サービスとの継ぎ目のない（シームレスな）連携が可能となることが期待される．

（3）　福祉的なモビリティサービスの展開可能性

第8章で取り上げたMaaSは，スマートフォンアプリの活用やサブスクリプション方式の採用が前提ということもあり，どちらかというと「都市部における」，「高齢者ではない世代」に向けたサービスという印象を受けやすい．もちろん「日本版MaaS推進・支援事業」では，地方部でも実証実験が行われてい

ることも事実であるが，特にスマートフォンを持たない高齢者にとっては，デジタル・ディバイド（情報格差）だけでなく「モビリティ・ディバイド」（移動可能性の格差）という重層的な弊害を被る可能性は十分にある.

　一方，Mulley et al.（2017）は，オーストラリアにおけるコミュニティ輸送（Community Transport：CT）の文脈で，高齢者や虚弱者のためのMaaSのサービスモデルに関する調査研究を展開している.具体的には，人を中心とした(Person Centred) パッケージ支払いあるいはPCF（Person Centred Funding）のシステムを用いて，高齢者や虚弱者のための従来のコミュニティ輸送と，アドオン（拡張機能）として既存の公共交通利用や，それが難しい場合にはタクシーやライドソーシング，相乗りなどのオプションを加えることもできる，と説明している（Mulley et al., 2017）.なお，人を中心とした（Person Centred）という考え方については，認知症ケアなどの文脈で"Person Centred Care"などの用語で使われる言葉であり，一人一人のニーズに寄り添った支援のあり方という意味では，福祉的なモビリティサービスあるいは高齢者や虚弱者向けのMaaSを考える上では鍵概念となりうる.

　先のMulley et al.（2017）は，MaaSの特徴の１つとして「新たな市場を創造する可能性」に言及しており，とりわけ後期高齢者は公共交通機関やコミュニティ輸送のサービス利用経験がなく，代替手段がないと考えている人がいることから，「健康状態が悪化する前に代替手段による移動の経験を積ませることが重要である」と指摘する.

　世界的にみても，類をみない速度で高齢化が進行している日本においては，まだ高齢者や虚弱者「向けの」MaaSの取り組みはほとんどみられないが，先のような「人を中心とした」生活支援のあり方という視点に立てば，例えば介護予防のサービスや買い物支援などと組み合わせたサブスクリプションの支払い方式も考えられる.都市部向けのMaaSでは，シェアサイクルやカーシェアなどが含まれているが，地方部においては自家用有償運送や施設の送迎などと組み合わせたプランを創出していくことで，個別の生活ニーズとライフステージに沿った，福祉的なモビリティサービスを展開していくことが期待される.

　またMulley et al.（2020）は，同じくオーストラリアのコミュニティ輸送の利用者を対象としたMaaSの選択実験を実施しており，月に４回の社会活動に参加，月に２回のショッピングバスを利用するなどをしているコミュニティ輸送のユーザーの選択画面では，図９-５のようなパッケージプランが示されて

いる.

　ここでは，一般的なMaaSのオプションと同様に，バンドルプランと，従量制（利用時支払い）のプランが提示されているが，わが国において「福祉MaaS」に近いものを導入する場合，このように現在の移動にかかる金額と，パッケージ化されたプランを比較してもらうことによって，そのメリットを理解してもらうことにつながりうる．ただしMulley et al.（2020）では，最終的には利用者のWTP（Willingness To Pay）の低さが「克服すべき重大な障害となっている」と結論づけており，具体的な財政補助の方策などは今後も議論の余地がある．

　しかし，こうしたパッケージプランの設定や福祉サービスとの組み合わせは，わが国における「高齢者の移動手段の確保に関する検討会」などの文脈で言及されている「福祉行政との連携」の具体化につながる可能性もある．例えば近年では，2020年10月に香川県三豊市で市と社協，民間企業（ダイハツ工業）の3者連携協定を締結し，同年11月に福祉介護共同送迎実証事業が行われている．このプロジェクトにおいては通所介護施設が単独で行っている送迎業務の集約や，送迎車両の空き時間を有効活用した移動ニーズの可能性を探ることなどが

あなたの月間の移動記録		モビリティプラン		従量制オプション	
買い物	2回	買い物バス 往復・集団で	2回	買い物バス 往復・集団で	往復$15
社会活動	4回	社会活動 往復・集団で	4回	社会活動 往復・集団で	往復$15
医療送迎	2回	医療送迎 往復・個人で	2回	医療送迎 往復・個人で	$18+ $2/km
		緊急タクシー 年間（片道）	2回	緊急タクシー 年間（片道）	$18+ $2/km
支払額	$108	バンドル価格	$141.07	支払額	$172.33
交通費補助	−	交通費補助	$60	交通費補助	$60
最終支払額	$108	最終支払額	$81.07	最終支払額	$112.33
○ 自分で移動を手配する		○ このプランを購入する		○ 利用した時のみ支払う	

図9-5　パッケージプランの一例

（注）選択実験が行われた2017年5月～6月の1豪ドルを当時のレートの約82円として換算すると，例えばモビリティプランの最終支払額は6,647円となる．
（出典）Mulley et al.（2020）に基づき筆者作成．

含まれており，施設利用者だけでなく，職員や施設の負担軽減につなげること
を目的としている．

　以上のことから，超高齢社会とも呼ぶべきわが国においては，社会福祉や介
護サービスなどと連携を図りながら，ケアされる側・する側という双方にとっ
て有益なモビリティサービスの展開が期待される．とりわけ，本節の前半部分
で言及した「グレーゾーン」のモビリティ問題を各アクターが認識しつつ，利
用者目線に立ったパッケージプランの作成などを通じて，高齢者や，いわゆる
フレイル状態にある人々のモビリティ確保につなげていくことが求められる[3]．

3　「移動のユニバーサルデザイン」と自転車活用の可能性

　前節までは，バリアフリー及びユニバーサル社会の実現に向けた制度・政策
の動向について述べてきたが，次に具体的な事例から，多様なモビリティサー
ビスの展開と「移動のユニバーサルデザイン」の実現可能性について検討して
いく．

　ユニバーサルデザインは，高齢者や障害者を特別に対象とするのではなく，
すべての人に使いやすい製品等のデザインを目指すものである[4]．一方，「移動
のユニバーサルデザイン」という言葉自体は，政府文書等では用いられていな
いが，例えば福島県では「福島県版ユニバーサルデザイン実現への提案」の第
2章において，生活者（利用者）のための環境づくりの文脈で言及しており，
移動のユニバーサルデザインの実現に向けた課題が提示されている．そのほか
にも，詳細は後述するが，岩手県陸前高田市でも「移動のユニバーサルデザイ
ン」を考えるシンポジウムが2019年に開催されており，行政やNPOなどが参
画しながら多様な取り組みを展開しようと試みている．

　本節では，多様なモビリティサービスの1つとして自転車活用を位置づけ，
その政策動向と，岩手県陸前高田市におけるコミュニティサイクルの取り組み
を事例として，地方部での活用可能性について詳述していく．

（1）　多様なモビリティサービスの展開における自転車活用の位置づけ

　わが国では2017年に自転車活用推進法が施行され，国民の生活の質向上や自
動車への依存度低減が目指されようとしている．また，先の新型コロナウイル
スによる影響に関連して，政府による「新型コロナウイルス感染症対策の基本

的対処方針」では，感染拡大の防止を目的として，自転車通勤を含めた人との接触低減を図ることとして，① 企業・団体等における自転車通勤制度の導入促進，② 東京23区内等における自転車専用通行帯等の整備促進，③ シェアサイクルの拡大という 3 点の取り組みの推進が掲げられている．

　2018年 6 月には自転車活用推進計画が閣議決定され，自転車を徒歩と同様の基礎的な移動手段として捉えて，自動車への依存が強い地方部をはじめ，目的に合った自転車を利用できる環境の創出等に言及されている．同計画の中ではまた，地方公共団体に対して，市町村自転車活用推進計画（地方版推進計画）の策定を促しており，先進事例の横展開や課題解決に向けた議論を深めるための取り組みが推進されている．

　2018年 8 月に，国土交通省自転車活用推進本部によって示された「地方版自

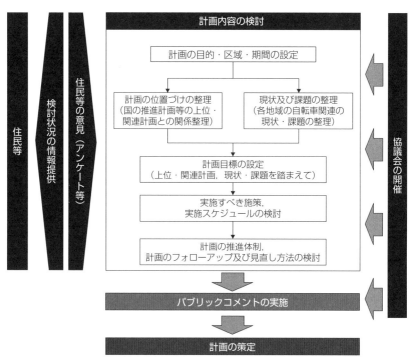

図 9 - 6　地方版自転車推進計画の検討体制

（出典）国土交通省自転車活用推進本部「地方版自転車推進計画策定の手引き（案）」p. 8.

転車推進計画策定の手引き（案）」では，都道府県及び市区町村を策定主体として，地域の実情に応じた地方版推進計画の策定を推し進めようとしている．図 9-6 では計画の検討体制を示しているが，住民等の意見の反映や合意形成を円滑に行うために，アンケートなどを実施しながら，検討結果に対するパブリックコメントの実施を踏まえて，計画策定につなげていくことを目指している．

　しかし，特に地方部においては，自動車社会からの脱却という文脈で自転車活用が位置づけられているが，バスやタクシーなどの地域公共交通全体の現状を概観すれば，都市部のように公共交通と自転車の連携が容易でないことや，山間部などでは急坂が多い，移動距離が長いなどの地形的な課題もある．また高齢者などの人々にとっては，自転車は安全な乗り物とは言えないため，地方版推進計画が策定されたとしても，住民生活にどこまでポジティブな影響を与えうるかは不明瞭でもある．

　こうした中で，岩手県陸前高田市広田町では2019年 1 月から 3 月にかけて，地元NPO法人が中心となって，コミュニティサイクルの実証実験を実施している．そこで次に，広田町の取り組み事例から，地方部での自転車活用の可能性について考察していきたい．

（2）　地方部におけるコミュニティサイクルの実証実験

　陸前高田市は岩手県の東南端に位置しており，1955年の町村合併促進法施行に基づき 3 町（高田・気仙・広田）と 5 村（小友・米崎・矢作・竹駒・横田）が合併した自治体で，総面積は231.94㎢，市域の 7 割を森林が占めている．人口は 1 万8,708人，世帯数は7,633世帯（2020年 8 月末）である．ここで事例として取り上げる広田町は，図 9-7 に示されているように市の南東部に位置しているが，人口2,969人，1,064世帯（同上）となっており，いずれも人口減少と高齢化の進行が顕著である．

　とりわけ陸前高田市は，2011年 3 月11日の東日本大震災で壊滅的な被害を受けた地域であるが，まちの復旧・復興を支える市民の足として，地域公共交通の整備・支援に努めている．陸前高田市ではまた，「ノーマライゼーションという言葉のいらないまちづくり」を推進しており，2015年 6 月に公表されたアクションプランでは，チャレンジアクションの 1 つに「移動のユニバーサルデザイン」が含まれている．具体的には，「陸前高田らしい地域交通の実現」や

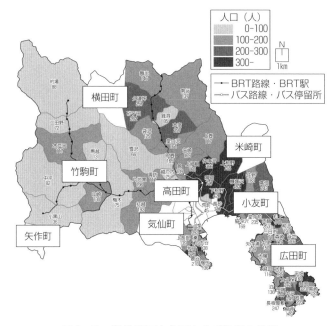

図9−7 陸前高田市全図および各町の位置

（出典）陸前高田市「地域公共交通網形成計画」に筆者加筆.

自転車からの「卒業」運動などの公共交通の利便性の向上，そして安心安全な
目的地への誘導が挙げられる.

　こうした中で，2019年1月から3月にかけて，同市広田町に拠点を置く
NPO法人SET（セット，以下SETと表記）と陸前高田市の共同でのコミュニティ
サイクルの実証実験が行われている（写真9−1参照）. SETは，民泊の受け入れ
や修学旅行生の誘致，漁業再生プロジェクトなどを行っている団体であるが，
このコミュニティサイクルの実証実験は，若者の地域活動への参加や活動範囲
の拡大を目的としている.

　とりわけSETの活動では「決して減らない活動人口」をテーマとして掲げ
ており，先のように人口3,000人にも満たない広田町において，年間でのべ1,000
人以上の若者・学生が関東圏から来訪し，住民との多様なまちづくり活動の実
践を展開している. ただし町内での活動にあたって，参加者たちはほとんどが
関東圏などからレンタカーで広田町にアクセスし，これに乗り合っていたため，

写真9-1　広田町におけるコミュニティサイクルのステーション
（出典）NPO法人SET提供.

いわば「車の時間」に合わせて活動を切り上げる必要があった.

　また，来訪者や観光客，ボランティアなどの人々は，ほとんどがバスツアーもしくはレンタカーにて訪れていたため，このような地域内の移動の課題は顕在化されることは少なかったものの，近年観光関連の施策に重点を置く中で，多様な移動手段の活用を模索してきていた．こうした流れの中で，観光客の周遊活動の補助や町の愛着を高める施策としてコミュニティサイクルを位置づけ，SETの活動で訪れる若者・学生がモニターとなり，実証実験が行われることとなった.

（3）　実証実験に関連する各アクターへのインタビュー調査から

　ここでは，広田町でのコミュニティサイクル実証実験に関わる各アクターへのインタビュー調査から明らかになったことを簡潔に述べる．具体的な対象者としては，① NPO法人SET，② 陸前高田市企画部（部署名は調査当時），③ コミュニティサイクルを利用した20～30代の男女（若者・学生）であり，①，②は2018年11月，③は2019年6月に実施したインタビュー調査に基づいている．前者では主に実証実験に向けた社会背景や，アクター間での協働プロセスについて，後者は利用した上でのコミュニティサイクルのポジティブ／ネガティブな側面について尋ねている.

　まず，実証実験までの経緯であるが，SETによれば，2017年6月頃から自転車を活用したまちづくりの検討を行ってきた．特に欧州における地方部での交通まちづくりを参考にしながら，「移動スピードを落とす」ことの意義や，「ま

ちへの価値や愛着を生む」可能性に注目してきた．また，陸前高田市企画部によれば，震災以後に寄付された自転車が市役所周辺に放置されていた問題もあり，その活用方法を模索していたという背景がある．

　一方，モニターとして参加した若者・学生を対象としたインタビュー調査からは，「自転車であれば基本的に（地元住民に）挨拶をする」，「運転免許がないので，自転車が基本的な移動手段」，「寄り道しやすい，降りやすい」という意見もあったほか，特に関東圏から来たということもあり「都会にはない体験」という声も聞かれた．広田町内は坂道なども多いため，利用者の中には「体力的にしんどい」という声もあったが，その一方で，往路は自転車で行って復路は地元住民が軽トラックに（自転車も）乗せてくれるというケースもある．

　図9-8では，SETの掲げるコミュニティサイクルの将来構想を示しているが，実証実験を通じて主に，広田町を来訪する若者などが自転車利用によって，町のにぎわいを作っていくことを目指している．とりわけ，現状では町を訪れた人々に周遊する「足」がないものの，各拠点にステーションを設置することによる「シェアサイクル＋コミュニティのにぎわい」を創出しようと試みている．

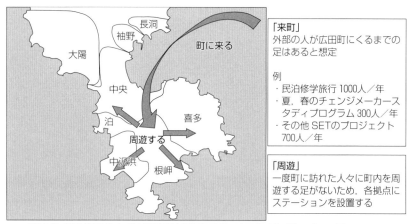

「来町」
外部の人が広田町にくるまでの
足はあると想定

例
・民泊修学旅行 1000人／年
・夏，春のチェンジメーカース
　タディプログラム 300人／年
・その他 SETのプロジェクト
　700人／年

「周遊」
一度町に訪れた人々に町内を周
遊する足がないため，各拠点に
ステーションを設置する

元気があるけど足がない若者が自転車利用をすることで町のにぎわいをつくる
コミュニティサイクル（シェアサイクル＋コミュニティのにぎわい）

図9-8　広田町でのコミュニティサイクルの将来構想

（出典）NPO法人SET提供資料．

　こうした広田町のSETの実践はやや稀有なものであるが，自動車と徒歩という既存の移動手段にコミュニティサイクルを取り入れることで，新たに移動の選択肢を拡大させており，個人レベルでのモビリティを高めている．若者や学生にとっては，単なる移動の自由の実現のみではなく，活動範囲と時間の広がりによって，地元住民との交流機会の創出や，ひいては高齢者の見守り活動や交通安全活動につながる可能性もある．また，今回の実証実験では模索されていないが，バスや鉄道，自家用車の相乗りなど，他の地域公共交通などとの連携が図られることで，ファースト（ラスト）ワンマイルの移動手段の確保につながることが期待される．

　なお，調査以後の2020年5月には，陸前高田市でも自転車活用推進計画が策定され，市民が手軽に利用できる交通手段や，来訪者が観光拠点等にアクセスする際の交通手段として自転車を位置づけている．一方，ここで取り上げた広田町は中心市街地からは離れているため，例えば基幹交通である鉄道代替のBRT（Bus Rapid Transit）駅からの二次交通としての展開など，既存の交通手段との連携が期待される．

　以上のように本章では，「移動のユニバーサルデザイン」と自転車活用の可能性について，近年の自転車活用推進関連施策の整理や，岩手県陸前高田市広田町におけるコミュニティサイクルの実証実験から整理を行ってきた．先述のように，全国の各地方公共団体で地方版自転車推進計画の策定などが行われていく中で，地方部での実践事例の積み重ねと更なる論点整理が求められる．とりわけ近年では，いわゆるアフターコロナにおいて若者などの地方移住や二拠点居住が進んでいくことも予想されるが，若年層や来訪者，あるいは一時的な滞在者にとっては，自転車も1つの選択肢となるであろう．

　　注
　1）　ANAプレスリリース（共同リリース）「Universal MaaSの社会実装に向けた連携開始について」．［https://www.anahd.co.jp/group/pr/202002/20200207.html］最終閲覧2021年2月22日．
　2）　博報堂プレスリリース「博報堂とヴァル研究所が業務提携契約を締結　地域の移動課題，社会課題の解決を目的としたMaaS開発を目指す」．［https://www.hakuhodo.co.jp/news/newsrelease/82431/］最終閲覧2021年2月25日．
　3）　日本老年医学会によれば，後期高齢者は"Frailty"という中間的な段階を経て要介護状態に陥るとされている．一方，この"Frailty"は「虚弱」や「老衰」などと邦訳

されることもあるが，これらに代わる用語として，関連学会との検討も踏まえ，「フレイル」の使用の合意を得たとされている．参考資料「フレイルに関する日本老年医学会からのステートメント」．〔https://jpn-geriat-soc.or.jp/info/topics/pdf/20140513_01_01.pdf〕最終閲覧2021年2月25日．

4）　山縣文治・柏女霊峰編（2013）『社会福祉用語辞典』p. 372「ユニバーサルデザイン」

5）　2015年に閣議決定された交通政策基本計画においては，コミュニティサイクルの定義として「自治体又は民間事業者が設置する，相互利用可能な複数のサイクルポートからなる，自転車による面的な都市交通システム」と説明している．しかし，広田町での実証実験ではサイクルポートなどは設置されていないため，ここでは広義のコミュニティサイクルとして説明を行う．

6）　国土交通省「二地域居住の推進」．〔https://www.mlit.go.jp/kokudoseisaku/chisei/kokudoseisaku_chisei_tk_000073.html〕最終閲覧2021年2月25日．

参考文献・資料

Elliot, A and J. Urry（2010），*MOBILE LIVES*, Routledge（遠藤英樹監訳『モバイル・ライブス「移動」が社会を変える』ミネルヴァ書房，2016年）．

Giddens, A.（2006），*Sociology 5th Edition*, Polity Press（松尾精文・西岡八郎・藤井達也・小幡正敏・立松隆介・内田健訳『社会学 第五版』而立書房，2009年）．

Mulley, C., J. D. Nelson and S. D. Wright（2017），"Mobility as a Service for the older population: a transport solution to land use changes in essential services?" *INSTITUTE of TRANSPORT and LOGISTICS STUDIES*（*Working Paper*），pp. 1 - 9．

Mulley, C., C. Ho, C. Balbontin, D. Hensher, L. Stevens, J. D. Nelson and S. Wright S.（2020），"Mobility as a service in community transport in Australia: Can it provide a sustainable future?" *Transportation Research Part A: Policy and Practice*, Vol. 131, pp. 107-122.

秋山哲男・三星昭宏（1996），『移動と交通（講座　高齢社会の技術）』日本評論社．

国土交通省（2020），「バリアフリー法に基づく基本方針における次期目標について（中間とりまとめ）」．

高橋玲子（2012），「障害のある人々にとっての移動権・交通権——視覚障害者の立場から——」IATSS review Vol. 37, No. 1，pp. 23-31.

野村実（2015），「高齢社会における地域公共交通の再構築と地方創生への役割——三重県玉城町と長野県安曇野市におけるデマンド交通の事例から——」『立命館産業社会論集』第51巻 第2号，pp. 157-176.

───（2019），「若者の地域活動参加と多様なモビリティの展開——岩手県陸前高田市におけるNPO法人の実践から——」『地域デザイン』No. 14, pp. 165-185.

───（2020），「過疎・高齢社会における地域公共交通の展開」『住民と自治』2020年7月号，pp. 24-28.

第 **IV** 部

物流・観光の変容と
次世代技術のインパクト

第 **10** 章

欧州郵便事業者の物流・バス会社化

1 郵便事業から宅配ビジネスへのシフト

（1） 郵便衰退と業態転換の実態

郵政事業は「ユニバーサルサービス」の観点から，黎明期において多くの国で政府省庁や公社による独占的運営が認められてきた．その業務内容には手紙やハガキの収集・配達，金融・保険，カウンター業務などが含まれるが，国や時代でカバーする領域は異なっている．郵便事業と性格は異なるが電気通信業務が含まれているケースもあったが，電気通信部門は技術革新によって飛躍的な成長が期待されたために郵便部門から分離した国が多い．金融・保険業務に関しては銀行などの民間他社との競争関係が機能する点から，独立的な組織として運営すべきという判断により別会社化されているところもある．

郵政民営化は規制緩和の政策潮流と相まって，株式売却の実施や競争環境の創出という観点から注目を集めた．民営化は売却収益を得られる点では魅力的な政策であるが，その効果は一過性である点にも注意を払う必要がある．株式購入者である投資家に対して魅力をPRするためには，株式売却を準備する段階で効率的な組織への変革が求められることは言うまでもない．民営化の推進過程において，カウンター業務については都市部における主要な店舗だけを残し，利用者数の少ない店舗を閉鎖する措置がとられることになる．

イギリスでは郵便窓口業務の維持が難しくなり，統合や閉鎖のほか，移動車両を使用したアウトリーチ型の業務で対応している地域もある．2011年郵便法では「相互扶助」に基づく運営が認められ，一定の条件を満たした主体によって郵便業務を代行することができるようになった．地方部ではパブがコミュニティを維持する機能を持っているので，カウンター業務を引き受けるというケースもみられる．また，過疎地域ではなく，ロンドン中心部であっても教会

内部で業務を行っているところもある.[1]

　現実の郵便部門は1990年代以降,衰退するばかりであった.特に,電子メールの普及に伴い,手紙・ハガキによる情報伝達は激減してしまった.ダイレクトメールやカタログ類などに関しても,スマートフォン(スマホ)経由での配信が一般的になっている.郵便業務のうち手紙・ハガキは減少しているが,宅配ビジネスの普及により小包の取扱量は増加する傾向にある.宅配サービスは翌日配達や時間指定などができる点で利便性が高く,国内市場のみならず国際市場も成長し続けている.

　2000年代に入ってからは世界的にも郵便局の店舗や雇用者数は減少し,郵便業務の衰退は顕著になってきた.**表10-1**に示されているように,欧州主要国における郵便・宅配関連の雇用者数は概して減少傾向にある.一方で,事業者の収益は郵便・金融よりも宅配・物流の比率の方が高くなっている.Universal Post Union(2020)のデータによると2008年の郵便・金融の収益65%,宅配・物流の収益35%であったのに対して,2018年には郵便・金融の収益56%,宅配・物流の収益44%に変化した.デジタリゼーションの進展に伴い,従業員は郵便業務から宅配業務にシフトし,収益の比率も後者の方が高まっている.

表10-1　欧州主要国における郵便・宅配関連の雇用者数

(単位:千人)

	2008年	2012年	2016年	2019年
オーストリア	34.4	31.1	24.3	28.3
ベルギー	45.8	42.5	36.5	39.8
デンマーク	31.0	23.0	19.8	14.8
フィンランド	26.5	23.2	20.3	21.0
フランス	269.9	222.9	249.3	194.9
ドイツ	357.7	325.5	336.3	352.6
イタリア	197.7	178.7	199.0	194.2
オランダ	99.0	81.7	67.0	57.1
スペイン	125.1	104.7	111.3	117.2
スウェーデン	40.2	39.2	33.4	29.0
イギリス	344.2	295.7	350.9	319.6
EU	1,992.0	1,785.1	1,839.4	1,796.4

(出典)eurostatの公表資料に基づき筆者作成.

（2）　電子商取引と宅配ビジネスの成長

インターネットとスマホの普及によって電子商取引（eコマース）は急成長を遂げている．冬季が長く続き，湖沼が多いためにショッピングが容易ではない北欧諸国と，デジタリゼーションを推進するバルト三国において，電子商取引は発展してきた．隣国のロシアの富裕層による需要と西欧からの商品の供給を中継する点からもこれらの地域の果たす役割は大きいと考えられる．電子商取引市場とそれに伴う宅配ビジネスは成長し続けているので，物流事業者がパイの奪い合いをしているというわけではない．業界では国際宅配・小荷物急送便（Global Courier, Express and Parcel: CEP）市場という用語が使われている．

欧州の郵便事業者は電子商取引の成長と歩調をあわせて，宅配業務に人材を集中的に投入して利益を生み出そうとしてきた．国際的なM&Aを通して業務範囲を拡張するだけではなく，国境を越えて広域的な配達が可能となるような戦略を追求している．これは日本郵政の傘下にある日本郵便が民営化後の2015年にオーストラリアのトール（Toll Holdings Limited）を約6,000億円で買収したものの，大きなシナジー効果を発揮することができなかった点と対照的である．この買収後にアジア・オセアニア市場が新たに開拓されるような戦略はみられなかった．結果的には電子商取引による国際宅配・小荷物急送便市場における地位を築くことができず，2020年11月にトールの事業の一部を売却する決定が公表された[2]．

欧州企業はEU統合の恩恵から広域的なビジネスを展開できる点で優位性を持っているのも事実である．欧州主要国の国際物流事業者は**表10−2**の通りである．いずれの国においても既存企業である郵便配達を行う郵便事業者と新たに成長してきたライバル企業が併存している．世界のインテグレーターであるDHL，FedEx，TNT，UPSがすべての国で業務を行っているが，欧州については陸運も活用できる環境にあるので，必ずしも航空機を使用しているこれらの大手企業だけが優位性を持っているわけではない．

近年は多様なプラットフォームが利用されているので，Ｂ２Ｃ（Business to Consumer）によるネットショッピングだけではなく，Ｃ２Ｃ（Consumer to Consumer）の定着にも支えられ，買い手も売り手も「クリック・アンド・デリバー」を重視する傾向は強まっている．収集から配達に至るまでのプロセスにおいて電子化が進んでいる点からも，郵便事業者が物流会社として成長できる可能性は大きい．さらに，取扱量の増加に伴い参入する事業者も多くなり，利用者の

表10-2　欧州主要国の国際物流事業者 (2018年)

国	国際物流事業者	事業者数	国	国際物流事業者	事業者数
オーストリア	Österreichische Post (Austrian Post)	6	オランダ	PostNL (Dutch Post)	6
	DPD			DHL Parcel	
	GLS			DPD	
	Hermes			Kiala/UPS	
	DHL Parcel			GLS	
	UPS			Hermes	
ベルギー	bpost (Belgian Post)	12	スペイン	Correos (Spanish Post)	23
	Asendia/Colissimo			Seur	
	DHL Parcel			Envialia	
	DPD			Tourline	
	Dynalogic			ASM	
	FedEx			DHL	
	GLS			TNT	
	Kiala/UPS			Fedex	
	Mondial Relay			Resyser	
	Mikropakket			ICS	
	PostNL			General Courier	
	Sprintpack			OCS	
デンマーク	Post Danmark (Danish Post)	3		Rapid Express	
	GLS			May Courier	
	Bring			SCP Courier	
フィンランド	Posti (Finnish Post)	6		FLR	
	Matkahuolto			UPS	
	PostNord			MRW	
	DB Schenker			Nacex	
	Bring			Tipsa	
	GLS			Halcourier	
フランス	La Poste (French Post)	10		Zeleris	
	Kiala/UPS			GLS	
	DPD		スウェーデン	Posten (Swedish Post)	5
	Toopost			DB Schenker	
	IMX			Bring	
	GLS			Asendia	
	Relais Colis			DHL Freight	
	B2CEurope		イギリス	Royal Mail (UK Post)	13
	UPS			APC	
	FedEx			DPD	
ドイツ	Deutsche Post DHL Group (German Post)	8		DX Freight	
	DPD			FedEx	
	FedEx			Hermes	
	GLS			Interlink	
	Hermes			Parcelforce	
	Trans-o-flex			TNT	
	TNT			Tuffnells	
	UPS			UK Mail	
イタリア	Poste Italiane (Italian Post)	6		UPS	
	Bartolini			Yodel	
	GLS				
	TNT				
	Fedex				
	UPS				

(出典) deliver4europeの公表資料に基づき筆者作成.

選択肢が広がっている点でもメリットがある.

2　郵便会社と大手物流会社の大型合併

　欧州では郵便会社と大手物流会社の合併を通して, 宅配ビジネスを重視した
経営戦略を展開する動きがみられた. これは成長する市場において収益を増大
させることを狙う行動であった. 以下で, ドイツDP/DHLの事例とオランダ
TNT/FedExの事例を紹介する.

（1）　ドイツDP/DHL

　Deutsche Post DHL GroupのDeutsche Post（以下, DPと略記）はもともとド
イツの国営郵便会社である. DHLは1969年にアメリカで設立され, サンフラ
ンシスコ・カリフォルニア・ホノルル間での宅配業務を開始し, 1970年代にア
ジア地域においても業務を拡大した. その社名は3人の創業者, Adrian
Dalsey／Larry Hillblom／Robert Lynnの頭文字からつけられている[3]. DPは
1998年からDHLと提携関係を結んでいたが, 2000年に民営化されたことによ
りDHLとの関係を深める方針を決定した. 2002年にDPは航空会社ルフトハン
ザ（Lufthansa）と日本航空（JAL）のほか投資ファンド会社の保有していたDHL
株式のすべてを取得し, DPDHLが成立した. DPDHLがドイツを拠点として
成長してきた経緯をまとめると**表10−3**のようになる.

　DPDHLの雇用者数は世界で55万人にのぼり, 220カ国で業務を行っている.
ドイツ国内の業務は郵便・小包（Post & Parcel Germany）に限られ, 宅配（Express）,
物流・貨物（Global Forwarding, Freight）, サプライ・チェーン（Supply Chain）, 電
子商取引（eCommerce Solutions）については世界的な規模で業務を展開している.
国内の郵便・小包に従事する人員は15万人, それ以外の国際業務を行うDHL
従事者は38万人に及んでいる点から, 同社がグローバル企業になっていること
がわかる. 収入と営業利益を示している**表10−4**から, 宅配の利益が全体の約
50%を占めている点も明らかである.

　これまでのDPDHLの経営戦略は地理的な新市場の開拓や新たな商品開発の
面で, 常に業界の中で先駆的な立場に立ってきた. とりわけ脱炭素化に向けた
取り組みに早くから着手し, 環境負荷の少ない電気自動車による配達や電動ス
クーターの導入・普及を推進してきた. このような社会貢献活動への積極的な

表10-3 DPDHL設立に至る経緯と変遷

年	通信	郵便	宅配
1950	ドイツ国営郵便Deutsche Bundespost設立		
1969			アメリカDHL設立
1986			DHL中国での業務開始
1989	通信DBP Telekom，郵便Deutsche Bundespost Postdienst，銀行DBP Postbankを分離して別会社化		
1995	上記3社の株式会社化，Deutsche Telekom，Deutsche Post，Deutsche Postbankの設立		
2000	Deutsche Post民営化		
2002	Deutsche PostがDHLを取得し，DPDHLを設立		
2004	インドBlue Dartに出資		
2005	イギリスExelを取得		
2006	イギリス国民保健サービス（NHS）と医療関連物資の輸送契約締結		
2008	ドイツ・ライプツィヒ空港に拠点を置くことを決定		
2012	上海浦東国際空港にアジア拠点を置くことを決定		
2016	イギリス郵便・宅配会社UK Mailを取得		

（出典）DPDHLの公表資料に基づき筆者作成.

表10-4 DPDHLの収入と利益・損失

（単位：百万ユーロ）

	収入（Revenue）		利益・損失（EBIT）	
	2015	2019	2015	2019
ドイツ国内郵便・小包（Post & Parcel Germany）	16,131	15,484	1,103	1,230
宅配（Express）	13,661	17,101	1,391	2,039
物流・貨物（Global Forwarding, Freight）	14,890	15,128	△ 181	521
サプライ・チェーン（Supply Chain）	15,791	13,436	449	912
電子商取引（eCommerce Solutions）	–	4,045	–	△ 51
全部門（Total for the divisions）	60,473	65,194	2,762	4,651
法人部門（Corporate Functions）	1,269	1,477	△ 351	△ 521
連結（Consolidation）	△ 2512	△ 3,330	0	△ 2
総計（Total）	59,230	63,341	2,411	4,128

（出典）Deutsche Post DHL Group（2020a：164）に基づき筆者作成.

写真10-1　フランクフルト駅構内の
　　　　　パックステーション

（出典）筆者撮影，2015年1月．

写真10-2　ボン市内の店舗内パックス
　　　　　テーション

（出典）筆者撮影，2015年1月．

姿勢は高く評価できる．さらに，収集と配達の両方を可能にするロッカー「パックステーション」（**写真10-1**・**写真10-2**参照）を主要駅や商業施設内に設置したのも画期的であった．これは再配達による非効率を払拭すると同時に，発送と受け取りの両方で利用できるので利便性が高い．単に荷物を一時的に預けるコインロッカーとは異なり，事前にweb上でカード決済が済まされているため，利用時にキャッシュは不要で盗難などが起きる危険性も少ない．設置場所によっては24時間，利用可能なところがある．これに類似したサービスが世界で定着してきた点から，「ユニバーサルサービスとしての郵便・小包，宅配」が時代の流れの中で変容してきたと理解することもできる．

　DPDHLは環境保全のみならず，自然災害が発生した時の救援物資の輸送や途上国における教育支援などの社会貢献活動にも取り組んでいる点から，グローバル企業としての意識が高いとみなせる．近年は多くの企業や組織において，2015年9月の国連サミットで採択された「持続可能な開発目標」（Sustainable Development Goals: SDGs）で提示された17目標を追求することが定着しているが，DPDHLの活動は先駆的であった．社会貢献活動が企業の経営戦略上，極めて重要であり，利用者や多くのステークホルダーからも支持されやすい点は示唆に富む．

　DHL時代のイメージからDPDHLはアメリカ企業と捉えられがちだが，2002年以降はドイツ・ボンに本社を置き，08年から物流の拠点をライプツィヒに置くドイツ企業である．DPDHLの株主構成に注目すると，2020年11月時点で

KfW（Kreditanstalt für Wiederaufbau）Bankengruppe（以下，KfWと略記）が20.5％を保有し，残る79.5％は市場で流通している流動的な株式である[4]．KfWの持ち分は5分の1に過ぎないが，DPDHLの大株主となっている．さらに，KfWの株主については80％が政府の所有であり，残る20％は州政府である[5]．このようにKfWが政府系金融機関である点から，DPDHLは純粋な民間企業ではない点にも特徴がある[6]．

（2）　オランダTNT/FedEx

　TNTはオランダで郵便・宅配事業を行ってきた企業であるが，その起源は1946年にオーストラリアで設立された<u>T</u>homas <u>N</u>ationwide <u>T</u>ransportにまで遡る[7]．創設者のKen Thomasがトラック1台で事業を立ち上げ，1950年代に入って鉄道輸送も手掛けて軌道に乗せた後，1962年にシドニー証券取引所に上場した歴史を持つ．M&Aを通して1960年代にニュージーランド，70年代から80年代には欧米やブラジルにも進出し，市場拡大を実現していった．TNTの欧州における拠点づくりとなったのは，1992年にオランダの通信・郵便会社KPNのほか，ドイツ，フランス，スウェーデン，カナダの郵便会社との協力で新設したGD Express Worldwide（GDEW）への出資であった．

　KPNの母体は1928年にオランダで設立された郵便・通信会社のPTT（Staatsbedrijf der Posterijen, Telegrafieen Telefonie）である．その後，国営企業として維持されてきたが，1989年の民営化によって社名はKoninklijke PTT Nederland（KPN）と改称され，92年に国際宅配市場に参入することを決定した．1996年にオーストラリア企業のTNTを買収して，新社名はTNT Post Groupとなった．1998年に通信部門はPTT Telecomとして独立したほか，郵便部門PTT Postも2002年にTPG Postとして分離された．郵便部門はさらに，2006年にTNT Post，11年にPostNLと改称され，現在は国際宅配事業も運営している．TNT Post Groupは2005年からTNTという社名を使っている．TNTがオランダに拠点を置くまでの経緯を示すと**表10-5**のようになる．

　TNTは1990年代末から2000年代にかけてM&Aを繰り返し，市場を拡張するとともに，企業規模の大型化を実現した．2005年～10年のM&Aは**表10-6**の通りである．しかし一方で，TNTの宅配部門がグローバルな展開のできる環境を整えている点で，自らがM&Aのターゲットとなる事態を招いた．2012年にアメリカUnited Parcel Service（UPS）によりTNTの買収計画が公表され

表10- 5　TNT設立に至る経緯と変遷

年	通信	郵便	宅配
1928	PTT（Staatsbedrijf der Posterijen, Telegrafieen Telefonie）設立		
1946			オーストラリアTNT創設
1989	PTT民営化・Koninklijke PTT Nederland（KPN）と改称・宅配市場に参入		
1996	KPNがTNTを買収・TNT Post Group（TPG）と改称		
1998	通信PTT Telecomを分離		
2002		郵便TPG Postを分離	
2004		TNT Post Groupがベルギー・リエージュ空港におけるハブ機能を強化	
2005			TNT Post GroupをTNTに改称
2006		郵便TNT Postに改称	
2010		郵便TNT Postと宅配TNT Expressを分離して別会社化	
2011		TNT PostをPostNLに改称	
2012			United Parcel Service（UPS）がTNT Express買収計画を公表
2013			欧州委員会がUPSの計画に異議
2015			FedExがTNT Express買収計画を公表
2016			FedExによるTNT Express買収が成立

（出典）TNTの公表資料に基づき筆者作成.

表10- 6　TNTのM&Aターゲット

年	取得企業	国
2005	TG+	スペイン
2006	Speedage	インド
2006	Hoau	中国
2007	Mercúrio	ブラジル
2009	LIT Cargo	チリ
2009	Araçatuba	ブラジル

（出典）TNTの公表資料に基づき筆者作成.

たものの，欧州委員会が競争政策上の観点からUPSの計画に異議を唱え，翌
13年にはこの計画は取り下げられた．それとは別に，2015年に同じアメリカ企
業のFedExによってTNTに対するM&Aが企図された．こちらも欧州委員会
の調査対象になったが，UPSによる提案と比べ料金値上げが起きる可能性が
ない点から競争政策上の問題はないという結論が出され，本合併は2016年に成
立した．[8)]

　欧州に拠点を置く郵便会社とアメリカの物流会社が合併した点は，前述の
2002年に合併したDPDHLのケースと共通している．しかし，DPDHLは郵便
会社が主導権を発揮したのに対して，TNT/FedExはアメリカ企業から提案さ
れた買収であった点は異なる．FedExはDHLよりも14年も遅れて欧州企業と
合併したが，2000年代にTNTがインド・中国・ブラジルなどの市場を開拓し
ていたので，この取得で容易にグローバル企業になることができた．TNTの
前身であるPTTが100年近くの長い歴史を持っているのに対して，FedExの創
業が1973年である点は対照的である．

3　ポストバスが与えた地方都市への影響

（1）　ポストバスの発祥とブランドの定着

　人口が少なく公共交通機関が発達していない過疎地域や山間部においては，
郵便配達車に住民や観光客などを乗せる実例がみられた．イギリス，スイス，
オーストリア，ドイツにおいて，近年わが国で注目されている貨客混載のモデ
ルとも言えるポストバスが利用されていた．その歴史は古く，1800年代半ばの
馬車時代にまで遡る．イギリスでは鉄道とマイカーの普及により，ポストバス
は役割を終えたと考えられた．しかし，1960年代末に鉄道路線が廃止されたこ
とに伴い，特定の地域において復活することになった．その地域はウェールズ
やスコットランドの一部であったが，徐々に路線は減少していき，2017年8月
にサービスの提供は停止した．その背景には，配達する郵便物の数量が減少し
てきたことも影響していると考えられる．

　スイス，オーストリアでは，ポストバスが1つのブランドとして残っており，
現在も公共交通機関の役割を果たしている．基本的なデータは**表10-7**の通り
である．スイスのポストバスは既に自動運転を導入したことでも注目された．
隣国のリヒテンシュタインでも業務を行っている．オーストリアのポストバス

表10-7　スイス・ポストバスとオーストリア・ÖBBポストバスの基本データ

	スイス ポストバス	オーストリア ÖBBポストバス
路線数	916	751
車両数（台）	2,403	2,335
従業者数（人）	4,452	3,873
停留所数（力所）	13,119	20,848
輸送人員（百万人）	167	210
年間走行距離（百万キロ）	124	142

（出典）スイス・ポストバスとオーストリア・ÖBBポストバスの公表資料に基づき筆者作成.

は，現在，鉄道会社の傘下にあり，ÖBBポストバスという社名を使っている．脱炭素化を進める点から電動バスや水素バスの導入にも積極的である．これら3国ではイギリスとは異なり，過疎部のみならず都市部においてもバスを運行する形で公共交通の機能を高める拡張路線がとられた．このように貨客混載の歴史から公共交通機関が誕生し，旅客輸送専門の運営に転換し，路線バスとして継続されている．

　ドイツにおけるポストバスは1900年代からの歴史を持つが，1970年代には自家用車の保有台数が増加する中で存在価値が薄れてしまった．DPの民営化に伴いポストバスは消滅したが，2013年にDPDHLとドイツ自動車連盟の組織ADAC（Allgemeine Deutsche Automobilclub）は，共同出資でADAC Postbusを設立し，バス事業に参入した[9]．都市間バス輸送として，以下の①〜⑤のような路線でサービスが提供され，その後も国内の主要都市を結ぶネットワークが形成されていった[10]．

　① ケルン〜ボン〜フランクフルト〜シュトゥットガルト〜ミュンヘン
　② ブレーメン〜ハンブルク〜ベルリン
　③ ケルン〜ドルトムント〜ハノーバー
　④ ベルリン〜ライプツィヒ〜ドレスデン
　⑤ フランクフルト〜ニュルンベルク〜ミュンヘン

　DPDHLは2015年に以下に示すような複数の企業との協力によって，ドイツ国内だけではなく，欧州内のバス輸送にも参入した[11]．このような拡張路線が実現できたのはバスの規制緩和の恩恵であるが，航空業界のLCCを意識しなが

ら旅客輸送を展開してきた面もある.

① 旅行会社Eurotoursと共同で立ち上げた「ポスト・ライゼン」というブランドでホリデー需要を発掘.
② 早割や夜間走行などの多様なサービスを提供.
③ エストニアのバス会社を統合. バルト3国と中東欧の市場において顧客を開拓.
④ 長距離バスEurolinesを運営するDeutsche Touringと協力関係を締結し, 欧州内の路線を増強.
⑤ 上記Eurolinesで「ビジネスクラス」のシートを設定.
⑥ ルフトハンザとの協力により, ミュンヘン空港利用者のアクセス面で利便性を向上.
⑦ EurolinesとフランスのTransdevにより3社でデュッセルドルフ〜ケルン〜パリを強化.
⑧ ベルリン〜ハンブルク間で都市間の貨客混載サービスを開始.[12)]

　DPDHLの完全子会社であるDeutsche Post Mobilityは「ポストバス」のブランドでバス事業を展開してきた. 過去のポストバスのサービスと類似した貨客混載にも乗り出し, 宅配の当日配達をPostbus Courierという名称で開始した. しかし, DPDHLは2015年に上記のような多様な戦略を打ち出したにもかかわらず, 翌16年にバス部門をFlixMobilityに売却してしまった.[13)] 詳細な理由は明らかにされていないが, 収益性が大きくなかった点が撤退要因であったと考えられる. 現在はポストバスの運営してきたサービスをFlixBusが維持している.

（2）　欧州内における都市間バスの成長

　欧州全域においてバス輸送を展開するFlixMobilityは, 2012年に設立された歴史の浅い会社である. 同社はドイツ・ミュンヘンに本社を置くスタートアップで, André Schwämmlein／Jochen Engert／Daniel Kraussの3人によって設立された. 2013年のバス規制緩和に伴い, FlixBusのブランドによって都市間輸送を開始した. 15年にはボンを拠点とするMeinFernbusと合併した後, 16年に入って6月にイギリスのバス会社Megabusに加え, 前述したDPDHL

のバス部門も取得し，欧州内で利用者を増加させていった．18年には
FlixTrainのブランドにより列車運行にも参入した．さらに，19年にはトルコ
最大のバス会社Kamil Koçを買収し，地理的市場をますます広げている[14]．

　2020年にはFlixBusは36カ国，2,500地点をカバーするグローバルな企業に成
長した．同社の戦略で注目されるのは以下の2点である．第1に，大型バスを
電気自動車に転換することによって，環境面での社会貢献に積極的に取り組ん
でいる点である．2018年4月にフランス国内の都市間輸送においてB. E.
Greenとの協力により，ラ・デファンス～アミアン間で電気自動車のバスを導
入した[15]．世界で先駆けとなるこの動きがその後，業界内における脱炭素化を推
進することにつながった．第2に，利用者の利便性を考慮に入れてサービスの
質を高めている点である．それは無料アプリによるチケット予約，簡単な予約
変更，QRコードによるチケットレス化，車内での無料Wi-Fi，スマホ用の電
源の提供などである．また，従来，定着していなかった夜間走行による都市間
輸送も新たな利用者の開拓につながったと考えられる．料金は出発日や荷物の
有無などで変わるが，一例は**表10-8**の通りである．

　FlixBusのビジネスは格安料金で利用者を惹きつけているLCCのモデルと類
似している．ポイント・トゥ・ポイントで2地点の移動サービスを低料金で提
供するが，路線数と運行頻度の増加で収益をあげている．都市間輸送は欧州域
内で鉄道や航空と競合するが，鉄道との比較では線路という固定設備による制
約がないので，柔軟なタイムテーブルを組むことができる点でメリットがある．

表10-8　FlixBusの夜間バス料金 (2020年)

乗車区間	料金
ベルリン～パリ	€39～
ハンブルク～パリ	€36～
フランクフルト～パリ	€19～
ハンブルク～ベルリン	€7.90～
ハンブルク～シュトゥットガルト	€19～
ベルリン～アムステルダム	€29～
ベルリン～フランクフルト	€19～
ベルリン～プラハ	€19～
シュトゥットガルト～ベルリン	€19～

（出典）FlixBusの公表資料に基づき筆者作成．

また，走行（飛行）距離の点から航空のように大陸間を運行（運航）できるわけ
ではなく，むしろ空港への二次交通としての補完的な役割を果たしている．実
際にFlixBusは空港と都心部のアクセスを低料金で提供するサービスを重視し，
欧州全域における主要空港でサービスを提供しているのはユニークである．こ
のようにDPDHLが提供してきたポストバスは，所有者がFlixBusに移行したが，
欧州内の地方都市におけるモビリティを高める役割を果たしている点は評価で
きる．

注

1) 詳細については，野村（2011；2015b；2016）で解説している．
2) 日本郵政株式会社・日本郵便株式会社（2020）では，「エクスプレス事業については
赤字が継続しているため売却を検討しておりますが，同社が運営するフォワーディン
グ事業及びロジスティクス事業は売却検討の対象ではありません．」と説明されている
が，赤字の原因や将来の明確な方針については何も明らかにされていない．
3) 同社の変遷や基本データについては，Deutsche Post DHL Group（2020b）が詳しい．
4) Deutsche Post DHL Group（2020b: 11）．
5) KfW（2020: 26）．
6) 国内郵便のユニバーサルサービス維持を果たす点から，政府系金融機関が関与して
いると考えられる．
7) 黎明期の経緯や他社との合併については同社のホームページ上で公表されている情
報に基づき整理している．
8) この2つの合併計画に対して，欧州委員会が異なる結論を導き出した点については，
European Commission（2013; 2015; 2016）を参照．
9) 2014年にADACが撤退し，そのサービスはDPDHLによりDeutsche Post Mobility
として単独で運営されることになった．
10) Automotive World（2013）．
11) 事実関係については，すべてDeutsche Post及びPostbusから公表されたプレスリリー
スに基づいている．
12) FlixBus（2016: 1）．
13) 売却額は公表されていない．Deutsche Post（2016: 1）．
14) FlixBus（2019; 2020）．
15) FlixBus（2018）．

参考文献・資料

Almunia, J.（2013）, *Introductory remarks on UPS/ TNT Express merger.*［https://
ec.europa.eu/commission/presscorner/detail/en/SPEECH_13_84］最終閲覧2021年3
月30日．

Automotive World（2013）, *"ADAC Postbus" to get underway on November 1.*［https:www.
automotiveworld.com/news-releases/adac-postbus-to-get-underway-on-november-1/］
最終閲覧2021年 3 月30日.

Citizens Advice Scotland（2018）, *Keeping communities connected: consumer views on
Post Office Outreach services.*［https://www.cas.org.uk/system/files/publications/
keeping_communities_connected_-_consumer_views_on_post_office_outreach_
services.pdf］最終閲覧2021年 3 月30日.

Deutsche Post（2016）, *Deutsche Post selling its long-distance bus service: Postbus to
become Flixbus.*［https://www.dpdhl.com/en/media-relations/press-releases/2016/
deutsche-post-selling-long-distance-bus-service-postbus-becomes-flixbus.html］最終閲
覧2021年 3 月30日.

Deutsche Post DHL Group（2020a）, *2019 Annual Report.*
─────（2020b）, *POCKET GUIDE 2019: The Group at a glance.*

European Commission（2013）, *Mergers: Commission blocks proposed acquisition of TNT
Express by UPS.*
─────（2015）, *Mergers: Commission opens in-depth investigation into proposed
acquisition of TNT by FedEx.*
─────（2016）, *Mergers: Commission approves acquisition of small package delivery
services provider TNT Express by FedEx.*

European Regulators Group for Postal Services（2020）, *ERGP Report on Core Indicators
for Monitoring the European Postal Market.*

FlixBus（2016）, *FlixBus to acquire long distance coach service of Deutsche Post.*［https://
global.flixbus.com/company/press-room/press-releases/flixbus-to-acquire-postbus］
最終閲覧2021年 3 月30日.
─────（2018）, *FlixBus to Begin First 100% Electric Long-Distance Bus Line in the
World on April 12 in France.*［https://global.flixbus.com/company/press-room/
press-releases/flixbus-begins-ebus-line-france#:~:text=Green%20will%20
inaugurate%20the%20first,Germany%2C%20beginning%20in%20Summer%202018.］
最終閲覧2021年 3 月30日.
─────（2019）, *FlixBus welcomes no. 1 Turkish bus provider Kamil Koç to worldwide
network.*［https://corporate.flixbus.com/flixbus-welcomes-no-1-turkish-bus-provider-
kamil-koc-to-worldwide-network/］最終閲覧2021年 3 月30日.
─────（2020）, *FlixBus celebrates 7th birthday and announces further expansion.*
［https://corporate.flixbus.com/flixbus-celebrates-7th-birthday-and-announces-further-
expansion/］最終閲覧2021年 3 月30日.

KfW（2020）, *Financial Report 2019.*

Oxford Economics（2011）, *The Economic Impact of Express Carriers in Europe.*

Universal Post Union（2020）, *Postal Economic Outlook 2020.*

小島末夫（2015），「三大インテグレーターの航空輸送ネットワークとアジア展開」，池上寛編『アジアの空港と航空輸送』アジア経済研究所，第 1 章.

─────（2017），「欧米系インテグレーターのアジア市場戦略と対中国事業展開」，池上寛編『アジアの航空貨物輸送と空港』アジア経済研究所，第 8 章.

日本郵政株式会社・日本郵便株式会社（2020），「Toll Holdings Limitedの一部事業の売却検討の決定のお知らせ」．［https://www.japanpost.jp/pressrelease/jpn/20201105_01.pdf］最終閲覧2021年 2 月 1 日.

野村宗訓（2011），「相互扶助に基づくイギリス郵政改革──コミュニティ・ショップの可能性──」『逓信 耀（かがやき）』第438号，pp. 10-12.

─────（2014），「北欧郵政民営化と物流セクターの成長──電子商取引の影響を中心として──」『経済学論究』第68巻 第 3 号，pp. 429-444.

─────（2015a），「利益体質を強化する欧州郵便企業　国際宅配・物流市場で存在感」『エコノミスト』第93巻 第19号，2015年 5 月 5 ・12日合併号，pp. 49-51.

─────（2015b），「イギリスにおける郵政改革の実態と課題── Royal Mail の民営化とPost Office の存続を中心として──」『経済学論究』第69巻 第 1 号，pp. 165-185.

─────（2016），「郵政民営化の実態と課題──欧州の経験から得られる示唆──」『JP総研Research』Vol. 33，pp. 54-61.

第11章

新型コロナ後の観光と地方ネットワーク

1　新型コロナによるダメージ

（1）　出入国制限措置後の実態

　訪日外客数の正確なデータは日本政府観光局から公表されている[1]．2018年には累計3,000万人にのぼり，翌19年も同じく3,000万人を超えた．しかし，新型コロナウイルス感染症（COVID-19：以下，新型コロナと略記）の影響によって，2020年には大幅に減少し411万人に落ち込んだ．過去の湾岸戦争や米国同時多発テロ，リーマンショックの時にも利用者数は減少したが，新型コロナの影響度は明らかに異なる．新型コロナが航空業界に与えているダメージは地球規模であり，しかも収束時期が予測不可能である点で，関連業界も含めて危機的な状況が続いている．

　2019年末に中国武漢で新型コロナの症状が認められた後，わが国では2020年2月のクルーズ船内での蔓延によりパンデミックの危機に直面した．出入国者のほとんどが航空を利用している点から空港における水際対策に重点が置かれた．日本からの出国は他国政府による制限を受けるのは当然であるが，外務省が「新型コロナウイルスに係る日本からの渡航者・日本人に対する各国・地域の入国制限措置及び入国に際しての条件・行動制限措置」というタイトルで，「日本からの渡航者や日本人に対して入国制限措置をとっている国・地域」を明示している．外国人を対象にした日本への入国制限は，法務省によって「新型コロナウイルス感染症の感染拡大に係る上陸拒否」の措置がとられている．

　2020年4月に東京，神奈川，埼玉，千葉，大阪，兵庫，福岡の7都府県に緊急事態宣言が出された後，不要不急の外出は自粛されたため，多くの観光施設と店舗が閉鎖せざるを得ない状況に迫られた．飲食店については休業要請に従い，宿泊施設ではコロナ患者の受け入れ先になったところもある．海外の感染

状況の悪化も重なり，国際線では減便・欠航が続き，**表11-1**からも明らかな通り，3月以降は一部のビジネス目的を除いて人の移動は激減してしまった．

表11-1 訪日外客数・出国日本人数 （2019年と2020年の比較）[2)]

（単位：人）

		訪日外客数			出国日本人数		
		2019	2020	変化率	2019	2020	変化率
1月	総数	2,689,339	2,661,022	△ 1.1	1,452,157	1,380,762	△ 4.9
	観光客数	2,345,029	2,287,755	△ 2.4			
2月	総数	2,604,322	1,085,147	△ 58.3	1,534,792	1,316,820	△ 14.2
	観光客数	2,341,479	898,976	△ 61.6			
3月	総数	2,760,136	193,658	△ 93.0	1,929,915	272,697	△ 85.9
	観光客数	2,411,650	119,645	△ 95.0			
4月	総数	2,926,685	2,917	△ 99.9	1,666,546	3,915	△ 99.8
	観光客数	2,640,569	776	△ 100.0			
5月	総数	2,773,091	1,663	△ 99.9	1,437,929	5,539	△ 99.6
	観光客数	2,455,865	108	△ 100.0			
6月	総数	2,880,041	2,565	△ 99.9	1,520,993	10,663	△ 99.3
	観光客数	2,614,533	224	△ 100.0			
7月	総数	2,991,189	3,782	△ 99.9	1,659,166	20,295	△ 98.8
	観光客数	2,713,329	418	△ 100.0			
8月	総数	2,520,134	8,658	△ 99.7	2,109,568	37,137	△ 98.2
	観光客数	2,206,746	482	△ 100.0			
9月	総数	2,272,883	13,684	△ 99.4	1,751,477	31,606	△ 98.2
	観光客数	1,913,105	497	△ 100.0			
10月	総数	2,496,568	27,386	△ 98.9	1,663,474	31,049	△ 98.1
	観光客数	2,177,382	760	△ 100.0			
11月	総数	2,441,274	*56,700	* △ 97.7	1,642,333	30,703	△ 98.1
	観光客数	2,145,425					
12月	総数	2,526,387	*58,700	* △ 97.7	1,712,319	*33,000	* △ 98.1
	観光客数	2,292,029					
1月〜12月	総数	31,882,049	*4,115,900	* △ 87.1	20,080,669	*3,174,200	* △ 84.2
	観光客数	28,257,141					

（注1）訪日外客数のうち，2020年の＊印の部分は推計値，その他の値は暫定値，2019年の値は確定値である．
（注2）訪日外客数及び＊印の出国日本人数は法務省資料を基にJNTOが算出し，それ以外の出国日本人数は法務省資料を転記した数値である．
（注3）訪日外客数とは，法務省集計による出入国管理統計に基づき，算出したものである．訪日外客は，外国人正規入国者から，日本を主たる居住国とする永住者等の外国人を除き，これに外国人一時上陸客等を加えた入国外国人旅行者のことである．駐在員やその家族，留学生等の入国者・再入国者は訪日外客に含まれる．なお，上記の訪日外客には乗員は含まれない．
（出典）日本政府観光局［https://www.jnto.go.jp/jpn/statistics/data_info_listing/pdf/210120_monthly.pdf］最終閲覧日2021年3月1日．

（2）　国別・目的別で捉えた変化

　表11-2は2019年と2020年の1月～12月までの訪日外客数のデータを，国（地域）別，目的（観光・商用・その他）別に示している．まず国（地域）に着目すると，2019年の総数3,188万人の中で，アジアからの訪問者が2,681万人も占めていた．2020年でみると総数411万人でアジアからは340万人まで大幅に減少した．このようにアジアからの来訪者数は全体の80％を超えている点に大きな特徴がある．特に，韓国・中国・台湾・香港・タイ・フィリピン・ベトナムからの人数が多いこともわかる．

　次に目的（観光・商用・その他）で細分化すると，2019年の観光客2,825万人，商用客175万人，その他186万人であったのが，2020年にはそれぞれ331万人，21万人，58万人となった．これらをアジアに限定してみると，2019年の観光客2,406万人，商用客115万人，その他159万人であったのが，2020年にはそれぞれ275万人，13万人，51万人となった．観光と商用の減少率は88.6％，88.7％と

表11-2　国・地域別及び目的別の訪日外客数 （2019年と2020年の比較）[3]

国・地域	総数			観光客			商用客			その他		
	2019年 1月～12月	2020年 1月～12月	変化率 %	2019年 1月～12月	2020年 1月～12月	変化率 %	2019年 1月～12月	2020年 1月～12月	変化率 %	2019年 1月～12月	2020年 1月～12月	変化率 %
総数	31,882,049	4,115,828	△87.1	28,257,141	3,312,228	△88.3	1,757,403	216,028	△87.7	1,867,505	587,572	△68.5
アジア	26,819,278	3,403,547	△87.3	24,069,871	2,752,513	△88.6	1,152,428	136,019	△88.7	1,596,979	515,015	△67.8
韓国	5,584,597	487,939	△91.3	5,036,943	391,046	△92.2	312,599	39,635	△87.3	235,055	57,258	△75.6
中国	9,594,394	1,069,256	△88.9	8,575,500	865,156	△89.9	373,404	33,634	△91.0	645,490	170,466	△73.6
台湾	4,890,602	694,476	△85.8	4,671,658	648,464	△86.1	122,722	15,189	△87.6	96,222	30,823	△68.0
香港	2,290,792	346,020	△84.9	2,237,316	337,616	△84.9	37,852	4,512	△88.1	15,624	3,892	△75.1
タイ	1,318,977	219,830	△83.3	1,246,144	203,388	△83.7	38,179	6,068	△84.1	34,654	10,374	△70.1
シンガポール	492,252	55,273	△88.8	450,021	49,675	△89.0	36,449	4,130	△88.7	5,782	1,468	△74.6
マレーシア	501,592	76,573	△84.7	458,519	67,895	△85.2	27,271	3,821	△86.0	15,802	4,857	△69.3
インドネシア	412,779	77,724	△81.2	339,133	55,178	△83.7	27,900	3,358	△88.0	45,746	19,188	△58.1
フィリピン	613,114	109,110	△82.2	523,109	82,668	△84.2	29,451	5,129	△82.6	60,554	21,313	△64.8
ベトナム	495,051	152,559	△69.2	173,936	17,296	△90.1	39,615	5,295	△86.6	281,500	129,968	△53.8
ヨーロッパ	1,986,529	240,897	△87.9	1,573,819	169,116	△89.3	289,821	38,736	△86.6	122,889	33,045	△73.1
アフリカ	55,039	7,840	△85.8	25,628	1,884	△92.6	13,425	1,754	△86.9	15,986	4,202	△73.7
北アメリカ	2,187,557	284,829	△87.0	1,843,300	225,950	△87.7	246,242	32,813	△86.7	98,015	26,066	△73.4
南アメリカ	111,200	18,222	△83.6	88,040	13,482	△84.7	12,273	1,321	△89.2	10,887	3,419	△68.6
オセアニア	721,718	160,386	△77.8	656,001	149,230	△77.3	43,171	5,380	△87.5	22,546	5,776	△74.4
その他	728	107	△85.3	482	53	△89.0	43	5	△88.4	203	49	△75.9

（注）「訪日外客」とは，国籍に基づく法務省集計による外国人正規入国者から日本に永住する外国人を除き，これに，日本を経由して第三国へ向かうため日本に一時的に入国した通過客（一時上陸客）を加えた入国外国人旅行者のことである．「観光客」とは，短期滞在の入国者から「商用客」を引いた入国外国人で，親族友人訪問を含んでいる．「その他客」とは，観光，商用目的を除く入国外国人で，留学，研修，外交・公用などが含まれる．

（出典）日本政府観光局 [https://www.jnto.go.jp/jpn/statistics/data_info_listing/pdf/2020_december_zantei.pdf] 最終閲覧日2021年3月20日．

ほぼ同じ値であるが，絶対数では2,000万人以上の観光客を失ったことがわかる.

　以上の通り，アジアの訪日外国人に依存していた背景には，LCCブームによる恩恵で低運賃での移動が可能になり，旅客数が増大していた事情がある.それが「インバウンド蒸発」という現象に急変し，航空会社，空港関連事業者，宿泊施設などの経営に大打撃を与えている. 2021年以降，東京オリンピック・パラリンピックに続き，大阪万博が計画されているものの，不確実性が大きいためにホテル・不動産・交通インフラ関連の事業者は新たな設備投資を控える行動をとっているのも事実である.

2　新たなツーリズムに向けた展開

（1）　広域観光周遊ルートの有効活用[4)]

　インバウンドの復活が当面は見込めない中で，政府は国土交通省の「Go To トラベル」と農林水産省による「Go To イート」を打ち出し，旅行と飲食を中心に内需を盛り上げようとする政策を推進した. 一部の利用者が一時的に利益を享受できたものの，このキャンペーンによって感染者が増えているとの批判もあり，国民全体からの支持があったわけではない. 旅行業者・宿泊施設・飲食店からは対象エリアの選定や申請手続きの煩雑さなどをめぐる不満が噴出した.[5)] さらに地方自治体に期待感を与えたものの，逆に混乱させた点で政策運営は失敗であったと言わざるを得ない. 2021年1月に再度の緊急事態宣言が発出されたために，これらの政策は停止されることになった.

　IATA（国際航空運送協会）の予測によると，旅客需要が2019年の水準に戻るのは2024年になると予測されている.[6)] 国際線の復活は相手国の状況にもよるために，ツーリズムの対象は当面，内需に頼るのが現実的である. 沈滞化した観光を振興する最初の方策として，国土交通省観光庁がコロナ前の2015年〜16年にとりまとめた広域観光周遊ルートを有効活用することができる. これはもともとインバウンド増大を目的に地域別の観光周遊ルートを認定したもので，北海道から沖縄まで11のエリアでモデルコースが提示されている点でもツーリストにとっては便利である.

　この計画は図11-1に示される通り，それぞれの地域において推進主体が決められている. 今後はゲートウェイとなる空港や駅，二次交通の鉄道・バス・タクシー・レンタカー業者のほか，宿泊先であるホテル・旅館などの主体が地

平成27年6月12日認定（　　　　）

①「アジアの宝 悠久の自然美への道 ひがし 北・海・道」
（「プライムロード ひがし 北・海・道」推進協議会）
②「日本の奥の院・東北探訪ルート」
（東北観光推進機構）
③「昇龍道」
（中央日本総合観光機構）
④「美の伝説」
（関西広域連合、関西経済連合会、関西観光本部）
⑤「せとうち・海の道」
（せとうち観光推進機構）
⑥「スピリチュアルな島〜四国遍路〜」
（四国ツーリズム創造機構）
⑦「温泉アイランド九州 広域観光周遊ルート」
（九州観光推進機構）

平成28年6月14日認定（追加）（　　　　）

⑧「日本のてっぺん、さた北海道ルート。」
（「さた北海道広域観光周遊ルート推進協議会）
⑨「広域関東周遊ルート「東京圏大回廊」」
（関東観光広域連携事業推進協議会）
⑩「緑の道〜山陰〜」
（山陰インバウンド機構）
⑪「Be.Okinawa 琉球列島周遊ルート」
（Be.Okinawa 琉球列島周遊ルート形成推進協議会）

図11-1　広域観光周遊ルートと推進主体

（注）上段「 」はルートの名称。下段（ ）は計画の実施主体。
（出典）国土交通省観光庁「広域観光周遊ルート形成促進事業について」。[https://www.mlit.go.jp/common/001212543.pdf] 最終閲覧2021年3月1日。

域活性化を前提とした協力関係を強化することが求められる．この計画を国内旅行の需要発掘策として展開すべきであるが，いずれの地域でも関係者がコロナ対策に追われているために，広域で地域創生が実現できているところは少ない．コロナ以前に一般的であったパッケージツアーは感染蔓延につながる危険性があるので，個人旅行をターゲットにすることが望ましい．さらに，第8章で解説したようなMaaS活用に向けた関係者の合意形成も不可欠である．

（2）　航空会社の暫定的対応策

新型コロナ以降に，航空各社は「安全と安心」を前面に打ち出し，機内の換気が十分にできている点をホームページやプレスリリースを通してPRしてきた．しかし，ワクチンが十分に普及していない状況下では，定期便に関してビジネスとレジャー需要の両方を早期に回復できる見込みは低い．各社は貨物やチャーター便，遊覧飛行などを増やしているが，収益改善につながっているとは言えない．コスト削減策として，保有機材の売却やリースの解約が選択肢となる．世界の旅客移動が制限されている新型コロナの状況下では，航空機の中古市場が円滑に機能せず，売買は成立しにくい[7)]．

別のコスト削減策としては人件費がターゲットになる．パイロット，客室乗務員，整備士など，専門的な技能を習得した従業員を解雇することは難しい．というのは，航空需要が戻った時に保有機材に対応できる人材を確保できない事態も起こり得るからである．現実には一時帰休により賃金を抑制する方策がとられている．大手2社は既に雇用形態を変更して，副業・兼業を認める方向で動いている．空港立地点の地方自治体や労働力を必要とする民間企業などが受け入れるケースもみられる．

航空会社は新たな観光地を発掘する取り組みも始めている．日本航空（JAL）は新型コロナ以前に立ち上げていた「新JAPAN PROJECT」という企画に基づき地域活性化に注力している．「地域のタカラを掘り起こし，地域の人たちと一緒に，地域の未来を協創」することを標榜し，地域産業支援と観光振興を続けている．既に多数の地方自治体との連携協定も締結しているので，多様なツーリズムを展開できる環境は整っていると言える[8)]．さらに，大学との連携講座などを通して間接的に将来の需要を開拓する活動にも取り組んでいる．

全日本空輸（ANA）は2020年10月末に「ANAグループの新しいビジネス・モデルへの変革について」という文書を公表した．主たる内容は次の3点に整

理されている⁹⁾.　第1に，エアラインについてはANA・ピーチとは別の新たな第3ブランドを立ち上げることが発表された．東南アジアと豪州を中心にレジャー需要を獲得するLCCで，2022年度に運航を開始する計画である．第2に，グループ事業全体でエアライン，旅行，物販，地域創生などをつなげ，非航空収益を拡大する方針である．第3にエアラインの規模を一時的に小さくすることで新型コロナのトンネルを抜ける方策が示されたが，機材の売却や人員の配置転換がここに含まれている．

　将来についてのANAの見込みでは，ウェブ会議の浸透やワークスタイルの変容によりビジネス需要は減少するものの，レジャーとVFR（Visiting Friends and Relatives）需要は今後も堅調であり，ワーケーションや居住地分散などによって潜在的な成長力があると判断している．さらに，新たな顧客ニーズが衛生・清潔・非接触・セルフ・シンプル・パーソナルを志向している点も明示された．これらの点から新型コロナの危機を乗り切るためには，航空事業と非航空事業のバランスをとるとともに，地方自治体や地域密着型企業とのコラボを深めることが極めて重要であるという示唆が得られる．

3　地方ネットワークの整備と維持

（1）　地域航空会社の組織化

① 官民連携型地域航空会社

わが国の航空会社としてはJALとANAが大手2社としてよく知られている．航空自由化により1996年以降，新規航空会社としてエアドゥ，スカイマーク，ソラシドエア，スターフライヤーの4社が参入したが，経営状況の悪化後，ANAホールディングスの出資を受けて，業務を継続している．4社に対するANAホールディングスの出資比率はそれぞれ13.61%，16.5%，17.03%，17.96%である．LCCのピーチやバニラもANAグループに属す．JAL傘下のLCCとしてジェットスター・ジャパンが知られているが，2020年に100%出資のジップエアも新たに設立された．

　それらとはまったく別に小規模な航空会社も存在する．そのほとんどが北海道，九州，沖縄に拠点を置いている．特に，鹿児島県以南の島嶼地域に多くの離島空港が存在するので，レジャー需要と生活路線の両面で小規模な地域航空会社が大きな役割を果たしている．具体的には，北海道エアシステム，オリエ

ンタルエアブリッジ，天草エアライン，日本エアコミューター，日本トランスオーシャン航空，琉球エアーコミューターの6社があげられる．これらの6社については設立以来，それぞれ紆余曲折はあったが，2019年〜20年段階での状況は**表11-3**のようになっている[10]．

これらの地域航空会社は就航している地方自治体や民間企業からの出資を受けているほか，大手2社のどちらかの子会社・孫会社である点に大きな特徴がある[11]．地方自治体が株主として参画する組織は，かつて第三セクターと呼ばれていたが，現代的には官民連携（PPP）に基づく企業ということになる．北海道と九州・沖縄は夏季や冬季のリゾート期に搭乗率は高くなるが，季節や曜日による変動が大きいことに加え，天候にも左右されやすいという面もある．とりわけ，北海道では降雪，九州・沖縄では台風によって欠航となりやすい点から，都市部を中心で運航する大手2社とは性格が異なる．出資比率は時代の流れの中で変化しているが，民間企業だけで運営するのが困難である点から，自治体が関与する形態がとられてきた事情がある[12]．

6社の中で規模の大きい日本トランスオーシャン航空（JTA）は沖縄と本州の都市部をつなぐ路線を持っている．それに対して，その子会社である琉球エアーコミューター（RAC）は那覇を中心とした離島路線を担っている．**表11-4**は2020年12月の旅客輸送に関するデータである．新型コロナの影響については，

表11-3 官民連携型地域航空会社の概要

	北海道エアシステム		天草エアライン		オリエンタルエアブリッジ		日本エアコミューター		日本トランスオーシャン航空		琉球エアーコミューター	
拠点空港	丘珠		天草		長崎		奄美		那覇		那覇	
設立年月日	1997年9月30日		1996年10月12日		1961年6月12日		1983年7月1日		1967年6月20日		1985年12月24日	
資本金／出資金（百万円）	490		499		1,322		300		4,537		396	
従業者数（人）	83		58		208		389		798		130	
保有機材（機）	4		1		4		9		13		5	
主要株主（％）	日本航空（株）	57.2	熊本県	53.30	長崎空港ビルディング	28.8	日本航空（株）	60.0	日本航空（株）	72.8	日本トランスオーシャン航空（株）	74.5
	北海道	19.5	天草市		長崎県	11.0	鹿児島県	40.0	その他	27.2	沖縄県	6.1
	札幌市	13.5	上天草市	26.85	九州ガス（株）	5.6	奄美群島12市町村				南大東	4.8
	函館市	2.0	苓北町		（株）親和銀行	4.8					久米島	4.3
	旭川市	1.0	その他	19.85	（株）十八銀行	4.8					北大東	4.0
	北見市	0.8			ANAホールディングス（株）	4.8					その他	6.3
	網走市	0.8			（株）西日本シティ銀行	3.0						
	美幌町	0.7			長崎県8市町	0.2						
	大空町	0.7			その他	37.0						
	その他	3.8										

（出典）各社公表データ及び国土交通省航空局の資料に基づき筆者作成．

表11- 4　JTAとRACの旅客輸送実績（2020年12月）

日本トランスオーシャン航空（JTA）

路線名	旅客数（人）	前年比（%）	提供席（席）	前年比（%）	利用率（%）	前年利用率（%）
関西～那覇	10,418	46.0	26,400	86.0	39.5	73.7
福岡～那覇	28,946	59.4	53,130	86.6	54.5	79.4
羽田～石垣	12,007	75.7	20,460	101.6	58.7	78.8
羽田～宮古	7,002	96.3	10,230	100.0	68.4	71.1
関空～石垣	4,542	79.3	10,230	100.0	44.4	56.0
岡山～那覇	3,356	44.7	10,230	100.0	32.8	73.4
小松～那覇	4,234	55.6	9,900	96.8	42.8	74.4
中部～那覇	18,781	65.0	38,775	94.8	48.4	70.6
県外線計	89,286	61.9	179,355	92.4	50.5	73.9
那覇～宮古	39,758	63.7	71,610	87.5	55.5	76.2
那覇～石垣	35,437	83.5	66,000	92.6	53.7	59.5
那覇～久米島	5,297	90.2	10,890	106.5	48.6	57.4
県内線計	80,492	72.7	148,500	90.9	54.3	67.0
定期路線合計	169,778	66.6	327,855	91.7	51.3	72.5
不定期路線合計	207	65.1	330	50.0	65.8	48.2
全路線合計	169,985	66.6	328,185	91.7	51.3	72.5

琉球エアーコミューター（RAC）

路線名	旅客数（人）	前年比（%）	提供席（席）	前年比（%）	利用率（%）	前年利用率（%）
那覇～北大東	1,167	93.7	1,600	100.0	72.9	77.8
那覇～南大東	3,053	92.7	4,700	100.0	65.0	70.0
那覇～与論	1,863	94.1	3,150	101.6	59.1	63.9
那覇～久米島	10,801	77.7	16,900	91.4	63.9	75.2
那覇～奄美	935	49.3	1,800	58.1	51.9	61.1
那覇～与那国	1,614	74.5	2,800	91.8	57.6	71.0
那覇～宮古	1,677	72.1	3,100	100.0	54.1	75.0
那覇～石垣	1,348	72.0	3,050	98.4	44.2	60.4
宮古～多良間	3,066	70.5	5,100	82.3	60.1	70.1
南大東～北大東	1,042	96.9	1,600	100.0	65.1	67.2
石垣～与那国	5,194	79.1	8,150	90.6	63.7	73.0
宮古～石垣	4,419	83.0	6,200	100.0	71.3	85.9
定期路線合計	36,179	78.7	58,150	91.9	60.6	71.4
不定期路線合計	137	274.0	150	300.0	0.0	100.0
全路線合計	36,316	78.9	58,300	92.1	60.7	71.5

（出典）日本航空・日本トランスオーシャン航空・琉球エアーコミューター（2021），「JAL・JTA・RAC月報（2020年12月速報値）」．

次の2点が明らかになる．第1に，JTAの利用率が全路線で51.3%であったのに対して，RACは60.7%であった．長距離よりも近距離の方が利用率は高くなっている．第2に，前年と比べると，JTAは72.5%から51.3%への21.2%の低下で

あったのに対して，RACは71.5％から60.7％への10.8％の低下にとどまっている．新型コロナ以降も生活路線としての機能は依然として重要であり，リゾート目的の個人旅行も期待できるので，路線維持を目的とした自治体支援の必要性は一層高まっている．

② 地域航空会社のアライアンス

九州地域における航空3社，天草エアライン（AMX），オリエンタルエアブリッジ（ORC），日本エアコミューター（JAC）と大手2社は2019年10月に，地域航空サービスアライアンス有限責任事業組合（Essential Air Service Alliance LLP：略称，EAS LLP）を設立した．[13] 5社の共同プレスリリースによると，設立の目的は「離島やそれに準じる地域の生活に重要な役割を果たす路線を持続可能とするために，地域航空各社の経営の独自性は維持しつつ，安全推進体制の確立と安定的な運航確保ならびに効率化を目指したあらゆる協業深化の取り組みを，大手2社の協力を得つつ早期に促進していく」点にある．[14]

EAS LLPの構成イメージと取り組む施策の体系イメージは図11-2と図11-3のように示される．地域航空社間の協業を促進する業務として，以下の5点があげられている．[15]

　　① 安全基盤の確立と安定運航確保のための航空技術協力の推進に関する業務
　　② 営業販売強化の推進に関する業務
　　③ 各種調達の効率化の推進に関する業務
　　④ 業務共通化及び人員協力の推進に関する業務
　　⑤ 前各号に付帯又は関連する一切の業務

この組織の特徴として以下の3点をあげることができる．第1に，ライバル関係にあるとみなされている大手2社が協力関係を築いている点である．第2に，事業拠点については，「事務所を東京に置き，特に営業面や総務調達面での大手2社との連携・協力を促進するとともに，組合運営事務の拠点」としながら，「技術面では，格納庫，部品庫，シミュレーター等の設備と体制のある鹿児島を中心に，各社拠点（天草，長崎）との連携」を図っていく方針が出されている．第3に，期間は設立から4年間とされている．つまり弾力的な試みであり，「3年を経過した時点で取組状況を検証し，以降の対応を協議する」こ

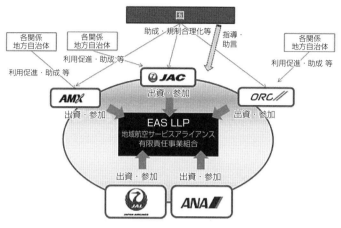

図11-2　EAS LLPの構成イメージ

（出典）天草エアライン株式会社・オリエンタルエアブリッジ株式会社・日本エアコミューター株式会社・全日本空輸株式会社・日本航空株式会社（2019：3）.

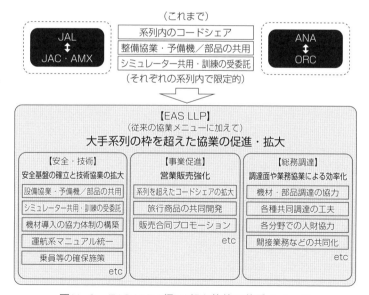

図11-3　EAS LLPが取り組む施策の体系イメージ

（出典）天草エアライン株式会社・オリエンタルエアブリッジ株式会社・日本エアコミューター株式会社・全日本空輸株式会社・日本航空株式会社（2019：3）.

とになっている[16].

　EAS LLPが設立されたのは新型コロナが蔓延する直前の2019年10月であった点から，小規模な地域航空会社が共同でコスト削減と需要開拓を実現することを意図したものである．設立から3年後にあたる2022年秋に向けて検証が始まる予定であるが，新型コロナによる大打撃がこの組織の必要性を高めると考えられる．この組織による支援下でも経営状態が改善できないという場合には，異なる形での協力や統合なども考慮しなければならない．

　利用者にとっては鉄道やフェリーでの移動も不可能ではないが，AMX，ORC，JACを利用すると短時間での移動ができる点で価値がある．長崎県・熊本県には「長崎と天草地方の潜伏キリシタン関連遺産」があり，2018年6月に世界文化遺産に登録されている．この地域を訪問するには，長崎空港のみならず天草（飛行場）と福江（五島つばき）がゲートウェイとなることは言うまでもない．しかし，前述した広域観光周遊ルートの⑦「温泉アイランド九州」には五島列島と天草は含まれていない．長崎・天草・鹿児島には歴史的な産業遺跡や観光地が多い点から，EAS LLPの継続と深化により新たなツーリズムを発展させることが望まれる．

③独立系フジドリームエアラインズ

　地方ネットワークを維持する航空会社として大きな役割を果たしている独立系企業として，フジドリームエアラインズ（FDA）をあげることができる．同社は2008年6月に設立され，翌09年6月の静岡空港の開港に向けて就航準備を進めてきた．親会社は静岡に本社を置き，物流・港湾事業を行う鈴与である．鈴与による100％出資という点は，前述した官民連携型の6社と対照的であり，ユニークな存在となっている．

　路線に注目すると，2009年7月に静岡発着の小松，熊本，鹿児島の3路線からスタートし，翌10年4月に福岡と新千歳にも就航した．同年6月には松本から福岡，新千歳の路線もできた．2010年10月以降，名古屋（小牧）に拠点を移し，福岡，熊本，花巻，青森，新潟，高知，山形，出雲，北九州，丘珠などの地方都市と結ぶ路線が順次，拡大されていった．2017年以降には，新千歳〜山形，静岡〜出雲，仙台〜出雲なども開設されたのに加え，19年からは神戸からの地方路線も増やしている．

　FDAの路線は新たに開設されたものが多く，地方空港を活用している点で

他社との差別化を図っていると言える．特に，成田・羽田における定期便を持たずに利用者を開拓している点は注目に値する．既に撤退した路線もあるが，新規参入者でありながら採算のとりにくい地方ネットワークを全国レベルで充実させることに貢献している点は評価できる．地方空港の中には滑走路長が短いところも多いが，FDAの使用するエンブラエルの機材は離着陸が可能である．また，ERJ-170が76席，ERJ-175が84席という定員も高い搭乗率を維持しやすい点でメリットがある．[17]

　独立系で参入したFDAであるが，2020年12月にアイベックスエアラインズ，ANAウイングス，ジェイエアとともに「リージョナル航空協議会」を設立することを発表した．この4社の概要は**表11−5**に示されている通りであり，今後も空港ビル会社や地方自治体などに参加を呼びかける意向を示している．これら4社の拠点空港は異なるが，地方を結ぶ路線が中心となっている点から同じ環境に立つ．今後の活動として，①リージョナル航空事業の意義についての社会的認知向上，②リージョナル航空事業に対する政策的支援拡充，③その他リージョナル航空事業の振興を進めることをあげている．[18]

　このように官民連携型ではない航空会社からも公的な政策支援を要請する動きが出てきた．協議会は設立されたばかりなので詳細は明らかではないが，地方ネットワークを維持する点から重要な役割を担っている．新型コロナ以降の交通・観光産業では地域間の交流人口を増加させる施策が不可欠であり，本協議会への期待も高まるものと予想される．2020年4月には新潟空港を拠点とするトキエアという新規航空会社の設立が発表された．地域密着型の航空会社の

表11−5　リージョナル航空会社の概要

	アイベックスエアラインズ		ANAウイングス		ジェイエア		フジドリームエアラインズ	
拠点空港	仙台		羽田		伊丹		名古屋（小牧）	
設立年月日	1999年1月29日		2010年10月1日		1996年8月8日		2008年6月24日	
資本金（百万円）	4,200		50		200		493	
従業者数（人）	382		1,828		731		336	
保有機材（機）	ボンバルディアCRJ-700ER	10	ボンバルディアDHC8-Q400	33	エンブラエルERJ-170	18	エンブラエルERJ-170	16
			ボーイング737-700/800		エンブラエルERJ-190	14	エンブラエルERJ-175	
主要株主（％）	（株）日本デジタル研究所	47.9	ANAホールディングス（株）	100.0	日本航空（株）	100.0	鈴与（株）	100.0
	前澤和夫（（株）日本デジタル研究所 社長）	18.8						
	アールビバン株式会社	9.5						
	サザンインターナショナル株式会社	7.3						
	その他	16.5						

（出典）各社公表資料に基づき筆者作成．

出現と成長は新型コロナ以降の観光にプラス効果をもたらす点から，地方自治体による支援措置にも注目が集まる．

（2） 空港コンセッションの見直し

最後に地方ネットワークを支える空港運営について考えてみる．わが国には97空港が存在するが，それらは**表11-6**のように分類される[19]．しばしば「地方空港」という表現が使われるが，その定義は明確ではない．表中の「B. 地方管理空港」を意味する時もあれば，首都圏以外の空港すべてを指す場合もある．あるいは年間乗降客数を基準にすることも可能であり，定期便の便数や就航し

表11-6 わが国の空港分類

A. 拠点空港（28）	空港法第４条第１項各号に掲げる空港（成田国際，東京国際，中部国際，関西国際，大阪国際並びに国際航空輸送網又は国内航空輸送網の拠点となる空港）
	〈会社管理空港（４）〉成田国際，中部国際，関西国際，大阪国際
	〈国管理空港（19）〉東京国際，新千歳，稚内，釧路，函館，仙台，新潟，広島，高松，松山，高知，福岡，北九州，長崎，熊本，大分，宮崎，鹿児島，那覇
	〈特定地方管理空港（５）〉国が設置し，地方公共団体が管理する空港．旭川，帯広，秋田，山形，山口宇部
B. 地方管理空港（54）	空港法第５条第１項に規定する国際航空輸送網又は国内航空輸送網を形成する上で重要な役割を果たす空港
	（北海道地方）利尻，礼文，奥尻，中標津，紋別，女満別
	（東北地方）青森，花巻，大館能代，庄内，福島
	（関東地方）大島，新島，神津島，三宅島，八丈島
	（中部地方）佐渡，松本，静岡，富山，能登，福井
	（近畿地方）神戸，南紀白浜
	（中国地方）鳥取，隠岐，出雲，石見，岡山
	（九州地方・沖縄県を除く）佐賀，対馬，小値賀，福江，上五島，壱岐，種子島，屋久島，奄美，喜界，徳之島，沖永良部，与論
	（九州地方・沖縄県のみ）粟国，久米島，慶良間，南大東，北大東，伊江島，宮古，下地島，多良間，新石垣，波照間，与那国
C. その他の空港（７）	空港法第２条に規定する空港のうち，拠点空港，地方管理空港及び公共用ヘリポートを除く空港
	調布飛行場，名古屋飛行場，但馬飛行場，岡南飛行場，天草飛行場，大分県央飛行場，八尾空港
D. 共用空港（８）	空港法附則第２条第１項に規定する空港
	札幌飛行場，千歳飛行場，三沢飛行場，百里飛行場，小松飛行場，美保飛行場，岩国飛行場，徳島飛行場

（出典）国土交通省「空港一覧」に基づき筆者作成．

ている航空会社数でも区分できる[20]．新型コロナ後の観光については地方ネットワークの充実により復活させることが現実的な方策であるので，これまで就航数の少なかった地方空港を活用していく工夫が必要である．

　わが国で空港改革が本格的に始まったのは，第2章で述べたように仙台空港のコンセッション（運営権譲渡）と，それに続く関西国際空港（関空）と大阪国際空港（伊丹）の統合と両空港のコンセッションである．関空は世界的にも珍しい海上の埋め立て地に建設された空港であり，莫大な建設費用を要した．立地している泉佐野市沖の人工島は大阪市内から鉄道で1時間以上もかかる点でアクセス条件が良いわけではない．開港当初には多数の航空会社が就航していたが，次第に撤退が増加したために採算が悪化して，政府の補給金に依存した経営が続いていた．

　2010年1月にJALが経営破綻に陥った後，国交省の成長戦略の中で関空と伊丹を統合して再建する方策が明らかにされた．関空はもともと民間企業として出発したが，1兆3,000億円にも及ぶ赤字を出したために，経営状態の良い伊丹と統合する解決策が選ばれた．それは2011年に制定された「関西国際空港及び大阪国際空港の一体的かつ効率的な設置及び管理に関する法律」によって実現した．

　この統合に合わせて運営権を民間企業に売却するコンセッションが提案されたが，それは2013年の「民間の能力を活用した国管理空港等の運営等に関する法律」に基づいている．同法の目的は以下のような内容となっている．注目すべき点は「産業，観光等の国際競争力の強化及び地域経済の活性化その他の地域の活力の向上に寄与すること」が目的に含まれている点である．

　　第一条　この法律は，民間の能力を活用した国管理空港等の運営等に関する基本方針の策定，国管理空港特定運営事業及び地方管理空港特定運営事業に係る関係法律の特例その他の民間の能力を活用した国管理空港等の運営等に必要な措置を定めることにより，国管理空港等の機能の強化及びその有効な活用による利用者の利便の向上を通じた我が国における航空輸送需要の拡大を図り，もって航空の総合的な発達に資するとともに，我が国の産業，観光等の国際競争力の強化及び地域経済の活性化その他の地域の活力の向上に寄与することを目的とする．

コンセッションは一般に「空港民営化」と呼ばれているが，厳密には所有権

を国有（公有）とした上で，運営権だけを一定期間，特定の民間企業（コンソーシアム）に委ねるというスキームである．関空・伊丹の場合には，新関西国際空港株式会社の株主は国土交通大臣（91.53%）と財務大臣（8.47%）であり，2016年4月〜2060年3月末までの44年間の契約で関西エアポートが運営している[21]．関西エアポートの出資者はオリックス40%，フランスの空港運営会社であるヴァンシ・エアポート40%に加え，その他の20%は関西系企業30社の共有状態となっている[22]．その後，神戸市が運営してきた神戸空港も関西エアポートの傘下に入って，3空港が複数一括運営されることになった．

　仙台及び関空・伊丹・神戸の先駆的な事例に続き，高松，鳥取，南紀白浜，福岡，静岡，熊本，北海道7空港，広島なども「空港民営化」という政策潮流の波に乗って，コンセッションを採用する改革を実現した．コンセッションを受ける企業（コンセッショネア）は，ターミナルビルにおける商業施設やパーキングからの非航空収入によって利益を生み出せる点から，空港経営が魅力のある投資と考えていた．しかし，新型コロナによる航空会社の運航停止で大打撃を被っている．

　2018年9月に関空が大型台風で浸水とアクセス橋破損の被害を受けた時にも，官と民のリスク分担の難しさが露呈されたが，収束時期の見えない新型コロナの状況下では明らかに民間企業のコンセッショネアにとっては空港運営が厳しい状況に置かれている[23]．旅客需要が戻ってきた時にすべての空港が利用できるようにしておくためにも，休港・廃港に至ることを回避しなければならない．さらに，今後の新しいライフスタイルに貢献できるように，拠点空港の国管理空港だけではなく地方管理空港の機能を充実させておく必要性も高い．

　対応策としては，以下のような選択肢が考えられる．①国管理型については成田型の政府持ち株による特殊会社とする．②イギリスで実例がある地方自治体と民間企業の共有による新会社へ移行する．③地理的に離れた3〜5空港の経営を統合したイギリス型の複数一括運営に移行する．④国際的なインフラ企業に投資している年金基金運用者やファンド会社の参画によって財務状況を改善する．⑤航空機メーカーやドローン製造，宇宙開発に関連する事業者の出資を受ける．近年は次章で取りあげるような新たな航空機の実用化が進められているので，新しい空港経営に向けた取り組みが始動されるべき時期にきている．コンセッションに代わる次世代における持続可能な空港経営についての議論を早急に深める必要がある．

注

1）　日本政府観光局（正式名称：独立行政法人 国際観光振興機構）の統計では「訪日外客数」という用語が使われている．その定義については，後掲の**表11-1**，注の通り．一般に「訪日外国人，訪日旅行者，外国人旅行者，インバウンド」という用語を使うことが多い．

2）　観光客数については，見やすさの観点から出典とは異なる表記にした．

3）　アジア以外の地域については国レベルのデータを割愛している．

4）　本項は野村（2020b）で紹介した内容をリライトしている．

5）　Go Toイートの給付金の手続きが複雑である点ついては，農林水産省（2020）を参照．

6）　航空需要の復活が2024年になるという予測については，IATA（2020）を参照．

7）　貨物用の機材として売却の可能性はあるがそれも一部に限られる．

8）　連携協定は2018年度に沖縄県，山口県美祢市，福岡県福智町，静岡県浜松市，沖縄県宮古島市，熊本県宇城市，沖縄県石垣市，2019年度に香川県，沖縄県久米島町，2020年度に鹿児島県出水市，山口県長門市と締結されている．

9）　ANA（2020）．

10）　2000年代の離島航空事業に関する分析については福田（2010），2010年代前半のオリエンタルエアブリッジに対する補助支援制度については後藤（2016）が詳しい．

11）　JALグループと天草エアラインは運航乗務員の短期出向派遣・受入や訓練の受委託に関する検討を進めている．天草エアライン株式会社・日本航空株式会社（2019：2）．

12）　日本トランスオーシャン航空の株主について詳細を把握できる資料はないが，自治体が部分的に保有していると考えられる．

13）　この設立に至るまでに，国土交通省航空局において「持続可能な地域航空のあり方に関する研究会」が2016年6月から2018年3月まで14回にわたり開かれ，そこで構想の原案が示されていた．

14）　天草エアライン株式会社・オリエンタルエアブリッジ株式会社・日本エアコミューター株式会社・全日本空輸株式会社・日本航空株式会社（2019：2）．

15）　天草エアライン株式会社・オリエンタルエアブリッジ株式会社・日本エアコミューター株式会社・全日本空輸株式会社・日本航空株式会社（2019：2）．

16）　天草エアライン株式会社・オリエンタルエアブリッジ株式会社・日本エアコミューター株式会社・全日本空輸株式会社・日本航空株式会社（2019：2）．

17）　この2機種はチャーター便で搭乗率を高める点でも適当な規模であると考えられる．世界のLCCが多く使っているA320やB737の定員は120人～150人程度である．

18）　アイベックスエアラインズ株式会社・ANAウイングス株式会社・株式会社ジェイエア・株式会社フジドリームエアラインズ（2020：2）．

19）　空港分布については，第2章・**図2-1**の通り．

20）　地方空港の定義に関しては，第3章の冒頭でも言及している．

21）　新関西国際空港株式会社『有価証券報告書（第8期）』p. 17, p. 22.

22）　関西系企業30社は第2章・**表2-4**に示されている通りである．

23）　イギリスの鉄道改革はコンセッションと同様の列車運行権を譲渡するフランチャイ

ズ制に基づく改革を1997年から継続してきた．しかし，新型コロナ蔓延が始まった2020年3月に政府はフランチャイズを停止し，鉄道を国営に戻した．この点については，第4章「鉄道のあり方を模索する日英の課題」及び野村（2020a）を参照．

参考文献・資料

Graham, A., S. Saito and M. Nomura (2014), "Airport management in Japan: Any lessons learnt from the UK", *Journal of Airport Management*, Vol. 8 No. 3.

IATA (2020), *Recovery Delayed as International Travel Remains Locked Down.*

ANA（2020），「ANAグループの新しいビジネス・モデルへの変革について」．〔https://www.anahd.co.jp/group/pr/pdf/20201027-2.pdf〕最終閲覧2021年3月30日．

アイベックスエアラインズ株式会社・ANAウイングス株式会社・株式会社ジェイエア・株式会社フジドリームエアラインズ（2020），「リージョナル航空協議会の設立について」（共同プレスリリース）．〔https://www.ibexair.co.jp/assets/20201201_1.pdf〕最終閲覧2021年3月30日．

天草エアライン株式会社・オリエンタルエアブリッジ株式会社・日本エアコミューター株式会社・全日本空輸株式会社・日本航空株式会社（2019），「AMX, ORC, JAC, ANA, JALの5社は地域航空サービスアライアンス有限責任事業組合（EAS LLP）を設立しました」（共同プレスリリース）．〔http://www.jac.co.jp/pressrelease/pdf/20191025%20LLP%20release.pdf〕最終閲覧2021年3月30日．

石田哲也・野村宗訓（2014），『官民連携による交通インフラ改革——PFI・PPPで拡がる新たなビジネス領域——』同文舘出版．

大﨑孝徳（2017），「航空業界における差別化戦略——フジドリームエアラインズのケース——」『名城論叢』第18巻　第1号，pp. 77-82.

小田切義憲（2020），「我が国における地域航空会社の役割の重要性と持続可能な地域航空の枠組みの造成」『国際公共経済研究』第31号，p. 3.

国土交通省航空局（2016），「地域航空の現状と課題について」，持続可能な地域航空のあり方に関する研究会（第1回）資料2.〔https://www.mlit.go.jp/common/001134315.pdf〕最終閲覧2021年3月30日．

————（2020），「航空を取り巻く状況と今後の課題」．〔https://www.mlit.go.jp/policy/shingikai/content/001330402.pdf〕最終閲覧2021年3月30日．

後藤孝夫（2016），「離島路線の現状と課題——地域の生活・発展を支える長崎空港——」『ていくおふ』No. 142, pp. 40-49.

鈴木与平（2019），『地方創生とフジドリームエアラインズの挑戦』イカロス出版．

日本航空株式会社・天草エアライン株式会社（2019），「JALグループと天草エアラインの連携により運休影響の軽減に取り組みます」（共同プレスリリース）．〔https://press.jal.co.jp/ja/items/uploads/955531212e73731f0304fdccaf94abac84139d67.pdf〕最終閲覧2021年3月30日．

農林水産省（2020），「サービス産業消費喚起事業（Go To Eat キャンペーン）給付金及び

飲食業消費喚起事業給付金に関する給付規程」．［https://www.maff.go.jp/j/shokusan/gaisyoku/attach/kyuhukitei.pdf］最終閲覧2021年5月10日．

野村宗訓（2008），「イギリスにおける地方空港の発展と離島路線の維持——LCCの貢献とHIALの経営を中心として——」『運輸と経済』第68巻　第11号，pp. 42-49.

———（2015），「空港民営化と地域振興政策」，長峯純一編著『公共インフラと地域振興』中央経済社，第12章．

———（2016），「民営化・規制緩和とインフラ・ビジネスの展開——英国の実験からグローバル化の課題を考える——」『産業学会　研究年報』第31号，pp. 13-25.

———（2017a），「イギリスBAとロンドン2空港の現況——民営化後の所有権からのアプローチ——」『KANSAI空港レビュー』No. 466, pp. 28-31.

———（2017b），「空港民営化の政策分析——官民連携の将来像を考える——」『経済学論纂』（中央大学）第57巻　第3・4合併号，pp. 119-141.

———（2017c），「インフラ改革としての運営権譲渡（コンセッション）——公共サービスの維持手法についての考察——」『経済学論究』第71巻　第1号，pp. 83-100.

———（2019a），「株式売却で民営化進める英空港　運営権譲渡には継続性に課題も」『エコノミスト』第97巻　第12号，3月26日号，pp. 74-75.

———（2019b），「関西・伊丹空港にみる民営化の評価」『ていくおふ』No. 155, pp. 20-29.

———（2019c），「私見卓見　空港の民営化，責任明確に」『日本経済新聞』（27面）5月21日．

———（2020a），「英エアラインが経営危機　鉄道はいち早く『国有化』へ」『エコノミスト』第98巻　第22号，6月9日号，pp. 34-35.

———（2020b），「エアライン復活の鍵握る航空中心のスマートシティー」『エコノミスト』第98巻　第34号，9月8日号，pp. 74-75.

———（2020c），「COVID-19克服に必要なエアライン支援策——モビリティとネットワークの維持に向けた政策——」『KANSAI空港レビュー』No. 504, pp. 23-25.

———（2020d），「エアロトロポリス構想と都市圏の発展」，五石敬路編『大都市制度をめぐる論点と政策検証』日本評論社，第4章．

———（2021），「新型コロナウイルス感染症をめぐる社会的混乱と政策——航空・鉄道会社に与えたインパクトと今後の解決策——」『産研論集』No. 48, pp. 9-16.

福田晴仁（2010），「離島航空事業の経営課題」『運輸と経済』第70巻　第7号，pp. 46-58.

フジドリームエアラインズ（2013），「リージョナル航空会社　——フジドリームエアラインズの概要——」．［https://www.city.sapporo.jp/shimin/okadama/fda/documents/2_fda.pdf］最終閲覧2021年3月30日．

———（2020），「5月18日（月）からの運航再開に伴う新型コロナウイルス肺炎の感染拡大防止に対する取り組みについて」．［https://www.fujidream.co.jp/company/press/doc/200515_2.pdf］最終閲覧2021年3月30日．

第 12 章
────────────────────────────────────

次世代技術導入で激変するモビリティ

1　車両・船舶・航空の脱炭素化推進

（1）　欧州の水素電車・水素船開発

　脱炭素化に寄与する電気自動車の製造は小型乗用車から中型・大型車両に広がり，バス・トラックなどの商用車へとシフトしてきた．燃料電池車も実用化に成功しているが，インフラ整備や価格面の問題が残っているので爆発的な普及段階には至っていない．航空機に関しては，ドローンやエアタクシーのブームから有人電動航空機の実用化が間近に迫っている．さらに，その先に水素を燃料とする航空機の開発が大手航空機メーカーによって着手されているところである．鉄道と船舶（フェリー）の分野における水素技術の搭載がどの程度まで進んでいるのかは，あまり注目されないが本項で欧州の事例に着目して明らかにする．

① 水素燃料電車の試験運行と実用化

　自動車と比較すると遅れが大きいものの鉄道車両についても脱炭素化に寄与するために，燃料電池による電車を開発する計画が2000年代に入ってから本格的に進められている．わが国では2006年に東日本旅客鉄道から「世界初の燃料電池ハイブリッド鉄道車両の開発」に関する構想が公表された．これはディーゼルエンジンによるハイブリッドシステムの開発に使用したニュー・エナジー・トレインを改造した燃料電池鉄道車両の試験であった．

　燃料電池の性能，環境負荷低減効果，水素供給方式などの試験を通して，燃料電池を用いた車両システム技術の開発が進められてきた．しかし，具体的な試験車両に関する情報が公開されるまでには時間を要し，日立製作所及びトヨタ自動車との連名で，「水素をエネルギー源としたハイブリッド車両（燃料電池）

試験車両の開発——鉄道技術と自動車技術を融合して試験車両を開発します——」という文書が発表されたのは2020年10月である.

　イギリスでは鉄道車両リース会社のポーターブルック（Porterbrook Leasing Company Limited）とバーミンガム鉄道研究教育センター（Birmingham Centre for Railway Research and Education：BCRRE）が，2018年9月に共同でHydroFLEXという名称で水素車両の研究開発を進めることで合意した．BCRREはバーミンガム大学（University of Birmingham）の組織として位置づけられる鉄道専門の研究機関である．合意から9カ月後の2019年6月には，低速走行での試験運行を成功させている．さらに，2020年9月末には実際に乗客を乗せた商業運転として実用化に入った.

　このように実験段階から実装に至る期間が短かった背景には，次のような要因があった．第1に，脱炭素化を進める過程で基礎的な技術については既に特定の車両で実験が重ねられていた点である．Class 319という電化車両が対象になっていたが，それを水素燃料のClass 769 FLEXに転換できたという事情がある．[1] 第2に，このプロジェクトに政府が助成金を支出してきた点があげられる．交通省（Department for Transport）から75万ポンドが充てられた．当事者であるポーターブルックとバーミンガム大学は100万ポンド以上の資金を投入した．[2] 政府はディーゼル電車を徐々に水素電車に入れ替えていく計画で，ミッドランズ地方を水素技術のハブにする計画を打ち出している.

　ポーターブルックは鉄道車両4,500台を保有するリース会社であるが，2014年10月に複数企業から構成されるコンソーシアムによって買収された．旧イギリス国鉄の民営化と再編成については第4章で紹介したが，「上中下分離」というアンバンドリングによって改革が実行されたものの，民間企業が一定期間，特定路線の運行権を取得するフランチャイズはうまく機能していなかった．[3] 旅客列車運行会社に依存する車両リース会社にも悪影響が及んでいたのは当然の結果である．ポーターブルックの買収に関与したのは**表12−1**の通り，ほとんどが他国企業であり，鉄道関連企業ではなくファンド会社や年金基金運用組織である．つまり，水素電車の開発はこれらの企業からの支援があったから実現したと言える.

②ノルウェーにおける新型フェリー[4]
2019年12月に世界初の液化水素運搬船「すいそ　ふろんてぃあ」の進水式が

表12-1　ポーターブルックの主要株主

主要株主	国籍	所有比率
アルバータ・インベストメント・マネージメント・コーポレーション（AIMCo）	カナダ	30%
アリアンツ・キャピタル・コーポレーション（ACP）／アリアンツ・グループ	ドイツ	30%
ロイヤル・バンク・オブ・スコットランド・グループ・ペンション・ファンド（RBS）	イギリス	30%
ザ・インフラストラクチャー・ファンド（TIF）	オーストラリア	
ユーティリティーズ・トラスト・オブ・オーストラリア（UTA）	オーストラリア	
EDFインベスト	フランス	10%

（出典）Porterbrookの公表資料に基づき筆者作成.

　神戸市で行われた．わが国でもようやく脱炭素化に向けた国際水素エネルギーサプライチェーンの構築が進められることになった．震災復興との関連では，福島県浪江町の水素製造拠点にも期待がかけられている．地方自治体が民間企業との協力により，水素発電やCO_2フリー水素の製造に取り組み始めているところもあるが，まだ本格的な水素社会のイメージは描けていないのが実情と言える．

　欧州では電気やガスを使った船舶のハイブリッド化，ゼロエミッション化が進められてきたが，水素を動力源とする船舶の建造も始まっている．北欧やスコットランドでは政府・地方自治体からの支援もあり，多くのフェリー路線が存在する．自動車と乗客を運ぶ中規模の電動フェリーについては，ノルウェー，スウェーデン，カナダなどで2010年代から開発・生産が始まっている．世界初の商業用電動フェリーは，2015年に就航したノルウェーのアンペア（Ampere）である．

　フィヨルドの多いノルウェー西岸には130ものフェリー路線がある．それらは生活路線であるだけではなく，国内外の観光客を運ぶ有用な交通手段にもなっている．北欧諸国では伝統的に環境保全や海洋管理に対する意識が高いことでも知られる．フィヨルド保護の点から電動フェリーへの移行は自然な流れであった．また欧州主要都市は脱炭素化を計画的に推進することを相互に競い合う関係に立っている点からも，フェリーの電動化が促進されている．

　電動フェリー・アンペアを世界に先駆けて運航しているのはノルレッド（Norled）であるが，同社は2021年には水素燃料による新型フェリーの導入を予

定している．ノルウェーは議会で2026年までにフィヨルドをゼロエミッション地区にすることを決めたが，それも水素船の採用を促したと考えられる．オスロ～トロムソ間は有名な観光ルートだが，ノルレッドの本社はその中間点スタバンゲルに置かれている．1855年の創業という歴史のある同社は従業者数1,000人の国内最大のフェリー会社で，45隻のフェリー船と28隻の高速船を保有する．新型コロナ前には年間乗客数1,700万人，運搬自動車数900万台を達成していた．新船の開発と建造はコンソーシアムのノルウェージアン・センター・オブ・エクスパティーズ・マリタイム・クリーン・テック（NCE MCT）が担当する．[5]

　2019年5月にノルレッドはフィンランドの不動産・インフラ企業のキャップマン（CapMan）とカナダ企業のCBRE Caledon Capital Managementの2社によって買収された．[6]キャップマンは1989年にフィンランドの銀行を母体に作られた投資ファンド会社である．同社は創設時から買収を重ねて，北欧における投資会社として成長してきた．同様に，CBRE CCMも年金基金から独立した投資ファンド会社である．ノルレッドがNCE MCTに参加しながら，電動フェリーと水素フェリーの実現に向けて主導権を持っている点から，将来の成長性が評価されたと考えられる．

　北欧のフェリー業界では「海のブルーから環境のグリーンを」という潮流が起きている．ESG（環境・社会・ガバナンス）を重視する企業が増えている点から，船舶のみならず漁業や港湾も投資対象として魅力が高まってくる．わが国ではスマートコミュニティ構想に基づき，分散型電源の有効利用や水素社会の実現を含んだ都市開発の多様な事例が増えてきた．しかし海洋国家であるにもかかわらず，環境ビジネスの視点からの船舶や港湾の改革は遅れている．自動運転技術を大型貨物船に導入する研究が進められているが，まだ技術的にも国際法の面でも普及の見通しは不透明である．フェリーや漁船を対象とする水素船の建造については実現可能性が高く，ゼロエミッションに貢献できることを評価すべきであろう．

（2）　環境目的重視の航空機開発

　航空機製造に関しても，バイオ燃料の使用や電動航空機の開発など脱炭素社会への移行に寄与する機材開発が進められている．まず，既存航空機とはまったく異なるタイプの機材で脱炭素化を目指している2つの事例を紹介する．

① ソーラー・インパルス：HB-SIB

第1にパイロットで探検家のBertrand PiccardとAndré Borschbergがリーダーとなり，太陽光航空機を開発するスイス企業ソーラー・インパルス（Solar Impulse）をあげることができる．同社は化石燃料を使わない航空機を設計する点に焦点を絞り，1人乗り航空機で実験を繰り返してきた．機体製造はスイスのディシジョン（Decision）が担当しているが，これまで製作されたのは2機だけである．旅客や物資の輸送が目的ではなく，SDGsで示されている目標の多くを達成し，世界一周の記録を打ち立てる点に主眼が置かれてきた．

初号機HB-SIAは2006年に製造が開始され08年に完成，2機目のHB-SIBは11年に製造開始，14年に完成した．世界一周は2015年3月9日にアブダビを飛び立ち，4万3,000kmを17回のフライトで558時間かけて，翌16年7月26日に戻る行程で成功させた．燃料補給のない太陽光と蓄電池だけで飛行した航空史に残る記録となった．ハワイまでのルートで悪天候を避けるため，2015年6月に名古屋飛行場（小牧空港）に緊急着陸したので，わが国でも同機のことが広く知られるようになった.[7] その後の名古屋からハワイまでのフライトで単独飛行としての記録を打ち立てたため，あらためて製作技術や協力企業のほか，資金調達にも注目が集まっている.[8]

② ハイブリッド・エア・ビークルズ：Airlander 10

第2にヘリウムを使う気球と航空機のハイブリッド型のAirlander 10がユニークな事例としてあげられる．ラグビーボールのような風変わりな形と全長92m・幅43.5m・高さ26mという巨大さで注目を集める存在であった．同機はイギリス・ベドフォードのカーディントン空軍飛行場を拠点に試験飛行を繰り返していた．製造したのはイギリス企業ハイブリッド・エア・ビークルズ（Hybrid Air Vehicles）であるが，もともとはアメリカの軍用機材だった．アメリカ国防省が2013年に同機の使用を中止し，同年末にEUからの助成金を使ってイギリスに戻された経緯がある.[9]

Airlander 10は通常の航空機よりもCO_2排出量を75%も削減できる．同機は10トンの積載能力を持ち，連続して5日間の滞空が可能である点から，災害時の救援機として利用できると期待されていた．しかし，2016年8月24日の試験飛行で離陸と飛行に成功したものの，着陸時にコックピットが破損する事故が起こった.[10] 不運にも2017年11月に再び係留装置から離れた直後に機体が収縮す

るトラブルに見舞われてしまい，計画されていた増産にはつながらなかった．

　その後，ハイブリッド・エア・ビークルズは後継機の開発に取り組んでいる．50トンの能力を持つAirlander 50の構想では，20フィートコンテナ6基の貨物スペースと定員48名の客室も装備されることになっているが，旅客だけであれば200人乗りとなる．このように旅客輸送を前提に，「近距離旅行」・「ポイント・トゥ・ポイント移動」のほか，「リージョナル・コネクティビティの改善」・「リージョナル・エアモビリティ」を強調し，都市間輸送に取り組む姿勢を示しているのは大きな変化である．地域輸送の具体例として，リバプールからベルファスト間の旅客輸送があげられ，フェリーと比較したデータも公表されている[11]．将来は200トンの能力を有するAirlander 200の製造が意図されている点からも発展可能性が読みとれる[12]．2019年には他社と共同で政府の助成金を獲得し，E-HAV 1という名称でフル電動航空機の開発も始まっている．

（3）　中型電動航空機の開発動向

　小型航空機については次節で扱うので，本項では中型航空機の開発動向に焦点をあてる．電気自動車と同様に航空機製造についても部品数が減少するとともに，複数企業によるコラボに基づく参入が増加している．以下では，まず電動航空機の事例を紹介し，次に水素航空機の開発動向に注目する．

① LCCと新興メーカーの共同開発

　2018年にイギリスの格安航空会社（LCC）であるイージージェット（easyJet）がアメリカのライトエレクトリック（Wright Electric）と協力して，Wright 1という名称の電動航空機の実用化を目指していると発表した．航続距離500km，定員186名で2030年の導入が想定されている．この新機材は既にイージージェットがポイント・トゥ・ポイントで就航している欧州内の都市間輸送に適している．例えば，ロンドン・パリ間やロンドン・アムステルダム間などの路線に導入できる．ライトエレクトリックは2016年に設立されたベンチャー企業であるが，航空エンジニアの経験者を中心に集めている．同社はシリコンバレーでスタートアップを支えるベンチャーキャピタル，ワイコンビネータ（Y Combinator）からの支援を受けている[13]．

　多くの航空会社が採用しているエアバス320neoとボーイング737よりも，Wright 1は座席数を増やしている．航続距離やバッテリーの安全性，充電施

設の整備を考えると，まだ生産の本格化までにクリアすべき課題は多い．大きなメリットは飛行中のノイズを大幅に抑えられる点と，給油時間を要することなくバッテリーの交換だけで済むので連続的な運航が可能になる点である．これらの点から利用者増を見込め，将来的には受注が伸びると考えられる．

　イギリスの大手LCCがアメリカの新興メーカーと協力関係を深めている点は興味深い．これまでの航空会社の商慣行の中では欧州企業はエアバス，アメリカ企業はボーイングを購入する傾向が強かったが，政治的な制約条件や伝統的な要因にとらわれずに，脱炭素化と利益創出を両立させる点を重視した戦略がとられている．

　ライトエレクトリックは新型コロナ前に短距離路線のシェアが伸びると予測していたが，ビジネスや観光のスタイルが変化するのも事実である．感染症問題が収束に向かった場合，利用者側の心理としては短距離の移動であれば許容されやすい．LCCが得意とする短距離の都市間をつなぐ路線を中心に，今後の普及が期待できる．機数や価格に関するイージージェットとライトエレクトリックとの交渉の詳細は明らかにされていないが，両社は地球環境にやさしい機材を普及させ，利用者に快適な移動を提供することを目指している点は共通している．

② 大手メーカーとNASAによる開発

　既存大手航空機メーカーのエアバスとボーイングも早くから電動航空機の開発に着手している．エアバスは2010年に世界初の電動航空機CriCri，翌11年に２人乗りのe-Geniusを製造していた．2013年からE-Fanの製造に着手し，15年には英仏海峡を飛ぶのに成功している．2018年〜19年には垂直離着陸のできる小型機VahanaとCityAirbusの飛行も実現している．エアバスはドイツの総合電機メーカーであるシーメンス（Siemens）との共同開発を進め，電動航空機の実現に向けた新たなコラボを始動させ，近距離路線を想定した機材を生産する計画を持っている．さらに，2020年９月に排出ガスを出さない「ゼロe」の水素を燃料とする航空機３タイプを発表した．ターボファン型は定員200名・航続距離3,200km，ターボプロップ型は100名・1,600km，中間のブレンディッド・ウィングボディ型は本体と両翼が一体化されたデザインであるが，定員200名とされ，2035年の実用化を目指している．

　ボーイングは2017年，無人航空機を製造するバージニア州マナッサスに拠点

を置くオーロラフライトサイエンス（Aurora Flight Sciences）を買収した．同じ時期にワシントン州カークランドに立地するスタートアップ，ズーナムエアロ（Zunum Aero）にも出資して，電動航空機の製造に参画する姿勢を示した．エアバスやボーイングは過去から蓄積されてきた技術に基づき，それぞれ新型航空機を製造してきたので，生産の軸がまったく異質の電動航空機へシフトするとは考えにくいが，資金力とヘリコプターなど小型機を製造する技術力はあるのでハードルも低い．近年の脱炭素化推進や新型コロナの影響から新たな中型機の開発を重視する可能性は高い．

　アメリカ航空宇宙局（National Aeronautics and Space Administration：以下，NASAと略記）も2016年から電動航空機X-57（通称，マックスウェル）の開発を進めている．まだ具体的な仕様については公表されていないが，セスナ型のイメージ写真が公開されている[14]．NASAや既存大手航空機メーカーは防衛産業の最新技術を保有しているので，民生用電動航空機を普及させることが適切かどうかは問われるだろう．最先端技術が逆に商業ベースでの生産に移行する上で，阻害要因になってしまう面もある．

　近年，エネルギー部門では脱炭素化の推進という政策目標が標榜され，再生可能エネルギーのウェイトが急速に高まっている．電動航空機も化石燃料を使用しないので，温暖化ガスの削減に寄与することは言うまでもない．航空会社は初期費用を要したとしても，効率性の高い機材を使用することで経費を削減できる．特殊なジェット燃料の調達を伴わない点で，航空市場への参入障壁が下がり，新規参入の増加が料金競争を通して運賃低下につながる可能性もあり得る．搭載されるバッテリーは積み替えるだけなので，グランドハンドリングの専門会社に給油を依頼する必要もなく，また時間のロスもない．これによって運航頻度をあげることができるため，LCCだけではなくレガシーキャリア（大手航空会社）も収益増加を達成しやすくなる．水素技術は空港インフラもあわせて改革しなければならないが，電動航空機はバッテリーの保管や装填がジェット燃料よりもはるかに容易である点でもメリットがある．

2　小型航空機による「空の産業革命」

（1）「無人航空機」の普及と法整備

　小型無人機は模型航空機（ラジコン）のほか，薬剤散布や空撮などで過去に

も利用されていたが，近年は新たな技術を搭載したドローンが開発され，多数のメーカーが通販で販売するほど，急速なスピードで普及している[15]．その有用性は過疎地や山間部における日用品の配達，災害時の食料・医薬品輸送，橋梁などの設備老朽化点検などで力を発揮できると考えられる．その反面，衝突や墜落による器物破損や人身事故などが起きる可能性が高いだけではなく，GPS機能を悪用したテロ事件につながる危険性も指摘されている．

　現実にわが国では2015年4月22日に首相官邸の屋上でドローンが発見されるという異例の事件が起きた．このような重要施設を狙った案件から危機管理が問題となり，法的整備が進められることになった．2日後の同24日には「小型無人機に関する関係府省庁連絡会議」が内閣官房に設置され，「小型無人機に係る環境整備に向けた官民協議会」と「小型無人機の更なる安全確保のための制度設計に関する分科会」も置かれ，議論が重ねられてきた．

　航空法は2015年に改正され，ドローンに相当する「無人航空機」は2条22項で次のように定義されている．

> この法律において「無人航空機」とは，航空の用に供することができる航空機，回転翼航空機，滑空機，飛行船その他政令で定める機器であつて構造上人が乗ることができないもののうち，遠隔操作又は自動操縦（プログラムにより自動的に操縦を行うことをいう．）により飛行させることができるもの（その重量その他の事由を勘案してその飛行により航空機の航行の安全並びに地上及び水上の人及び物件の安全が損なわれるおそれがないものとして国土交通省令で定めるものを除く．）をいう．

　手軽に入手できるだけにドローン操作の詳細なルール策定が求められていたが，2020年7月9日の小型無人機に係る環境整備に向けた官民協議会（第14回）において，「空の産業革命に向けたロードマップ2020」が提示された．また，同年12月3日の小型無人機に係る環境整備に向けた官民協議会（第15回）では，**図12-1**の通り，無人地帯における目視外飛行はレベル3として認められる点が確認された．さらに，**図12-2**のように無人航空機（ドローン）のレベル4に向けた新たな制度の方向性が明確にされた．

　具体的には，安全性を確保するため，機体の安全性に関する認証制度（機体認証）と操縦者の技能に関する証明制度（操縦ライセンス）が導入される．事故の防止及び状況把握のため，運航管理のルールが法令で明確化される．第三者

図12-1　無人航空機（ドローン）の飛行の環境整備

（出典）国土交通省航空局（2020），「無人航空機のレベル4の実現のための新たな制度の方向性について」，
　　　　小型無人機に係る環境整備に向けた官民協議会（第15回）配布資料1，p.1.

機体認証	操縦ライセンス	運航管理のルール
・国が機体の安全性を認証する制度（機体認証）を創設 ・型式認証を受けた型式の無人航空機について，機体認証の手続きを簡素化 ・使用者に対し機体の整備を義務付け，安全基準に適合しない場合には国から整備命令 ・設計不具合時における製造者から国への報告義務 ・国の登録を受けた民間検査機関による検査事務の実施を可能とする 　　　　　　　　　　　など	・国が試験（学科及び実地）を実施し，操縦者の技能証明を行う制度を創設 ・一等資格（第三者上空飛行に対応）及び二等資格に区分し，機体の種類（固定翼，回転翼等）や飛行方法（目視外飛行，夜間飛行等）に応じて限定を付す ・国の指定を受けた民間試験機関による試験事務の実施を可能とする ・国の登録を受けた民間講習機関が実施する講習を修了した場合は，試験の一部又は全部を免除 　　　　　　　　　　　など	・第三者上空飛行の運航管理の方法等は個別に確認 ・これまで許可・承認の条件としていた運航管理のルール（補助者の配置による飛行経路下の人の立入管理等）を法令等で明確化 ・無人航空機を飛行させる者に対し， 　✓飛行計画の通報 　✓飛行日誌の記録 　✓事故発生時の国への報告を義務化　　など

所有者の把握　━━ 航空法改正済み ━━

・無人航空機の所有者・使用者の登録制度を創設
・所有者の氏名・住所，機体の情報（型式，製造番号）を登録，機体への登録記号の表示を義務化
・安全上問題のある機体の登録拒否，更新登録
　　　　　　　　　　　　　　　など
※施行にあわせて登録・許可承認の対象となる無人航空機の範囲を100g（現行200g）以上に拡大

図12-2　無人航空機（ドローン）のレベル4の実現のための新たな制度の方向性

（出典）国土交通省航空局（2020），「無人航空機のレベル4の実現のための新たな制度の方向性について」，小型
　　　　無人機に係る環境整備に向けた官民協議会（第15回）配布資料1，p.2.

上空での飛行となるレベル４は，① 機体認証を受けた機体を，② 操縦ライセンスを有する者が操縦し，③ 国土交通大臣の許可・承認（運航管理の方法等を確認）を受けた場合に認められることが決まった．

（2）　ドローンによる物資輸送の実証実験

　ドローンを実用化する目的には，離島を含む島嶼部や過疎地での物資輸送に要する時間の短縮，老朽化インフラや文化財の目視に代わる点検，医薬品・農産物輸送，薬剤散布，災害対応などが含まれる．さらに，実際の運航にあたっては機体の認証・検査の実施，操縦ライセンスの付与，運航ルールの遵守確認，電波・GPSの利用，一定の気象条件下での運航など，いくつかのクリアすべきハードルがある．つまり，これらはほとんどの省庁に関わる案件であり，安全運航を大前提に規制緩和を実施すれば，民間企業にとって大きなビジネスチャンスが生まれることになる．それ故，ドローンが「空の産業革命」に相当すると考えられている[16]．

　ドローンは物流業界におけるトラック輸送や大型ヘリコプターに匹敵するほどの輸送力はないが，人口減少時代の過疎地域や緊急対応を求められる自衛隊や医療関係者には不可欠な輸送手段となる．また，トラックやライトバン，バイクなどを用いた配達に代わり，クリーンである点からCO_2削減に寄与する点も評価できる．2018年度の実証実験では，ドローン物流のCO_2排出量削減効果及び費用対効果という観点が重視され，**表12-2**の５件が選定された．

　地方自治体が民間企業と協力し，過疎地域の課題解決にドローンを導入する姿勢を示し，次第に機運が高まってきた．前述した「空の産業革命に向けたロードマップ2020」の中で，有人地帯における目視外飛行を実現するレベル４を2022年度中に達成することが明示された．ドローンの社会実装は**図12-3**のよ

表12-2　CO_2排出量削減に資する無人航空機の配送実用化実験

検証実験地域	協議会名	代表事業者名
福島県南相馬市	郵便事業配送効率化協議会	㈱自律制御システム研究所
埼玉県秩父市	秩父市ドローン配送協議会	楽天㈱
長野県白馬村	白馬村山岳ドローン物流実用化協議会	㈱白馬館
岡山県和気町	和気町ドローン物流検証実験協議会	㈱Future Dimension Drone Institute
福岡県福岡市	福岡市ドローン物流協議会	ANAホールディングス㈱

（出典）国土交通省総合政策局物流政策課（2018：1）．

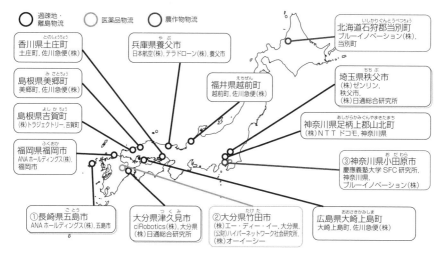

図12-3　ドローンの社会実装に取り組んでいる地域

(出典) 国土交通省公共交通・物流政策部門 (2020),「ドローンの社会実装に向けた取組」, 小型無人機に関する
　　　関係府省庁連絡会議 (第11回) 配布資料４, p.2.

うな地域で進められている．14地域中，北海道石狩郡当別町，神奈川県小田原
市，大分県竹田市を除くすべてが，過疎地・離島物流に該当する．また，埼玉
県秩父市，長崎県五島市，大分県津久見市，大分県竹田市は医薬品物流，北海
道石狩郡当別町と神奈川県小田原市は農作物物流の社会実装に向けた実験をし
ている．

　地方自治体がドローンの実証実験に取り組んでいるのは，農業と物流業界に
おける人材不足という事情もあるが，ドローンの離着陸に空港ほどの大型施設
が不要である点もプラス要因となっている．また運搬できる重量に制約はある
が，ヘリコプターやフェリーのように機材購入や維持管理に伴う費用が大きく
ない点でも魅力がある．医薬品などの緊急性の高い軽量物に関しては迅速な配
送が可能であるので，コロナ対策のワクチン配送にも有用である．将来的には
近隣自治体と共有のドローンポートを設置するなど，輸送・配達の安全性と効
率性の同時達成を考慮しなければならない地域も出てくるだろう．

（3）　DPDHLの「パーセルコプター」

　ドローンを使った医薬品輸送のパイオニアは，第10章で紹介したドイツの

DPDHLである．2013年12月に「パーセルコプター」（Parcelcopter）という名称のドローンを使って，本社所在地のボンでライン川の両岸を使った実験が繰り返されていた．それは目視の範囲内での遠隔操作であり，飛行距離は1kmであった．翌14年9月には自律型ドローンが採用され，北ドイツ沿岸部の町ノルトダイヒからユイスト島までの目視外飛行となる12kmで医薬品の配送が実現された．これは世界から注目を集めたが，安定した結果を出した点から成功例とみなされている．

2016年の実験では南ドイツのオーストリアとの国境に近いライト・イム・ウィンクルが選ばれた．アルプス山麓の町にパックステーション（第10章，写真10-1・写真10-2を参照）を設置し，そのボックス内に置かれた荷物をパーセルコプターに取り込む実験と，その逆でボックス内に荷物を配達する実験にも成功している[17]．これは標高差があるだけではなく，1月～3月の低温と風雪を伴う季節における実験であった点で意義があった．さらに，2018年には初めての他国での実験は東アフリカ・タンザニアで行われた．ここでは湖を利用し65kmもの飛行距離を実現し，飛躍的な改善が加えられた．それらの動向を整理すると**表12-3**のようになる．

これらの実験ではドローン製造会社であるマイクロドローンズ（Microdrones）

表12-3 パーセルコプターの進化

	PARCELCOPTER 1.0	PARCELCOPTER 2.0	PARCELCOPTER 3.0	PARCELCOPTER 4.0
導入時期	2013年	2014年	2016年	2018年
機材タイプ	Quadrocopter	Quadrocopter	Tiltwing Aircraft	Tiltrotor
全長	1,030mm	1,030mm	2,200mm	1,780mm
搭載重量	1.2kgまで	1.2kgまで	2kgまで	4kgまで
対気速度	43km/h	43km/h	70km/h	130km/h
システム	遠隔操作	自律型	自律型	自律型
飛行エリア	川	海	山	湖
実験拠点	Bonn ドイツ	Norddeich/Juist ドイツ	Reit im Winkl/ Winklmoosalm ドイツ	Mwansa/Ukerewe Island タンザニア
飛行距離	1km	12km	8.3km	65km
標高差	なし	なし	500m	なし

（出典）DPDHLの公表資料に基づき筆者作成．

とウィングコプター（Wingcopter）の機材が使用されている[18]．さらに，アーヘン大学（Rheinisch-Westfälischen Technischen Hochschule Aachen），ドイツテレコム（Deutsche Telekom AG），連邦交通デジタルインフラ省（Bundesministerium für Verkehr und Digitale Infrastruktur），ドイツ航空管制組織（Deutsche Flugsicherung GmbH），連邦経済協力開発省（Bundesministerium für Wirtschaftliche Zusammenarbeit und Entwicklung），ドイツ国際協力公社（Deutsche Gesellschaft für Internationale Zusammenarbeit GmbH）などの民間企業と政府関連機関から全面的支援を受けて進められた．

　このようにDPDHLのパーセルコプターは，機材そのものに関しては小規模なメーカーの開発に依拠するとともに，制度改革については政府による運航許可を得ることで実証実験を重ねて成長してきた．実験エリアについては，川・海・山・湖という自然環境が異なるエリアを選び，市街地や密集した都市部ではないところが選ばれた．島嶼部や山間部の「ラストワンマイル」の課題を解決する視点からサプライチェーンを活かす物流戦略として，無人航空機が開発・利用されているDPDHLの実証実験は価値がある．

（4）　有人電動航空機による都市間輸送[19]

　電動航空機を製造するベンチャー企業でエアタクシー構想を計画的に追求している企業は，ドイツのリリウム（Lilium GmbH）である．同社は2015年に独ミュンヘン工科大学（Technische Universität München）に在籍していた4人のメンバー（Daniel Wiegand/ Sebastian Born/ Patrick Nathen/ Matthias Meiner）により創設された．資金調達に関しては，スタートアップを支援する次のような組織からの出資を受けている．世界的規模でグローバルリーダーを支援する投資会社アトミコ（Atomico：2006年設立・イギリス），シードを対象とする投資会社フライガイスト（Freigeist：前社名e42・ドイツ），リヒテンシュタイン王室の所有下でプライベートバンキングを行うLGT（Liechtenstein Global Trust：1920年設立・リヒテンシュタイン）[20]．アクティブな経営が展開できるように，エアバスやロールスロイスの他，EVのテスラやオンデマンド・タクシーのゲットから人材を採用している点も注目される．

　機材はリリウムジェットと呼ばれる名称で，2017年の試作品は2人乗りであったが，2019年にはエアタクシーの実用化に向けて5人乗りに変更された．この機体の大きな特徴は垂直離着陸技術，eVTOL（electric vertical takeoff and landing）を搭載しているので，滑走路は不要でわずか225m²のスペースで離着陸できる点である．時速100km/hのスピードが出せ，航続距離は１回の充電で300kmに及ぶ．充電時間は公表されていないが，家庭用電源で充電が想定されている点で画期的な航空機と言える．一般的なヘリコプターのエンジンは１つで，飛行中の故障に伴うリスクは高いが，リリウムジェットは複数の小型ダクテッドファンモーターを使っているので，エンジントラブルのリスクは低い．既に無人での試験飛行は成功し有人飛行を終えてから，2025年には実用化される予定である．

　同社は既に商品化を視野に入れて,「オンデマンド型エアモビリティ」をキーワードとしてPRしている.数年前まではアメリカのマンハッタンとJFケネディ空港間で実用化する計画が公表されていた．通常，タクシーで約１時間かかるマンハッタンからJFケネディ空港の約30kmを５分で結ぶという案である．タクシーで普及しているのと同様，スマホで予約できるシステムを導入するが，タクシー料金よりも低い料金設定にする点を明示していた．しかし，５人乗りで航続距離が300kmを実現できる見込みが立ってからは，ミュンヘン，チュー

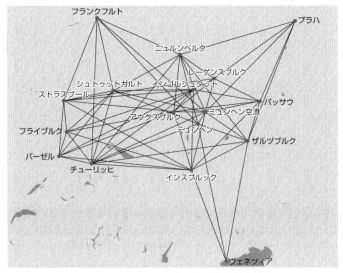

図12-4　ミュンヘンをハブとする都市間輸送ルート

（出典）リリウムのホームページ画像に基づき筆者作成．[https://lilium.com/journey]
　　　　最終閲覧2021年２月15日.

リッヒ，ロンドン，ニューヨーク，サンフランシスコ，香港の６都市をハブとして，それぞれ20都市ほどを結ぶ国際線を含んだルートが公表されている[21]．図12-4はミュンヘンをハブとする一例である．

　先進国では短時間で都市間を移動したいという潜在需要が大きい．新型コロナ以降は混雑回避のニーズも高まっている．電気自動車は脱炭素化に寄与するものの，都市部での交通渋滞につながる可能性があり，ガソリン車のCO_2排出を増加させる弊害を誘発する．それらの点を考慮すると電動航空機の優位性は高い．リリウムジェットの価格や都市間移動の料金はまだ示されていないが，世界の主要都市で活用する戦略が明らかにされているので，買取りとリースのどちらであっても通常のビジネスレベルに抑えられると予想される．量産化が実現されれば，地方部や離島間の移動でも利用可能となり，モビリティが大幅に改善できる．

3　宇宙につながる航空機開発と空港整備[22]

（1）　アメリカの宇宙船とスペースプレーン

　飛行機で移動する機材が航空機（エアプレーン）で，宇宙飛行士が大気圏を超えた領域について探査するために使うのが宇宙船（スペースシップ）という区分がこれまでの常識的な理解であった．この二分法では捉えられないハイブリッド型の宇宙航空機（スペースプレーン）が利用される時代に入っている．ロケットや人工衛星は地球の軌道を回る「オービタル飛行」によって移動するが，スペースプレーンの場合には「サブオービタル飛行」（準軌道飛行）によって移動する．このような機材が実用化されると，欧州〜北米〜アジア間の移動はそれぞれ２〜３時間程度になると見込まれている．

　スペースプレーン構想はアメリカで生まれたが，その背景には有人宇宙往還機の「スペースシャトル計画」と深く関わっている．NASAがコロンビア号の打ち上げに成功したのは1981年４月である．その後，86年１月にチャレンジャー号の打ち上げ直後に７人の死亡を伴う爆発事故が起きてしまった．これを受けて同年２月に，当時のレーガン大統領が一般教書演説でスペースシャトルと宇宙基地計画に代わる，ワシントンと東京を２時間で結ぶ「ニュー・オリエント・エクスプレス構想」を公表した[23]．これを機に1990年代に宇宙空間を利用したスペースプレーンの開発が推奨されることになった．

表12-4　アメリカの宇宙船・スペースプレーン　主要事業者

事業者	機材名	拠点	ライセンス終了
S7・シー・ローンチ・リミッティド	Zenit 3SL	太平洋	2021/ 6 /20
ブルー・オリジン	New Shepard System	テキサス	2021/ 8 /16
オービタル・サイエンシズ・コーポレーション	Minotaur IV	カリフォルニア	2021/11/ 9
ロッキード・マーティン・コマーシャル・ローンチ・サービシズ	Atlas V	フロリダ	2021/12/13
ロッキード・マーティン・コマーシャル・ローンチ・サービシズ	Atlas V	カリフォルニア	2021/12/19
ヴァージン・オービット LLC	LauncherOne（L1）	カリフォルニア	2021/12/31
アストラ・スペース	Astra Rocket 3	アラスカ	2022/ 1 / 8
オービタル・サイエンシズ・コーポレーション	Minotaur IV	フロリダ	2022/ 2 / 9
エクソス・エアロスペース	SARGE	ニューメキシコ	2022/ 2 /13
ファイヤーフライ・エアロスペース	Alpha	カリフォルニア	2022/ 4 /18
スペース・エクスプロレーション・テクノロジーズ・コーポレーション	Starship Prototype	テキサス	2022/ 5 /27
ヴァージン・ギャラクティック	SpaceShipTwo	カリフォルニア	2022/ 7 /29
スペース・エクスプロレーション・テクノロジーズ・コーポレーション	Falcon 9	フロリダ	2023/ 1 /18
ユナイテッド・ローンチ・アライアンス	Atlas V	フロリダ	2023/ 5 /31
オービタル・サイエンシズ・コーポレーション	Minotaur I	バージニア	2023/ 6 / 6
スペース・エクスプロレーション・テクノロジーズ・コーポレーション	Falcon 9	カリフォルニア	2023/10/ 3
スペース・エクスプロレーション・テクノロジーズ・コーポレーション	Falcon 9	フロリダ	2024/ 2 /14
オービタル・サイエンシズ・コーポレーション	Pegasus	マーシャル諸島	2024/ 7 /22
ロケット・ラブ・グローバル	Electron	ニュージーランド	2024/10/ 9
ロケット・ラブ・グローバル	Electron	バージニア	2025/ 8 /17
オービタル・サイエンシズ LLC	Pegasus	カリフォルニア	2025/ 9 / 1
オービタル・サイエンシズ・コーポレーション	Antares Configuration 230	バージニア	2025/ 9 /15
オービタル・サイエンシズ LLC	Pegasus	フロリダ	2026/ 3 /17
オービタル・サイエンシズ LLC	Pegasus	バージニア	2026/ 3 /17

（出典）FAAの公表資料に基づき筆者作成．[https://www.faa.gov/data_research/commercial_space_data/licenses/#operatorLicenses] 最終閲覧2021年5月15日．

　宇宙飛行に関してはスペースシャトルが135回ものミッションを果たして，2011年にその計画を終了した．アメリカのみならず世界的に莫大な資金が投入されてきた宇宙開発に対する国民の批判も大きくなっていたため，民間企業の参入を認める方向で政策転換が図られた．主要国政府は宇宙開発をめぐる競争において最先端技術を搭載した機材を打ち上げたかったが，同時に公的負担の軽減にも配慮しなければならないジレンマに直面していた．国際競争に打ち勝つためには，多様な実験を行い，打ち上げ回数を増やす必要もあった．

　1984年にアメリカにおける民間企業によるロケット打ち上げを促進するとともに規制する組織として，運輸大臣のもとに商業宇宙輸送局（Office of Commercial Space Transportation）が設立され，95年に連邦航空局（Federal Aviation Administration: FAA）に移管された．[24] この組織が多様な新機材を用いた多くのプロジェクトにライセンスを与えてきた．近年のライセンスによって認められている主要な事業者とその機材については**表12-4**の通りである．この中には既に有人飛行で成功しているヴァージン・ギャラクティック（Virgin Galactic）の「スペースシップ2」のようなスペースプレーンと，2020年5月に2人乗りで成功したスペースエックス（SpaceX）の「ファルコン9」（クルードラゴン）のような宇宙船の両方が含まれている．まだ旅客輸送や宇宙旅行を実現するほどの確固たる技術が確立されているわけではないが，2地点間の貨物輸送に関して実験的に導入される可能性は高い．

（2）　スペースポートの建設構想と地方空港

　民間企業による宇宙船・スペースプレーンの研究開発と実用化を支援するためには，宇宙航空機専用空港となるスペースポートをどこに置くのかという問題が生じる．宇宙船やスペースプレーンの特性から，以下のような3つの選択肢が考えられる．① 従来から政府が進めてきた宇宙開発の拠点，ロケット打ち上げに使用されてきた施設を共用する．② 政府・地方自治体が新たな立地点を選び，スペースポートを開設する．③ 人口密集地から離れている既存の地方空港をスペースポートして有効活用する．これまでは特定地点からの打ち上げだけで充分であったが，今後は2地点間の輸送が想定される．さらに，通常の航空輸送のような複数地点を活用するネットワークも視野に入れておく必要もある．

　宇宙船・スペースプレーンはロケットのように垂直で打ち上げるタイプと，

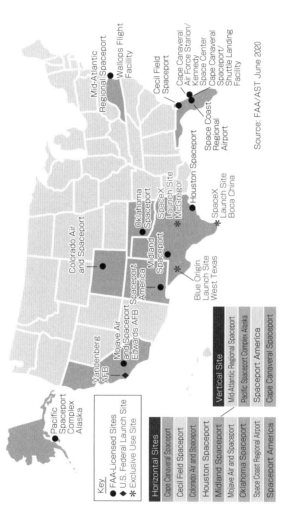

図12−5　アメリカにおけるスペースポート立地点

(出典)　FAA資料．[https://www.faa.gov/space/additional_information/faq/media/Spaceport_Map_2020_lrg.jpg]　最終閲覧2021年 2 月15日．

表12- 5　アメリカの宇宙港・スペースポート　主要運営者

運営者	立地点	立地州	ライセンス終了
オクラホマ・スペース・インダストリー・ディベロップメント・オーソリティ	Clinton-Sherman Industrial Airpark	オクラホマ	2021/ 6 /11
バージニア・コマーシャル・スペース・フライト・オーソリティ	Wallops Flight Facility	バージニア	2022/12/18
アダムス・カントリー・コロラド	Colorado Air & Space Port	コロラド	2023/ 8 /16
アラスカ・エアロスペース・コーポレーション	Pacific Spaceport Complex Alaska	アラスカ	2023/ 9 /23
ニューメキシコ・スペースポート・オーソリティ	Spaceport America	ニューメキシコ	2023/12/14
モハーヴェ・エア・アンド・スペース・ポート	Mojave Air and Space Port	カリフォルニア	2024/ 6 /16
ミッドランド・インターナショナル・エアポート	Midland International Airport	テキサス	2024/ 9 /14
ジャクソンヴィル・アビエーション・オーソリティ	Cecil Airport	フロリダ	2025/ 1 /10
タイタスヴィル・ココア・エアポート・オーソリティ	Space Coast Regional Airport	フロリダ	2025/ 5 / 5
ヒューストン・エアポート・システム	Ellington Airport	テキサス	2025/ 6 /26
スペース・フロリダ	Cape Canaveral Air Force Station	フロリダ	2025/ 7 / 1
スペース・フロリダ	Cape Canaveral Spaceport/ Shuttle Landing Facility	フロリダ	2026/ 1 /15

(出典) FAAの公表資料に基づき筆者作成. [https://www.faa.gov/data_research/commercial_space_data/licenses/#operatorLicenses]最終閲覧2021年 5 月15日.

母機とともに滑走路を使用するタイプがある．どちらも十分な実験を遂行するためには，現行の発着枠に余裕のない空港・飛行場では対応不可能であり，前述した①〜③のようにスペースポートを整備することが不可欠である．宇宙開発を推進するアメリカでは，既に公的組織や民間企業によって**図12- 5**と**表12-5**のようなスペースポートが運営されている．それらは軍事関連施設やその隣接地に立地しているケースが多い．実際に利用するのは前述した宇宙船・スペースプレーン事業者であるので，実態としては官民連携のインフラ施設である．

　ニューメキシコに立地するスペースポート・アメリカを拠点に実験を繰り返

しているヴァージン・ギャラクティックはイギリスのヴァージン・アトラン
ティック（Virgin Atlantic）の創始者であるRichard Branson（以下，ブランソン）
が設立した宇宙開発企業である．ブランソンが何故，イギリスで実験を進めな
かったのかを明らかにすることはできないが，イギリス政府が宇宙開発をめぐ
る政策スタンスを明確にしてこなかった点が１つの理由だと考えられる．ス
ペースプレーンに関する２つの報告書が出されたのは2014年７月になってから
であった[25]．

　民間航空局（Civil Aviation Authority），交通省（Department for Transport），宇宙
庁（UK Space Agency）の協力により，公式見解を含む報告書が公表されるに至っ
たが，この時点でアメリカと比較すると大幅に遅れている．報告書の中で，サ
ブオービタル飛行が実現すると，日米間・英豪間がそれぞれ２時間に短縮でき
る点が示された．運航や安全面での国際基準が整備されていない状況下で，イ
ギリスは2018年までにスペースプレーンを実用化する計画を示したが，実際に
は達成できていない．

　スペースプレーンの実用化を想定してスペースポートの建設も検討され，い
くつかの候補地があげられた．滑走路長が3,000mを超えるヒースロー，ガト
ウィック，スタンステッド，マンチェスターなどを含む46地点があげられた．
しかし，検討過程で民間航空機の飛行頻度や人口密度が考慮され，最終的に都
心部から遠い８地点に絞られた．整備費用の点も考慮され，新規建設ではなく
既存の軍用空港や地方空港の滑走路を拡充する方策が選択された．

　当時，都市部から離れたスコットランド西海岸に位置するキャンベルタウン
空港は最有力視されていた．滑走路長が3,000mを超えている点と空港の運営
者であるハイランズ・アンド・アイランズ・エアポート・リミティッド（HIAL）
の株主がスコットランド大臣である点からも有力候補であった．キャンベルタ
ウン空港の年間乗降客数は8,000人ほどのレベルでウィスキーとゴルフ場だけ
の町に，経済波及効果の大きい宇宙産業を誘致できると期待された[26]．空港改革
で話題を集めている民営化やコンセッションでは，明らかに人口密集地が有利
と判断されるが，スペースポート建設ではまったく逆で過疎地域の方が有利に
なる．定期便が１日１便のような地方空港であっても，スペースポートとして
有効活用される可能性が出てきた．

（3）　わが国における宇宙ビジネスの展開

前述の「ニュー・オリエント・エクスプレス構想」の公表された1980年代に，舛添（1989）はスペースプレーンが国際関係に影響を及ぼすことを明らかにしていた．この論文末尾で「……現実には宇宙開発が，国家間の威信競争の様相を呈している面もあり，最悪の場合，地球上の国家間対立を宇宙にも拡大することになる可能性もある」との指摘がある．法律面からは田中（2009）において，スペースプレーンが実用化された時の法的手続きに関して，「宇宙活動を目的としない場合には国際航空法を適用し，宇宙活動を目的とする場合には宇宙法を適用する」という見解が示された．これらは宇宙ビジネスの実験が本格化してきている中で示唆に富むものであり，あらためて多国間調整の重要性を再認識させられる．

わが国の宇宙開発関連の組織として，宇宙科学研究所（ISAS），航空宇宙技術研究所（NAL），宇宙開発事業団（NASDA）という３つの組織が存在したが，2003年10月に宇宙航空研究開発機構（JAXA）に統合された．これまで国全体として宇宙政策の司令塔が存在せず，総合的な戦略が策定されてこなかった点が批判の対象となることもあった．2007年５月に「宇宙基本法」が制定されるとともに，宇宙開発戦略本部（本部長：内閣総理大臣）が設置された．

2009年に宇宙開発戦略本部決定として「宇宙基本計画」が公表されたが，主たる内容は人工衛星の開発利用計画に置かれていたので，「スペースプレーン」と「スペースポート」への言及は含まれていなかった．2015年の新たな「宇宙基本計画」では宇宙輸送システムに触れられているが，「スペースプレーン」と「スペースポート」の文字はない．2020年に閣議決定された「宇宙計画」でようやく「射場・スペースポート」の項目が立てられ，以下のように説明された[27]．

> 民間事業者や自治体による将来の打上げ需要の拡大を見据えた射場整備やサブオービタル飛行等の新たな輸送ビジネスの実現に向けたスペースポート整備については，宇宙システムの機能保証や地方創生，民間小型ロケット事業者の育成の観点も含めて，必要な対応を検討し，必要な措置を講ずる．（内閣府，文部科学省，経済産業省，国土交通省，防衛省等）

スペースポートに関する制度的な検討は開始されたが，現実のスペースプレーンの実験はアメリカと比較すると遅れている．無人ロケットを打ち上げる

実験としては，東京理科大学教授の米本浩一の研究室が有翼ロケット実験機を開発し，2020年３月17日にgaaboo号を北九州平尾台から打ち上げている．研究室が進めている今後の計画については，以下の通り公表されている[28]．

> SPACE WALKERは東京理科大学発ベンチャーとして，東京理科大学宇宙システム研究室と共に，2022年以降に打ち上げを予定しているサブオービタルスペースプレーンの技術実証機WIRES#013，#015の研究・開発を進めており，航法誘導制御システム及び複合材製の推進薬タンク等の技術実証を計画しています．
>
> これらの実証技術を応用して，各パートナーと協働し，メイドインジャパンのサブオービタルスペースプレーン科学ミッション機を2022年，小型衛星打上機を2024年，そしてサブオービタル宇宙旅行機を2027年に初飛行させることを目指しています．

もう１つの実験を試みている組織として北海道宇宙科学技術創成センター（Hokkaido Aerospace Science and Technology Incubation Center：HASTIC）をあげることができる．この組織は2002年６月に任意団体として設立され，03年１月にNPO法人として認可された．主たる目的として「北海道内に点在する宇宙開発関連施設や宇宙関連大学研究室をネットワーク化することにより，宇宙開発技術を生かした新産業の創出や起業家の支援，次世代研究者・技術者の育成を行うこと」と，「宇宙科学技術の開発推進を地方が主導的に行うことにより，わが国の宇宙開発の発展に貢献すること」があげられている[29]．

HASTICでは前理事長で北海道大学名誉教授の伊藤献一を中心とするグループにより，小型ロケットCAMUIとサブオービタル機を組み合わせた超小型人工衛星の打ち上げシステムが開発されてきた．実験は北海道広尾郡大樹町の多目的航空公園を使用してきたが，ここが北海道の宇宙産業の中心地として成長している．地元の大樹町役場には企画商工課航空宇宙推進室が置かれており，この公園を「北海道スペースポート」として整備していく計画を打ち出している[30]．

このような国内のスペースプレーン開発の計画とは別に，大分県はアメリカ・カリフォルニア州のヴァージン・オービット（Virgin Orbit）と協力関係を深め，2020年４月に水平型の人工衛星の打上げに関するパートナーシップを締結している．両者は大分空港を水平型宇宙港として活用することで合意した．必要な

準備・手続きを進めた上で，2022年に人工衛星の打上げを実現する予定である．このように地方自治体が積極的に宇宙産業の育成に関わるところが出現してきている．

　2018年7月には一般社団法人スペースポートジャパンが設立された．正会員に不動産，損保，広告代理店など大手企業27社，賛助会員には地方自治体を含む28組織が名を連ねている．ホームページでは「日本にいち早くスペースポートを開港すべく，国内外の関連企業や団体，政府機関等と連携していきます．また，スペースポートから離陸するスペースプレーン・有人ロケットなどの開発・運用を行う企業との連携や，宇宙とはこれまで接点がなかった業界の巻き込みも推進していきます．」という見解も示されている[31]．

　政府の新たな会議体としては，2019年6月に「サブオービタル飛行に関する官民協議会」（共同事務局：内閣府宇宙開発戦略推進事務局及び国土交通省航空局）が設立された．本協議会では，サブオービタル機の往還飛行について検討されることが決まっている．民間企業の計画的な技術開発に資するように必要な環境整備が進められているが，具体的な方針などは明確に公表されているわけではない．今後，省庁間連携を強化した上で，スペースプレーンの開発とローンチサイトとなるスペースポートの開設を含む具体的な計画と指針を策定すべきであろう．

注
1）　開発の経緯については，ポーターブルックのホームページで紹介されている．［https://www.porterbrook.co.uk/innovation/case-studies/the-flex-family］最終閲覧2021年3月1日．
2）　政府の助成金に関する情報は以下で明らかにされている．［https://www.gov.uk/government/news/uk-embraces-hydrogen-fuelled-future-as-transport-hub-and-train-announced］最終閲覧2021年3月1日．
3）　フランチャイズの評価については，野村（2016a）を参照．
4）　本項は野村（2020）で紹介した内容をリライトしている．
5）　NCE MCTは2011年に9社でスタートしたが，現在は約119社から構成されるイノベーション集団で環境負荷の少ない船舶を生産している．詳細については以下で紹介されている．［https://maritimecleantech.no/about-us/］最終閲覧2021年2月15日．
6）　買収については以下で解説されている．CapMan（2020: 13-15），CBRE Caledon（2019）.
7）　夜間は搭載している蓄電池で飛べるが，翼幅が72mもあり異様な光景に映るので話題

になった．機体の写真と装備の詳細は以下に掲載されている．［https://aroundtheworld. solarimpulse.com/?_ga=2.23622718.503684084.1613979441-467664265.1613979441］最終 閲覧2021年 2 月15日．

8 ）　重電メーカーABB，化学会社ソルベイなど 4 社がメインパートナーとなり，グーグ ルなど 6 社がオフィシャルパートナーとして支援し，IATAとICAO，ACI Europeが 航空パートナーとして参画している．

9 ）　詳細については以下で解説されている．［https://www.hybridairvehicles.com/about- us/our-history/］最終閲覧2021年 2 月15日．

10）　BBCの報道によると事故原因は電線と係留装置の接触であった．［https://www.bbc. com/news/uk-england-beds-bucks-herts-37184864］最終閲覧2021年 2 月15日．

11）　同社のホームページでは事故後も「Airlander 10」での計画が示されているが，実質 的には後継機が対応するものと理解すべきであろう．［https://www.hybridairvehicles. com/our-aircraft/airlander-10/mobility/］最終閲覧2021年 2 月15日．

12）　Airlander 50とAirlander 200については以下で紹介されている．［https://www. hybridairvehicles.com/our-aircraft/airlander-50/］最終閲覧2021年 2 月15日．

13）　この起業支援を受けた企業として，エアビーアンドビー（Airbnb）やドロップボック ス（Dropbox），ゼネフィッツ（Zenefits）などがある．［https://www.bbc.com/news/ technology-39350058］最終閲覧2021年 2 月15日．

14）　NASAのホームページで紹介されている．［https://www.nasa.gov/image-feature/ nasas-x-57-electric-research-plane］最終閲覧2021年 2 月15日．

15）　無人飛行機はUAV（Unmanned Aerial Vehicle）と呼ばれる．軍用機はステルスと して知られるが，本稿ではその種の航空機については言及しない．

16）　既に海中ドローンも開発されているので，近い将来には海洋資源の開発やパイプラ インの新規敷設や既存設備の点検に有効利用されるので，「海の産業革命」につながる 潜在力もある．

17）　詳細な動画は以下に掲載されている．［https://www.dhl.com/en/press/releases/ releases_2016/all/parcel_ecommerce/successful_trial_integration_dhl_parcelcopter_ logistics_chain.html］最終閲覧2021年 2 月15日．パックステーション上部がパーセルコ プターの離着陸できるポートになり，ロッカーボックスの品物は自動的に収集・配達 される．パックステーションが自動化コンテナのような機能を持っている．

18）　マイクロドローンズは2001年に創設者Udo Juerssによりクワッドコプター専門メー カーとしてドイツ・ジーゲンに設立された．その後，M&Aを通してソフトウェアやマッ ピングを強化して市場拡大を図っている．2018年には中国企業Aircam UAV Technologyを買収している．ウィングコプターもドイツに拠点を置くドローン製造の スタートアップであるが，飛行距離100km，時速240km/hの記録を持つ．

19）　本項は野村（2018）で紹介した内容をリライトしている．

20）　設立当初には，起業支援の実績を持つオブビアス・ベンチャーズ（Obvious Ventures：2014年設立，アメリカ），インターネット・ビジネスを行うテンセント （Tencent：1998年設立，中国）も出資者となっていた．

21）　詳細なルートは以下に掲載されている．［https://lilium.com/journey］最終閲覧2021年 2 月15日．

22）　本項は野村（2015）で紹介した内容をリライトしている．

23）　Reagan, R.（1986）, Address Before a Joint Session of Congress on the State of the Union, Feb. 4th.［https://www.presidency.ucsb.edu/documents/address-before-joint-session-congress-the-state-the-union］最終閲覧2021年 2 月15日．

24）　United States Government Accountability Office（2017: 2 ）.

25）　Civil Aviation Authority（2014a）,（2014b）.

26）　実際には別の地域に開設される方向で調整が進められている．

27）　閣議決定（2020）.

28）　株式会社SPACE WALKERによる公表資料を参照．［https://www.space-walker.co.jp/news/news/2020031702.html］最終閲覧2021年 2 月15日．

29）　経緯については，伊藤（2015）が詳しい．活動については以下を参照．［https://www.hastic.jp/articles_of_incorporation］最終閲覧2021年 3 月 1 日．

30）　大樹町の宇宙産業振興の記録については以下を参照．［https://www.town.taiki.hokkaido.jp/soshiki/kikaku/uchu/aerospace.html, https://kachimai.jp/taiki-spaceport/history.php］最終閲覧2021年 3 月 1 日．

31）　理事や社員の氏名はあげられているが，本社所在地は明記されていない．［https://www.spaceport-japan.org/］最終閲覧2021年 3 月 1 日．

参考文献・資料

CapMan（2020）, *Annual Report 2019.*

CBRE Caledon（2019）, *CBRE Caledon Capital Management and CapMan Infra: Invest in Leading Norwegian Ferry and Express Boat Operator Norled.*

Civil Aviation Authority（2014a）, *UK Government Review of commercial spaceplane certification and operations: Summary and conclusions.*［https://assets.publishing.service.gov.uk/government/uploads/system/uploads/attachment_data/file/329756/spaceplanes-summary.pdf］最終閲覧2021年 3 月30日．

――――（2014b）, *UK Government Review of commercial spaceplane certification and operations: Technical Report.*［https://publicapps.caa.co.uk/docs/33/CAP1189_UK_Government_Review_of_commercial_spaceplane_certification_and_operations_technical_report.pdf］最終閲覧2021年 3 月30日．

Federal Aviation Administration（2010）, *The Economic Impact of Commercial Space Transportation on the U.S. Economy in 2009.*［https://brycetech.com/reports/report-documents/FAA_CST_Impacts_Study_2009.pdf］最終閲覧2021年 3 月30日．

――――（2011）, *2011 U.S. Commercial Space Transportation Developments and Concepts: Vehicles, Technologies, and Spaceports.*［https://www.faa.gov/about/office_org/headquarters_offices/ast/media/2011%20devcon%20report.pdf］最終閲覧2021年 3 月30日．

──────（2013）, *2013 Commercial Space Transportation Forecasts.* ［https://www.faa. gov/about/office_org/headquarters_offices/ast/media/2013_GSO_NGSO_Forecast_ Report_June.pdf］最終閲覧2021年 3 月30日.

──────（2014）, *The Annual Compendium of Commercial Space Transportation: 2013.* ［https://www.faa.gov/about/office_org/headquarters_offices/ast/media/2014-02-04_ FAA_2013_Compendium.pdf］最終閲覧2021年 3 月30日.

Gates, D.（2017）, "Boeing launches venture-capital arm, invests in local electric-airplane firm", *Seattle Times,* 5th April.［https://www.seattletimes.com/business/boeing-aerospace/boeing-launches-venture-capital-arm-invests-in-local-electric-airplane-firm/］最終閲覧2021年 2 月15日.

Lilium（2020a）, *Lilium schließt Finanzierungsrunde über mehr als \$240 Millionen Dollar.* ［https://deal-advisors.com/lilium-schliesst-finanzierungsrunde-ueber-mehr-als-240-millionen-dollar］最終閲覧2021年 3 月30日.

──────（2020b）, *Lilium baut ersten US-Standort für Luftmobilität in Orlando, Florida.* ［https://www.cockpit.aero/rubriken/detailseite/news/lilium-baut-ersten-us-standort-fuer-luftmobilitaet-in-orlando-florida/?no_cache=1#:~:text=General%20Aviation-, Lilium%20baut%20ersten%20US%2DStandort%20f%C3%BCr%20 Luftmobilit%C3%A4t%20in%20Orlando%2C%20Florida,F%C3%BChler%20auf%20 zuk%C3%BCnftige%20M%C3%A4rkte%20aus.］最終閲覧2021年 3 月30日.

──────（2020c）, *Lilium kooperiert mit Lufthansa Aviation Training bei Piloten-Ausbildung.* ［https://www.lufthansa-aviation-training.com/de/-/lilium-kooperiert-mit-lufthansa-aviation-training］最終閲覧2021年 3 月30日.

──────（2021）, *Ferrovial und Lilium entwickeln US-Vertiport-Netzwerk.* ［https://lilium. com/newsroom-detail/ferrovial-and-lilium-develop-us-vertiport-network?file=files/ redaktion/newsroom/news/Lilium_Ferrovial_Press_Release_GER_210127.pdf］最終閲 覧2021年 3 月30日.

Phenix, M.（2016）, *The Flying Machine in Your Back Garden.* ［http://www.bbc.com/ autos/story/20160512-the-flying-machine-in-your-back-garden］最終閲覧2021年 2 月15 日.

Solar Impulse（no date）, *Around the World in a Solar Airplane.* ［http://info.solarimpulse. com/pdf/japanese.pdf］最終閲覧2021年 2 月15日.

United States Government Accountability Office（2015）, *FEDERAL AVIATION ADMINISTRATION: Commercial Space Launch Industry Developments Present Multiple Challenges.*

──────（2017）, *FEDERAL AVIATION ADMINISTRATION: Stakeholders' Perspectives on Potentially Moving the Office of Commercial Space Transportation.*

Wright Electric（2020）, *Wright Electric Begins Engine Development Program for 186 Seat Electric Aircraft.* ［https://www.greencarcongress.com/2020/01/20200131-wright.html］最終閲覧2021年 3 月30日.

石丸美奈（2020），「運輸部門の脱炭素化——排出ネットゼロ社会に向けた自動車・船舶・航空機における燃料転換について——」『共済総研レポート』No. 172，pp. 30-37.

伊藤献一（2015），「北海道地域における宇宙への取り組み」『航空と宇宙』No. 736，pp. 4 - 8 .

大分県（2020），「大分県，ヴァージン・オービットとの提携により，アジア初の水平型宇宙港に」．〔https://www.pref.oita.jp/uploaded/life/2092085_2788779_misc.pdf〕最終閲覧2021年 3 月30日．

閣議決定（2020），「宇宙基本計画」．

公益事業学会編（2020），『公益事業の変容　持続可能性を超えて』関西学院大学出版会．

国土交通省総合政策局物流政策課（2018），「山間部等でのドローン荷物配送の本格化に向けて」．〔https://www.mlit.go.jp/common/001250424.pdf〕最終閲覧2021年 3 月 1 日．

鈴木真二（2017），「小型無人航空機に関する法律・規制関連の現状と今後」『計測と制御』第56巻　第 1 号，pp. 24-27.

田中穂積（2009），「スペースプレーンと国際法——ハイブリッド飛翔体がもたらす国際法上の諸問題——」『札幌法学』21巻　1 号，pp. 83-105.

―――（2010），「宇宙往還機をめぐる国際航空宇宙法上の問題」『経済と経営』40巻　2 号，pp. 33-51.

土屋武司（2019），「ドローンの法規制」『国際交通安全学会誌』Vol. 44 No. 2 ，pp. 108-116.

寺田麻佑（2018），「ドローンと法規制」『国民生活』No. 66，pp. 12-15.

野村宗訓（2015），「宇宙空間を飛ぶ新型航空機　スペースプレーンに米英が本腰」『エコノミスト』第93巻　第 3 号，1 月20日号，pp. 90-93.

―――（2016a），「民営化・規制緩和とインフラ・ビジネスの展開——英国の実験からグローバル化の課題を考える——」『産業学会　研究年報』第31号，pp. 13-25.

―――（2016b），「新型航空機と今後の空港経営」『KANSAI空港レビュー』No. 454，pp. 31-33.

―――（2017），「自動運転＋EV　欧州でバスが実用段階に」『エコノミスト』　第95巻　第44号，11月14日号，p. 37.

―――（2018），「電気航空機の開発競争　2020年代に空飛ぶタクシー　中型旅客機でも電動化が進む」『エコノミスト』第96巻　第 2 号，1 月16日号，pp. 77-79.

―――（2020），「ノルウェーで『水素船』開発　脱炭素で環境投資呼び込む」『エコノミスト』第98巻　第14号，4 月 7 日号，p. 79.

東日本旅客鉄道株式会社・株式会社日立製作所・トヨタ自動車株式会社（2020），「水素をエネルギー源としたハイブリッド車両（燃料電池）試験車両の開発——鉄道技術と自動車技術を融合して試験車両を開発します——」．〔https://www.hitachi.co.jp/New/cnews/month/2020/10/1006.pdf〕最終閲覧2021年 3 月30日．

舛添要一（1989），「スペースプレーンが変革する国際関係」『国際交通安全学会誌』Vol. 15 No. 1 .

結　　び

　MaaSが既に現実社会に変革をもたらしている局面も増えてきた．導入される地域の地理的な特性や，関連する事業者・地方自治体のアイデアにより，MaaSの形態が多様になるのは当然の結果であろう．交通システムの構築は過去の大型公共投資による整備とは異なる形で模索されている．スマホアプリを使用するなど明らかにデジタリゼーションを前提にして，効率的な移動ができる時代に転換しつつある．

　交通セクターでは技術革新の恩恵により脱炭素化の目標を実現できる車両や機材を使用したサービスが提供できる点や，宇宙開発につながるような移動手段も商業ベースで普及する時代に入っている点からも，今後の成長が期待されている．しかし，その反面でバスやタクシーのほか，自転車に依存する方が合理的な地域も存在する．あるいは低廉な料金で地域密着型の有人ドローンが定着する可能性もある．いずれのケースについても，制度設計やモニタリングは不可欠となる．

　人口減少に伴いスマートコミュニティやコンパクトシティが政策的に重視される傾向が強いが，そのような政策推進が都市と地方の格差をますます拡大させるのではないかという懸念もある．新型コロナウイルス感染症以降，混雑現象の中での通勤を避ける点からテレワークや本社機能の移転が実現している面もあるが，人口減少や格差解消を根本的に解決するとは考えにくい．二拠点生活（デュアルライフ）が推奨されているものの，ダブルローンや家族の同行が現実的なのかという高いハードルもある．

　近年は自然災害により老朽化したインフラ施設の「レジリエンス」（強靭性）が重視されるようになってきた．政府は地方自治体や民間企業・NPOへの依存度を高めているものの，設備投資の原資を確保できる体制が整っているとは言えない．独占的な事業者が認められていた時代のネットワーク産業では，内部相互補助によって過疎地のサービスも供給されていた．それは競争を歪曲する点から批判もあり，自由化の進展に伴って相互補助の仕組みは崩れてきた．しかし，事業者の業務内容が多様になり，地理的なエリアが拡張されている点では，実は内部相互補助が復活しているという解釈も成り立つ．

　地方創生に向けた実験はまだ継続していくと予想される．各地域における成功要因と失敗要因を明確にすることが重要であろう．規制産業の時代には監督官庁が各種のデータや審議会資料を整理してきたが，自由化以降は比較するためのよりどころが消滅しているのが大きな問題である．事業者団体も以前のように一体化された性格を帯びているわけではない．今後は地方自治体やシンクタンクが中心となり，現状把握と課題抽出を行い，研究者が比較考察を通して政策提案や制度設計に関与することが重要であろう．

　本書の執筆者はこれまで公益事業学会と国際公共経済学会のメンバーとの交流を深めてきた．研究会やシンポジウムなどにおいても意見交換を繰り返してきた中で，タイトルに含まれている「モビリティ」や「地方創生」をめぐる実態や今後の方向性をまとめることになった．個別に本書のドラフトに対するご意見をいただいた方々にお礼を申し上げたい．数年前からこのテーマで執筆する作業を開始したものの，変化する現実をフォローするのに時間を要してしまった．そのような遅れが伴ったにもかかわらず，晃洋書房の西村喜夫氏には出版をお認めいただいた．また，校正作業については徳重伸氏のお世話になることができた．末筆ながら，お二人からいただいたご支援とご助言に感謝の意を表したい．

　2021年7月

著 者 一 同

索　　引

著者紹介（執筆順）

切通堅太郎（きりとおし　けんたろう）[第1・2・3章]
一般社団法人北海道総合研究調査会　調査部長
1977年　鹿児島県生まれ
2001年　北海道大学文学部卒業
2003年　一般社団法人北海道総合研究調査会　入社
2011年　一般社団法人北海道総合研究調査会　主任研究員
2018年　一般社団法人北海道総合研究調査会　調査部長（東京事務所長　兼務）
専門分野：航空・空港政策，地域交通，地域福祉
主要著書：
『航空グローバル化と空港ビジネス──LCC時代の政策と戦略──』同文舘出版，2010年.（共著）
『港湾整備と地域経済の発展──苫小牧港と北海道の未来──』北海道新聞社，2014年.（分担執筆）
『公共インフラと地域振興』中央経済社，2015年.（分担執筆）
『生活困窮者支援で社会を変える』法律文化社，2017年.（分担執筆）
『地域を基盤としたソーシャルワーク──住民主体の総合相談の展開──』中央法規，2019年.（共著）

西藤真一（さいとう　しんいち）[第4・5・6章]
島根県立大学　地域政策学部　准教授
1977年　京都市生まれ
2005年　関西学院大学大学院　経済学研究科　博士課程後期課程修了
2006年　財団法人運輸調査局　研究員・副主任研究員
2010年　島根県立大学総合政策学部　講師・准教授（2016年）
2021年　島根県立大学地域政策学部　准教授
専門分野：交通政策，地域政策
主要著書：
『交通政策入門（第2版）』同文舘出版，2018年.（共著）
『交通インフラの運営と地域政策』成山堂書店，2020年.（単著）
『「みなと」のインフラ学──PORT2030の実現に向けた処方箋──』成山堂書店，2020年.（共著）
『航空・空港政策の展望──アフターコロナを見据えて──』中央経済社，2021年.（共編著）

野 村　　実（のむら　みのる）［第 7・8・9 章］

立命館大学 衣笠総合研究機構 専門研究員

博士（社会学）

1990年　兵庫県宝塚市生まれ

2016年　日本学術振興会特別研究員（DC 2）

2018年　立命館大学大学院社会学研究科博士後期課程修了

2018年　大谷大学文学部 任期制助教

2021年　立命館大学衣笠総合研究機構 専門研究員

専門分野：社会学，地域交通政策論，地域社会学

主要著書：

　　『アジア・日本のインクルーシブ教育と福祉の課題──ベトナム・タイ・モンゴル・ネパール・
　　　カンボジア・日本──』クリエイツかもがわ，2017年．（共著）

　　『クルマ社会の地域公共交通──多様なアクターの参画によるモビリティ確保の方策──』晃洋
　　　書房，2019年．（単著）

　　『地方公共交通の維持と活性化』成山堂書店，2020年．（共著）

野 村 宗 訓（のむら　むねのり）［第10・11・12章］

関西学院大学 経済学部 教授

博士（経済学）

1958年　兵庫県神戸市生まれ

1986年　関西学院大学大学院経済学研究科博士課程修了

1998年　関西学院大学経済学部 教授

2015年12月〜　国際公共経済学会 会長

2017年 6 月〜　公益事業学会 副会長

専門分野：産業経済学，規制経済学，公益企業論

主要著書：

　　『航空グローバル化と空港ビジネス── LCC 時代の政策と戦略──』同文舘出版，2010年．（共著）

　　『エナジー・ウォッチ──英国・欧州から3.11後の電力問題を考える──』同文舘出版，2012年．（単
　　　著）

　　『規制改革30講──厚生経済学的アプローチ──』中央経済社，2013年．（共編著）

　　『官民連携による交通インフラ改革── PFI・PPP で拡がる新たなビジネス領域──』同文舘出版，
　　　2014年．（共著）

　　『エネルギー政策の新展開──電力・ガス自由化に伴う課題の解明──』晃洋書房，2017年．（共
　　　編著）

　　『電力・ガス自由化の真実』エネルギーフォーラム，2017年．（共著）

モビリティと地方創生
——次世代の交通ネットワーク形成に向けて——

2021年9月20日　初版第1刷発行	＊定価はカバーに表示してあります

著　者	切　通　堅太郎
	西　藤　真　一 ⓒ
	野　村　　　実
	野　村　宗　訓
発行者	萩　原　淳　平
印刷者	河　野　俊一郎

発行所　株式会社　晃　洋　書　房

〒615-0026　京都市右京区西院北矢掛町7番地

電話　075(312)0788番(代)

振替口座　01040-6-32280

装丁　野田和浩　　　　印刷・製本　西濃印刷㈱

ISBN 978-4-7710-3523-2